벼루의 인문 가치와
한국 벼루의 수집과 연구

벼루

최병규 지음

벼루의 인문 가치와
한국 벼루의 수집과 연구

벼루는 옛날 문인들의 문방 용품인 이른바 문방사우文房四友(筆, 墨, 紙, 硯) 중 하나이다. 문방사우 가운데 그 어느 것도 중요하지 않은 것이 없지만 특히 벼루에 대한 옛 선비 문인들의 관심과 사랑은 대단하였다. 그리하여 동양의 선비 문인들은 스스로 "연치硯痴"로 부르며 벼루에 대한 각별한 애착을 표현하기도 하였다. '연치'란 '벼루에 미친 바보'라는 뜻이다. 이 '치'라는 말은 무슨 대상에 미혹되어 스스로 빠져나오지 못하는 상태를 뜻하는데, 그 말은 단순히 부정적인 함의만 지닌 것은 아니었다. 그러나 유교적 관점에서는 완물상지玩物喪志라고 하였듯이 연치 즉 연벽硯癖도 병이라고 할 수 있겠지만 옛날의 선비 문인들은 그것을 큰 흠이나 부끄러움으로 생각하지 않았다. 그 것은 벼루란 것이 금은보화와 같은 세속적인 탐욕의 대상이 아니라 격이 높은 문방구였기 때문이다. 따라서 이런 문방구에 대한 애착과 욕심은 어찌 보면 문인의 본분이라고도 할 수 있었기에 유가적인 청렴함과 담백함을 추구하던 조선의 선비들에게도 흉이 아니었던 것이다.

조선 전기의 학자이자 시인이었던 박은朴誾(1479-1504) 선생이 지은 다음의 칠언고시는 문방사우에 대한 문인들의 아낌의 정이 오롯이 잘 묻어나 있다.

나는 욕심내지 않음을 보배로 삼으니 我持不貪以爲寶
마음속에 한 물건도 걸림이 없네 了無一物掛心膈
금과 구슬이 앞에 있어도 흙처럼 보니 金珠在前視如泥
보아도 못 본 체, 하물며 집어 던지리 視猶不見況更擲
그런데 먹과 종이만은 무엇이 좋길래 松煤楮膚有何好
나로 하여금 손에서 줄곧 못 놓게 하는지 乃獨令吾手未釋
마음에 욕망 있으면 다 청렴하지 못하나 此心有欲皆不廉
이것들에 연연함은 벽이라 어쩔 수 없네 於此戀戀無奈癖
인생이 어리석거나 통달하거나 누가 누 없으리 人生愚達孰無累
어떤 이는 멋진 납극, 어떤 이는 시시한 장록 蠟屐障簏本縣隔
나의 백년지기 이택지는 百年知己李擇之
기호가 서로 같은 막역한 친구 嗜好相同爲莫逆
그가 역수를 건너 유연에 갔다가 經行易水過幽燕
내게 한 덩이 검은 원벽을 선사하였네 遺我一螺玄圓璧
벼루 열어 먼지 떨고도 아까워서 못 갈[磨]며 拂塵開硯惜不磨
정규의 옛 솜씨를 아직도 생각하네 猶想延珪舊手跡
한 친구가 또 나의 애호를 알아 故人復知余所愛
관지를 백 장이나 꿰어 보냈네 官紙聯翩來惠百
이조에서 조서 쓰던 나머지라고 云從選曹除詔餘
책상에 펴 놓으니 눈보다 더 희네 淨披几案雪勝白
이 두 물건이 속안에는 하치 않아도 此物雖爲俗眼輕
고금에 좋아한 이는 속객 아닐세 古今好者非俗客
두 분의 마음 씀이 고맙긴 하나 二公用意謝甚勤
내가 과연 받을 만한 자격 있는가 顧匪其人亦何益
이래로 요락하여 남산에 누워 爾來搖落愁南山
읍취헌이 날마다 더 쓸쓸한데 翠軒日添蕭索
적막한 중 태현경 쓸 솜씨 없으나 寂寞雖非草玄手
문자의 추퇴와 격식은 아네 推敲頗識安排格
뉘 다시 내게 붓 한 자루 빌려주어 誰能更借一毫兔

내 평생의 속마음을 써 내게 할꼬[1] 寫我平生方寸赤

- 『읍취헌유고挹翠軒遺稿』

이처럼 문방사우에 대한 문인들의 사랑은 오랜 전통을 지닌 것이었으며, 특히 벼루는 옛 선비 문인들의 사랑이자 그들이 평생 곁에 두는 가까운 친구였다. 궁중에서 사용되던 호화스러운 장식연이나 고관대작들이 쓰던 귀족연에서부터 가난한 선비 문인들이 늘 끼고 다니던 보잘것없는 작은 실용연에 이르기까지 모든 벼루는 옛사람들의 정신과 숨결이 배어 있는 우리 선조들의 소중한 유물이다. 화려한 조각으로 치장된 멋진 벼루나 소박하고 평범한 모습의 막벼루나 모두 나름대로 사연과 역사가 있다. 공경대부가 소유한 듯한 화려한 문양의 잘 모셔진 벼루보다도 이름 없이 묵묵히 살다간 시골 선비가 평생을 곁에 두고 사용함직한 소박한 모습의 실용연에서 오히려 더 큰 선비 정신을 느낄 수도 있다.

사실 벼루의 진정한 가치는 공예미술이나 민속자료, 또는 골동품과 같은 유형적, 물질적 가치보다도 그것이 우리에게 주는 무형적, 정신적 가치에 있다. 독서와 저술 작업, 그리고 인격 수양에 여념이 없었던 옛 선비 문인들은 당시 문방구인 벼루를 평생의 반려자로 생각하며 지극히 애지중지하였다. 평생을 함께 글공부와 과거를 준비하며 묵묵히 동고동락한 벼루에 대해 그들은 무수한 문장을 지어 사랑과 존경을 표현하였으며, 심지어 사용하던 벼루가 깨어지기라도 하면 땅속에 고이 묻어주며 애도문을 짓기도 하였다. 사실 옛 선비들은 무겁고 둔하면서도 부드럽고 온윤한 돌의 덕성을 지닌 벼루를 자아 성찰과 인격 수양이라는 처세處世와 운신運身의 본보기로 삼았다. 그러므로 그들에게 벼루는 단순한 문방 도구의 성격을 넘어 언제나 자신을 경계하고 일깨워주는 스승이자 동반자였다. 벼루의 진정한 의의와 가치는 벼루 그 자체보다도 그

---

1 한국고전번역원 인터넷 자료 | 양주동 (역) | 1969

것을 통해 우리가 되새겨야 할 옛 문인들의 선비정신과 이를 통해 침체한 오늘날 인문 정신의 부활에 있다.

이처럼 문방사우 중 하나인 벼루는 예로부터 선비 문인들의 사랑을 독차지한 귀중한 전통문화유산이지만 현재 이에 대한 우리의 관심과 연구는 매우 홀시되고 있다. 한국 학자들의 벼루에 대한 연구는 중국이나 일본에 비해 대단히 저조하여 우리나라 벼루에 대한 출판물은 몇몇 원로 벼루 수집가들이 4, 50년 전에 남긴 도록서 성격의 해설서를 제외하면 특정 벼루와 장인에 대한 보고서 성격의 출판물이 전부라고 해도 과언이 아니다.

벼루는 우리의 전통공예 가운데 민속공예로서 그 가운데 석공예[2](내지는 옥석 공예)에 속하며, 또 석공예 가운데서는 문방구류에 속한다. 그러나 우리나라의 주요 민속 공예는 도자기 공예, 목공예, 화각공예華角工藝(쇠뿔공예), 나전공예螺鈿工藝, 지공예 紙工藝, 자수공예刺繡工藝, 초고공예草藁工藝, 매듭공예 등이 주이며, 석공예는 비교적 홀시되고 있다. 석공예 가운데서도 벼루 공예는 석탑, 석등, 석인石人 그리고 옥공예 등에 밀려 또 홀시된다. 민속공예 기법의 보호와 전승을 위해 국가에서는 그 기능자를 무형문화재로 지정하는 등 보존에 힘쓰고 있지만 벼루에 있어서는 지역의 무형문화재로 지정된 자는 몇몇 있어도 아직 국가무형문화재로 지정된 벼루 장인은 없다.[3] 매듭이나 옹기 같은 소소한 생활 기술 장인은 많아도 사대부 선비 문인들의 사랑을 독차지한 문방사우의 총아 벼루 장인은 아직 국가무형문화재로 지정되지 않고 있는 실정이다. 물론 국가지정장인이 되기 위한 제반 조건에 부합되지 못해서겠지만 필기 문

---

2 북한에서는 돌공예라고 부르는데, 돌공예품에는 가마 · 주전자 · 잔 · 종지 · 접시 · 병 · 약탕관 · 절구 · 다듬잇돌 · 등잔 · 수저통 · 화로 등의 생활용품류, 필통 · 연적 · 꽃병 · 벼루 등의 문방구류, 비녀 · 구슬 · 가락지 · 뒤꽂이 · 단추 · 노리개 · 선추 등의 장식품류로 구분된다. 출처 : 북한지역정보넷(http://www.cybernk.net).

3 현재 한국의 벼루 무형문화재 장인으로는 충청남도 무형문화재 제6호인 보령 남포벼루 장인 김진한, 울산시 무형문화재 제6호 벼루장 유길훈, 그리고 충청북도 무형문화재 자석벼루장 신명식 등이 있다.

화의 변화로 인해 사람들이 벼루를 홀대하면서 그것을 현대인들의 삶과 유리된 하찮은 민속공예로만 인식한다면 큰 오산이다. 사실 벼루는 단순히 민속공예이기에 앞서 선비문화와 인문정신을 담은 문방구이기에 선비문화의 보장寶藏인 귀중한 문화유산 벼루에 대해 보다 큰 관심을 기울여야 할 것이다.

　　우리나라 옛 벼루에 대한 열기는 1973년 문화재 관리국의 주최로 서울에서 당시 국내 명사들이 가보로 소장한 옛 벼루들 가운데 고려 · 조선 시기 벼루 100점을 엄선하여 출품한 벼루 전시회가 열렸을 때가 최고조였다.[4] 그리하여 1976년에는 이 행사의 결과물인 우리나라 최초의 벼루 학위 논문인 이임순의 『조선 시대 벼루에 나타난 문양의 조형적 분석』(숙명여자대학교 응용미술학과 공예 전공 석사학위 논문)이 등장하였으며, 이어 1978년에도 박귀향의 『조선조 벼루의 의장적 분석연구』(효성여자대학교 석사학위 논문)가 출현하였다. 그 후 1982년에는 염샛별의 「벼루의 형태분석 및 조형미에 대한 연구」(성신여대 석사학위 논문)가 진행되었고, 한참 후 1995년에 이르러서야 이은영의 「한국 벼루 문양에 대한 고찰」(인천대학교 석사학위 논문) 논문이 나타났다. 그 후 10여 년이 훨씬 지나 2007년에서야 이나나의 「한국 벼루 문양의 상징성과 예술성에 관한 연구」(인천대학교 석사학위 논문)가 출현하였으며, 또 10년 후 2017년에는 도라지의 「삼국시대 벼루(硯) 연구」(고려대학교 석사학위 논문)가 등장했다. 물론 그 외에도 벼루에 관한 학위 논문들이 몇 편 있지만 거의 중국의 벼룻돌이나 문방사우를 통괄적으로 논의하거나 벼루의 제작에 관한 논문들이었다. 이상의 학위 논문들을 살펴보면 우리나라 벼루의 황금 시기라고 할 수 있는 고려, 조선 시대의 벼루연구는 1976, 1978년에 잠시 등장했다가 그 후엔 자취를 감추었으며, 그간 진행된 한국의 벼루연구도 거의 벼루 문양의 조형성에 관한 연구 일변도였음을 알 수 있다.

---

4 이에 대해서는 『古硯百選』(월간문화재, 1973)을 참조 바람.

물론 그 동안 우리나라 벼루에 대한 깊이 있는 학술논문이 전혀 없었던 건 아니다. 이를테면 2002년 이희선 「利川 雪峰山城出土 咸通銘 벼루 研究」(『문화사학』18)라든지 2009년 김성범의 「羅州伏岩里 유적출토 백제 목간과 기타 문자 관련 유물」(『목간과 문자』3) 등을 꼽을 수가 있다. 그러나 제목에서도 그러하듯 이희선과 김성범의 논문은 고고학의 관점에서 한국 고대 출토벼루의 연원을 고증한 논문으로, 고려 시대와 조선 시대를 중심축으로 하는 우리나라 벼루연구와는 다소 동떨어진 느낌이다. 특히 이희선의 논문은 중국 고대 시기 벼루 변천사에 대한 꼼꼼한 고증을 통해 신라 시대 출토벼루의 연원을 밝힌 좋은 논문이지만 결정적인 부분에서 우리나라 자석紫石(자주색 돌)벼루는 조선 시대에 보편화되지 않았기에 함통명 벼루는 우리 자석이 아닌 중국의 수입품이라는 성급한 결론을 내리는 오류를 범하였다.[5] 사실 우리나라 자석벼루는 여러 문헌들과 유물 등을 통해 조선 시대는 물론 고려 시대에도 적잖이 제작되었던 것이 사실이다.[6] 그렇다면 신라 함통명 벼루를 섣불리 중국 수입품으로 단정할 수가 없게 된다. 이는 우리나라 벼루 연구가 고려, 조선 시대 벼루에 대한 연구 기반이 매우 부실함을 말해준다.

---

5 『문화사학』18, 2002, 63쪽.

6 조선 시대에는 자석연이 매우 보편화되었음은 『조선왕조실록』과 『세종실록지리지』 등의 기록은 물론 조선 문인들의 연시(硯詩)들을 통해서도 잘 알 수 있다. 사실 조선 전기만 해도 고려 시대에 이어 벼루의 산지도 다양해졌고, 특히 자석연 산지들이 본격적으로 개발되면서 문인들이 우리나라 산지의 벼루를 구체적으로 칭송하는 문장도 나타나기 시작하였다. 고려 시대 정몽주, 이숭인 등이 벼루를 칭송한 문장들이 있지만 모두 일본의 자석벼루에 대한 찬미이며, 우리 벼루에 대한 구체적 언급은 없었다. 그런데 조선 전기에 이르면 눌재(訥齋) 양성지(梁誠之, 1415-1482)의 「선천자석연가(宣川紫石硯歌)」, 김종직의 「사악이 바로 전에 의주에서 와서 선천 돌벼루를 겸선에게 주려고 하거늘 내가 앗아 가지고 시로써 겸선에게 사례하다」, 성현의 「자석산 아래를 지나며」 등 우리나라 조선의 자석벼루 산지에 대해 찬미하는 내용의 시가 등장하게 된다. 그 구체적인 지역은 평안북도 선성(宣城, 즉 宣川)과 강원도 평창이었다. 그 외에도 조선 시대에는 안동 자석과 상산 자석을 노래한 시들도 있다. 그리고 최근 고려 시대 무덤에서 출토된 많은 자석벼루들도 이 점을 잘 반증하고 있으며, 2006년 지방유형문화재로 지정되어 상주박물관에 소장된 김선치의 벼루도 위원석 계통의 자석벼루이다.

우리나라 학자들의 벼루연구는 벼루 자체에 대한 관심에서 비롯된 다양한 수집과 탄탄한 이해를 기반으로 한 연구라기보다는 고대사회의 문자자료와 관련된 유물 중 하나로서 벼루를 연구대상으로 삼아 고고학의 한 일원으로 벼루를 스쳐 논의한 것에 지나지 않은 듯하다. 가장 최근의 학위 논문인 2017년 도라지의 「삼국시대 벼루(硯) 연구」(고려대학교 석사학위 논문)도 이를 잘 반영한다. 신라를 포함한 삼국시대 벼루는 벼루 자체로서의 의미보다는 고고학적 의미가 더 크기 때문이다. 우리나라 학자들이 고려, 조선 시대 벼루에 대해서는 전혀 손을 대지 못하는 이유는 삼국시대 고분 등에서 발견되어 연대가 확실한 삼국시대 벼루에 비해 고려, 조선 시대의 벼루는 확실한 연대를 입증할 만한 문헌과 유물을 구하기가 어려워서라고 생각된다. 그렇지만 현재 박물관을 비롯해 연대가 확실한 고려 시대의 벼루들이 속속 세간에 등장하였고, 조선 시대의 멋진 벼루들은 더 많이 존재하건만 이들을 대상으로 한 논문은 거의 찾기가 어려운 것이 사실이다.

　요컨대 벼루에 대한 연구와 논문이 제구실을 하려면 우선 고문헌에 나타난 우리나라 벼루에 대한 철저한 고증이 우선이고, 그다음으로는 많은 실물의 수집과 도록, 출토 유물 등에 대한 다각적인 이해를 바탕으로 해야만 탁상공론을 벗어난 진정한 의미를 지닌다. 그리고 벼루에 대한 세인들의 전반적인 관심과 사랑이 높아져야 하며, 학자와 벼루 수집가들 간의 활발한 교류도 중요하다. 왜냐하면 우리나라 고려, 조선 시대 벼루 연구가 부진함은 일차적으로 벼루에 관한 고문헌의 부족이 주원인이지만 그 외에도 많은 벼루 수집가들이 자신들의 귀중한 고려, 조선 시대 벼루 자료들을 많이 공개하지 않음에서 비롯된다.[7] 이런 상황에서 우리나라 고려, 조선 시대 벼루연구는 무에서 유를

---

7 이임순과 박귀향도 학위논문을 통해 우리나라 벼루 연구의 발전을 위해 벼루 소장자들의 자료공개가 우선 이뤄져야 함을 강조하였다. 이에 대해서는 이임순, 「조선 시대 벼루에 나타난 문양의 조형적 분석」, 숙명여대 석사학위 논문, 1976, 104쪽 참고. 또 박귀향, 「조선조 벼루의 의장적 분석연구」, 대구가톨릭대 석사학위 논문, 1978, 10쪽 참고.

만들어내는 고단한 작업이 아닐 수 없다. 필자는 본 저술을 통해 우선 벼루가 지닌 인문정신을 조명하고자 하며, 이어 우리나라 벼루의 역사에 대해 고문헌이 남긴 여러 단서들과 그간 국내에서 발표된 벼루 관련 모든 논문과 저술, 그리고 자신이 그간 보고 수집한 벼루들을 토대로 우리 옛 벼루들에 대해 논의하고자 한다. 모쪼록 이 작은 벼루 연구서가 인문정신의 고양과 한국 벼루학의 기석이 되길 바라는 마음이다.

2022. 11. 4. 이동거籬東居에서 저자 씀

/ 차 례 /

제2장 | 한국 벼루의 역사와 발전과정

제3장 | 한국을 대표하는 산지별 벼루

제4장 | 맺음말

1

벼루의 인문학적 의의

1. 벼루와 유교 · 선비정신

(1) 유교적 자아 성찰과 인격 수양의 대상 벼루

문방사우는 문인 묵객들이 예술의 전당으로 통하는 교량 역할을 하였다. 문인들은 벼루에 먹을 갈고 붓을 들어 자신의 상상의 날개를 마음껏 펼쳐 아름다운 문학과 예술 작품을 창조해내었다. 문방사우 중에서 벼루는 돌 자체의 아름다운 무늬와 질감, 그리고 조각예술이 결합한 까닭으로 그 장식성과 예술성으로 일찌감치 문인들의 책상 위의 예술품이 되어버렸다. 거기다 훌륭한 내용의 연명까지 새겨진 벼루는 보는 이에게 서예와 전각예술이 주는 미감은 물론 철학적이고 문학적 내용의 연명으로부터 얻어지는 정신적 즐거움과 자아 성찰 및 인격 수양의 기능도 함께 제공할 수가 있다. 그런 까닭에 사람들은 벼루를 매만지면서 행복한 희열감과 심신 수양을 느끼게 되는 것이다.

벼루는 원래 처음에는 먹을 갈던 도구에 지나지 않았지만 세월이 지나 서화 예술과 문학이 발달함에 따라 점점 예술품으로 승화되고 결국 문인예술가들의 총애로 발전하게 된다. 특히 당대唐代에 이르면 단계연端溪硯 · 흡주연歙州硯 · 홍사연紅絲硯 · 징니연澄泥硯 등과 같은 사대명연四大名硯[1]이 등장하면서 벼루에 대한 사람들의 애착이 더욱 커갔다. 그 결과로 사람들은 벼루의 아름다운 석질과 그 기품에 매료되면서 벼루의 덕을 기리는 수많은 연명硯銘을 지어 벼루에 새기게 된다. 연명은 크게 벼루의 이름을 새긴 제명명題名銘[2]과 사유를 기록한 기사명紀事銘[3], 그리고 뜻을 새긴 언지명言志銘으로 나누어진다.[5] 연명 가운데 가장 연구가치가 있을 뿐 아니라 많은 부분을 차지하는 것은 '언지명言志銘'인데, 이는 주로 벼루의 덕에 대한 자신의 감정을 새겨 넣은 것들이다.

연명이 언제부터 시작되었는지는 고증하기가 매우 어렵다. 당 이전의 벼루에는 연명이 극히 드물었다. 이는 비록 당 이전의 벼루들이 석질과 형태에서 날로 발전해 나갔지만 그때까지는 아직 벼루가 문방 도구일 뿐 예술품으로서의 위치에는 오르지 않았음을 말한다. 북송의 소이간蘇易簡이 지은 『문방사보文房四譜』의 기록에 의하면 황제의 벼루에 전서로 "제홍씨지연帝鴻氏之硏"이란 명문이 새겨져 있다고 하지만 믿기 어렵고, 고고학적으로 발견된 최초의 연명은 1978년 겨울 하남성河南省 남락현南樂縣 송경락촌宋耿洛村에서 발견된 동한 시대의 묘 안에 있는 돌벼루에 새겨진 연명이다. 이 벼루는 용 조각이 정교한 삼족연三足硯으로 벼루의 측면에는 예서로 명문이 새겨져 있는데,[6] 그 내용을 보면 연희 3년인 서기 160년에 새겼다는 기사紀事와 함께 "금석과 같이 장수를 하고, 늙을 때까지 장수하며 평안할 것을 기원하는(壽如金石, 壽考爲期)" 등의 문

---

1 여기에 도하연(洮河硯)이 합해져 오대 명연으로 칭해진다.

2 주로 벼루 위에 새겨진 벼루 이름을 적은 것으로 대개 다섯 자 내외이다. 이를테면 觀象硯, 太璞硯, 合璧硯 등과 같은 경우이다.

3 벼루를 얻게 된 연유나 벼루에 관한 잊지 못할 기록을 새긴 명이다. 문학적 가치보다는 사료적 가치가 있다.

4 연명 가운데 가장 많은 비율을 차지하며, 저명한 문학가나 사상가 내지는 예술가가 정감이나 사상을 적은 것으로 연구 가치는 물론 문학적 가치도 가장 높다.

5 歐淸煜 · 陳日榮, 『中華硯學通鑑』, 중국: 浙江大學出版社, 2010, 25쪽.

6 "延熹三年七月壬辰朔七日丁酉君高遷刺史, 三公九卿二千石, 君壽如金石, 壽考爲期, 永典啓之. 硏直二千."

학성이 농후한 글귀가 새겨져 있다. 이런 까닭으로 이 벼루의 가치는 말로 표현할 수 없을 정도로 높다. 이로부터 벼루는 단순한 필기도구가 아니라 문인들의 자아 성찰과 인격 수양의 대상으로 자리 잡게 되었다.

　문학적 성격을 지닌 최초의 연명으로 평가되는 당나라 초기의 서예가 저수량褚遂良 (596-658)의 연명[7]을 보면 벼루의 덕을 사람의 덕성에 비유하며 찬양하고 있음을 알 수가 있다.

> 온윤함은 덕성에 비할 수 있고, 모양은 방정하도다. 潤比德, 式以方.
> 옥지를 돌아 은하수를 퍼붓네. 繞玉池, 注天潢.
> 영원히 그것을 보배로 여김이 실로 온당하리라. 永年寶之, 斯爲良.

　위의 문장은 청대 건륭황제에 의해 편찬된 중국 최고의 벼루 저서『흠정서청연보欽 定西淸硯譜』에 소개된 저수량의 '단계석거연端溪石渠硯' 벼루 바닥에 새겨진 명문이 다. 여기서 저수량은 벼루가 지닌 부드러우면서도 촉촉한 온윤함의 특성과 네모반듯 한 방정함의 형태를 인격체로 비유하여 군자의 품성과 연결 짓고, 그것을 보배로 영원 히 간직하며 그 덕을 기릴 것을 찬양하고 있다. 저수량의 이 연명硯銘을 선두로 중국 에서는 송대 이후로 수많은 문인 사대부들이 벼루의 덕성을 군자의 인품에 비유해 시 를 짓거나 자신의 마음을 경계하는 내용의 연명을 벼루에 새기게 되었다. 중국에서 벼 루의 덕성에 대해 찬미하거나 그와 연결해 인격 수양이나 자아 성찰을 논한 대표적인 연명을 시대 순으로 몇 편 소개하면 다음과 같다.

---

7 이에 대해 이설이 분분하다. 혹자들은『서청연보』에 수록된 서수량의 벼루가 당대의 벼루가 아니라고 보기도 한다. 이런 형식의 벼루는 송대 이후 출현한 벼루 형태이기 때문이다. 또 벼루에 새겨진 연명도 당대에 유행한 문체가 아 니라고 보기도 한다. 따라서 이 벼루와 연명은 건륭황제가 날조한 것이라고 보는 견해도 있다.

아름답도다, 이 돌이여! 군자의 본보기로세. 懿矣玆石, 君子之則.

그것을 가지고 노는 것이 아니라 오직 그 덕을 살펴야 하리라. 匪以玩物, 維以觀德.

—송宋, 소식蘇軾, 단연명端硯銘

굳건함을 견지하고 청백함을 지키며; 持堅, 守白,

갈아도 닳아 얇아지지 않고, 검은 물에 더럽혀져도 검게 변하지 않네. 不磷, 不緇.[8]

—송宋, 악비岳飛, 단연명端硯銘

벼루는 비록 철이 아니나 갈아 구멍을 내기가 어렵고, 硯雖非鐵難磨穿,

마음은 비록 돌이 아니나 그것과 같이 굳건하네. 心雖非石如其堅,

그것을 지키며 도를 잃지 않고 스스로 온전하게 지키리라. 守之弗失道自全.

—송宋, 문천상文天祥, 연명硯銘

단계석은 덕이 있는 사람과도 같네. 端石如德人

—송宋, 장박張博, 연명硯銘

편안하고 곧고 길해 이롭지 않음이 없도다. 安貞吉, 無不利

—원元, 주덕윤朱德潤, 연명硯銘

골격은 풍성하여 강하고, 몸은 굳건하여 바르네. 骨茂以強, 體凝而正.

사람이 모두 이렇게 된다면 천하가 바르게 다스려지리라. 使人如此, 天下其定.

—명明, 예원로倪元璐, 단연명端硯銘

지극한 덕은 온화하고 순결하며, 천자와 같은 용안은 순결함의 극치로다. 至德溫純, 天容渾霝.

—청淸, 반뢰潘耒, 연명硯銘

---

8 『논어』「양화(陽貨)」에는 "단단하지 아니한가, 갈아도 닳지 않으니. 희지 아니한가, 물들여도 검어지지 않으니. (不曰堅乎 磨而不磷 不曰白乎 涅而不緇)"라는 말이 있는데, 이로부터 "갈아도 갈리지 않는 것을 굳다고 말하고, 검은 물을 들여도 검어지지 않는 것을 희다고 할 수 있다. (磨而不磷, 涅而不緇))"에서 나온 말이다.

선골은 견고하고 옥의 청결함을 지녔네. 仙骨堅, 玉之淸.

그대는 어디에서 오셨는가? 子何來,

오양성(단계연의 고향인 광저우의 별칭임.)이로다. 五羊城.

-청淸, 금농金農, 단연명端硯銘

단정하고 바르며 청렴하고 고결하니 그 돌로써 사람에게 비유하네. 端方廉潔, 以石喻人,

덕이 있는 자는 반드시 그를 추종하는 자가 있기 마련이라 책상 위의 진귀한 보물로 여겨지

네. 德必有鄰, 席上之珍.

-만청晚淸-민국民國, 오창석吳昌碩, 단연명端硯銘

　　이상의 연명에서 보듯 중국 역대의 수많은 문인 묵객들이 단계연의 미덕을 칭송하면서 그것을 고결한 인격에 비유하여 본보기로 삼고자 했음을 알 수 있다. 벼루가 지닌 이런 덕성으로 인해 청대의 진령陳齡은 『단석의端石擬』란 책에서 단계연 벼루가

악비의 단계연명

지닌 이른바 '팔덕八德'을 얘기하였다. 원래 '팔덕八德'은 인仁, 의義, 예禮, 지智, 충忠, 신信, 효孝, 제悌의 여덟 가지 유가의 덕을 말하는 것이었지만 벼루의 팔덕은 다음과 같았다.

하나는 엄동설한에도 얼지 않으니 바탕이 따뜻한 것이요, 둘은 물을 담아도 마르지 않으니 바탕이 윤택하다는 것이요, 셋은 사흘간이나 먹을 갈아도 기포가 안 생기니 바탕이 부드럽다는 것이요, 넷은 먹을 갈아도 소리가 나지 않으니 바탕이 여리다는 것이요, 다섯은 먹물이 일어나지 않고 발묵이 좋으니 바탕이 세밀한 것이요, 여섯은 붓을 보호하여 아름답게 하니 바탕이 살찐 것이요, 일곱은 먹을 갈아 찌꺼기를 남기지 않으니 바탕이 깨끗한 것이요, 여덟은 오랜 세월이 흘러도 닳지 않으니 바탕이 아름다운 것이다. 이런 팔덕을 갖추었으니 바탕이 이미 평범함을 넘어섰으며, 실로 고금의 보물이라고 할 수 있다. 이는 우연히 만날 수는 있어도 억지로 구한다고 구해지는 것이 아니다.
一曰歷寒不冰, 質之溫也; 二曰貯水不耗, 質之潤也; 三曰研墨無泡, 質之柔也; 四曰發墨無聲, 質之嫩也; 五曰停墨浮豔, 質之細也; 六曰護毫加秀, 質之膩也; 七曰起墨不滯, 質之潔也; 八曰經久不乏, 質之美也。具此八德, 質已邁常, 信爲古今之瑰寶, 可遇而不可求者也。

이 여덟 가지의 덕을 종합해 말하면 단계연 벼루가 지닌 온윤溫潤함과 유눈柔嫩함, 그리고 세니細膩함과 결미潔美함을 말한다. 이는 순수히 단계연 벼룻돌의 물리적 특성을 말하지만 사람의 미덕과 연결되면 유가에서 추구하는 이상적 인격체인 온유돈후溫柔敦厚한 덕성과도 유사한 것이다.

이런 선상에서 또 등장한 말에 오미五美라는 용어도 있다. 이 역시 원래는 사람의 덕성에 관한 용어지만 단계연 벼루가 지닌 아름다운 석질을 지칭하는 말이 되었다. '오미'란 청화青花 · 어뇌魚腦 · 초백蕉白 · 천청天青 · 빙문동氷紋凍 등 단계연에만 보이는 독특한 석질을 가리키는 말이다. 청대 오란수吳蘭修의 『단계연사端溪硯史』에 의하면 청화는 돌의 정화로서 돌의 꽃에 해당하고, 어뇌와 초백은 돌의 골수에 해당하며, 천청은 돌의 살점에 해당한다고 하였다. (青花者, 石之榮. 魚腦, 蕉白者, 石之髓. 天青

者, 石之肉) 또 여기에 사람의 경락과 혈관에 해당하는 빙문동이 더해져 단계석 벼루는 그야말로 살아있는 사람의 몸이 되어버렸다.

요약건대 단계연을 중심으로 한 벼루의 아름다운 덕성은 강하면서도 부드럽고 세월이 지나도 변하지 않는 돌의 특성에서 비롯된 것이라고 볼 수 있다. 거기에다 벼루는 문방사우 가운데 육중한 몸을 지니고 움직임이 없이 묵묵히 맡은 바의 소임을 다하는 것이 그 특징이다. 이처럼 요란하게 자신을 내세우지 않고 고요히 자신의 본분을 지키는 것은 그야말로 선비의 미덕이 아닐 수 없다. 따라서 이어 논의할 소이간蘇易簡의 연명에서도 밝혔듯이 벼루가 지닌 이런 조용한 미덕을 찬미한 연명이 대단히 많다. 그 몇 개를 더 소개하면 다음과 같다.

> *조용한 가운데 능히 수행을 다하다. (靜而能專)- 淸, 黃任
> *고요하고 심오하다. (靜而玄)- 元, 趙孟頫
> *고요함으로 묵묵히 적막함을 지키다. (靜以守黑)- 淸, 方苞

벼루가 지닌 이런 고요하고 심오한 특성은 노장老莊에서 말하는 허정虛靜의 경지와도 상통한다. 고요한 가운데 마음을 담백하게 비우고 적막함 속에서 무위無爲를 지키는 것이 바로 도가가 주장하는 만물의 근본이자 도가의 수양론이다. 벼루는 이런 철학적 의미와 결부되면서 더욱 선비 문인들의 자아 성찰과 인격 수양의 거울로서 자리매김하게 된 것이다.

문인들의 자아 성찰과 인격 수양의 대상으로서의 기능을 담당한 벼루의 역할은 우리나라에서도 마찬가지였다. 벼루의 덕성과 그것을 귀감으로 삼고자 함을 읊은 우리나라 옛 선조들의 문장은 주로 연명이나 벼루에 관한 시문의 형식으로 표현되었다. 고려 시대 이규보는 시와 연명에서 벼루의 덕과 그것과 평생을 함께하겠다는 시인의 마음을 읊은 적이 있다. 그 외에도 고려 시대 벼루에 대한 연명은 다음과 같은 문장이 전한다.

무겁고 단단한 것은 하늘에서 얻은 것이요 씻어서 새롭게 하기는 사람에게 매였다.

重而堅得之天。滌以新存乎人。

-「식영암연명息影菴硯銘」, 이제현李齊賢(1287-1367)

처음 천지가 생겼을 때에 여섯 구멍[六鑿]이 패지지 않았다. 이伊수와 낙洛수가 마르게 되매 올챙이가 나오고 회수淮水의 제방이 터지매 용사龍蛇가 날뛰었네. 정기精氣가 돌에 모였는데 새기거나 파놓은 것이 아니다. 벼루의 몸은 곤괘坤卦의 고요한 것을 상징하였으니, 내가 잠심潛心하여 대하였네. 평탄하여 언덕이 없고 금 소리와 옥빛이네. 자연自然 그대로 너의 용맹은 어떠한 구름도 일으키고 달을 토하네. 누가 벗을 삼는고, 군자가 곁에 있다. 어찌 물건을 좋아함이랴. 너를 본뜨려는 것이다.

萬象鴻蒙。未分六鑿。伊洛渴而科斗出。淮堰決而龍蛇拔。氣鍾于石。匪鐫匪刮。體像坤静。潛心對越。坦無畦町。金聲玉色。爾勇何其。興雲吐月。誰其友之。君子在側。豈伊玩物。惟爾之則。

-「몰지연명沒池硯銘」, 이첨李詹(1345-1405)

그 후 조선 시대에 이르면 수많은 문인들이 벼루의 덕과 그것을 본받고자 하는 자아 성찰과 인격 수양의 마음을 노래하였다. 그 대표적인 문장을 연명을 중심으로 시대 순으로 몇 편 감상해 보자.

그 성품은 순수하고 純厥性
그 재질은 단단하여라 確其質
벗이 오직 넷뿐인데 友惟四
유익한 이는 하나로세. 益者一

-「심현숙沈顯叔의 집안에 보관되어 있는 선주연석宣州硯石의 명銘」,
이행李荇(1478-1534)[9]

---

9 선주는 선성으로 평안도에 있는 지명이다. 문방사우와 모두 벗이지만 유익한 친구는 오직 벼루밖에 없다는 의미이다. 여기서는 벼루의 순수하고 강한 기질을 찬미하고 있다.

본체는 고요하고 바탕은 질박하니 體靜質礦

졸박함의 쓰임이요 拙者之用

움직이면 피폐하고 날카로우면 물러나니 動弊銳退

이는 능한 자의 방종함이라 能事之縱

재목과 재목 아닌 것은 材與不材

대개 스스로 자중함에 있거늘 盡亦自重

나는 백 년을 누리며 我食百年

그 이바지하기를 메마르지 않게 하리라. 不枯其供.

-「연명硯銘」, 정사룡鄭士龍(1491-1570)[10]

철철 흐르는 아홉 나루 물 滔滔九津

흘러 흘러 한바다에 드네 流入巨溟

그 안에 기이한 돌이 나니 中産異石

겉은 붉고 속은 푸르러라 外殷裏青

용의 꼬리 새겨서 刻爲龍尾

갈고 또 가니 加以礱硎

봉의 부리 빛나고 鳳味璀璨

구욕鴝鵒 눈은 반짝반짝 鴝眼晶熒

갈고 또 추기어 以磨以濡

잠시나마 멈출세라 無或暫停

임금님의 역사는 누가 엮으며 孰編帝紀

깊은 글의 주석 누가 낼 건가 孰注幽經

내 글은 내 짓는데도 我作我文

다만 그대의 신령함 빌 뿐이니 惟乞爾靈

서로 따르며 저버리지 말고 相隨不捨

여생을 마치자꾸나. 以了餘齡

-「연명硯銘」, 허균許筠(1569-1618)[11]

---

10 벼루의 고요하고 자중하는 덕을 높이 찬양하고 있다.

11 천고의 명문들을 완성하는 벼루의 덕을 찬미하며 벼루와 함께 평생을 보내고자 하는 벼루에 대한 문인의 정과 맹세를 읊고 있다.

방원은 천지의 형상을 본떴으니 方圓象天地
그 오묘한 모양이 고금에 같아라 妙制今古同
대륙은 평평하여 끝이 없고 大陸平無際
둥근 연못은 측량할 수 없구나 周池測不窮
현사玄砂를 가는 듯 자줏빛이 뻗치고 磨玄騰紫暈
사향을 가는 듯 짙은 향기 풍긴다 研麝愛香濃
유구한 세월 동안 살아가서 悠久將年計
문방사우 중에서 자리 지키리 能全四友中

「벼루(硯)」, 이응희李應禧(1579-1651)[12]

나의 벗 도군(즉 벼루)은 매우 짧고 작지만 吾友陶君絶短小
밖은 모나고 속은 평탄해 흠이 전혀 없네 外方中坦百無尤
어찌 꼭 풍자벼루처럼 한 길 넘어 커야 할까 何須風字丈餘大
지금 바로 즉묵후에 봉해 주어도 되리라 便可封爲卽墨侯

-「작은 벼루를 노래하다(詠小硯)」, 윤선도尹善道(1587-1671)[13]

그 체는 후하고 고요하고 其體厚而靜
그 용은 무겁고 견고하다 其用重而堅
그 물건에 빠질 것이 아니라 非以玩物
오직 그 덕을 본받아야 하는 것이다. 惟以象德

-「상덕연명象德硯銘」, 허목許穆(1595-1682)[14]

외부는 방정하여 바뀌지 않고 外方不遷
내부는 비어서 먹물을 용납하네 內虛能容
오직 부지런히 세탁해서 惟勤洗濯
끝내 먼지가 끼지 않도록 하소. 毋與垢終

-「칠물명七物銘」, 송시열宋時烈(1607-1689)[15]

---

12 천지를 품고 있는 벼루의 광대하고 오묘한 형상과 내적인 심오한 깊이를 찬미하고 있다.
13 비록 작으나 방정하고 원만한 벼루의 품성은 그 어떤 벼슬을 주어도 능히 수행할 것을 읊고 있다.
14 벼루가 지닌 후덕하고 조용함과 무게 있고 견고한 덕성을 흠모하고 있다.
15 방정하고 변화 없으며, 겸허하고 포용성이 강한 벼루의 덕을 본받아야 함을 읊고 있다.

먹은 바탕이요 墨其資也

붓은 도구이니 筆其器也

종이에 쓰임을 다하고 致用於紙

벼루는 밭이 된다네 硯爲田地

바탕은 아름다워야 하고 資要其美

도구는 예리해야 하는데 器要其利

이것이 갖추어지고 나면 厥旣有具

행하는 것은 물에 달렸네 行之在水

속을 비워서 물을 모으면 虛以滀之

쓰임에 다함이 없고 待用不匱

거두어 깊숙이 숨으면 卷而藏密

적막하게 아무 일 없네. 泬焉無事

-「벼룻집에 대한 명(硯匣銘)」, 이익李瀷(1681-1763)[16]

배여 있는 것이 무지인가 涵蝥池

닮은 모습이 공석인가 象孔石

그 용도는 넓으니 普厥施

흑룡이 계곡으로 돌아가는가 龍歸洞

구름이 먹을 뿌리니 雲潑墨

문자가 여기에 있다. 文在玆

-「율곡연명栗谷硏銘」, 정조正祖(1752-1800)[17]

---

16 벼루가 지닌 겸허하고 유능한 자질과 자중하여 쉽게 드러내지 않는 은거의 미덕을 찬미하고 있다.

17 '무지'는 바로 중국의 명연인 흡주연의 산지로 유명한 중국 강서성 무원(婺源)의 못(벼루의 연지)을 의미한다. '공석'은 공자의 벼루를 말한다. 송대의 문인 이지언(李之彦)이 지은 『연보(硯譜)』에서 말하길, "노나라의 공자묘에는 돌벼루가 하나 있는데, 매우 고박하며 공자가 생전에 사용하던 것이다. (魯國孔子廟中石硯一枚, 甚古樸, 孔子平生時物也)"라고 하고 있다. 또 위진시대 장화(張華)가 지은『박물지(博物志)』에서도 말하길, "황주에 산이 하나 있었는데 공자가 거길 지나다 앉아 쉬었던 바위가 있어 그 이름을 좌석(坐石)이라고 하였다. 그리고 그 옆에 돌이 하나 있었는데 비가 오면 먹물이 흘러나와 공자벼루라고 불렀다. (黃州有架山, 孔子過此, 坐歇之處稱坐石, 旁一石, 雨天滲出墨汁, 叫孔子硯)"라고 하였다. 율곡이 어릴 적에 사용하던 벼루를 위해 정조가 지은 이 연명에서는 벼루의 신령스러운 문덕을 읊고 있다.

바탕이 올곧으며 아름다운 게 貞固含章
덕을 지닌 군자의 빛과 같으니 君子之光
길이길이 장수하며 진선하리라 既壽允臧

돌 위에 샘 있는 게 벼루이거니 測曰石上有泉硯
군자가 그 모습 본을 받아서 덕이 강건하면서 윤택하구나. 君子以剛德而潤
-「벼루에 대한 명(硯銘)」, 황현(1855-1910)[18]

이처럼 우리 선조들의 벼루에 대한 가장 대표적인 문장이라고 할 수 있는 연명은 일찍이 고려 시대부터 시작하여 조선 말기에 이르기까지 그 전해지는 문장이 실로 부지기수라고 할 수 있다. 1994년에 간행된『한국문방제우시문보(韓國文房諸友詩文譜, 上中下)』(구자무 편, 보경문화사, 1994)는 문방사우에 관한 시문들을 수록한 자료집으로, 여기에는 문방제우를 소재로 한 시詩·가歌·송頌·잠箴·명銘·찬贊·부賦·서序·기記·가전假傳 등 매우 다양한 유형의 작품들을 수록하고 있는데, 그 내용을 보면 연명의 분량이 과반수 이상을 차지하고 있음을 볼 수가 있다. 이는 중국의 경우와도 일치한다. 그만큼 연명은 벼루에 관한 가장 대표적인 문장에 해당하며, 그 내용에 있어서도 대개 양국이 모두 벼루의 덕성과 이를 본받고자 하는 문인들의 자아 성찰과 인격 수양의 선비정신을 잘 반영하고 있다고 할 수 있다.

(2) 선비의 영혼이자 선비정신의 반영 벼루

벼루는 문방사우 가운데서도 가장 매력적인 품목이라 할 수 있다. 여러 다양한 색깔의 자연석으로 만들어진 벼루는 붓, 먹, 종이와 함께 한국을 비롯한 동아시아 나라들에서 문방사우文房四友 내지는 문방사보文房四寶로 불리며 문인 사대부들의 사랑을 독

---

18 올곧고 아름다운 벼루의 군자지덕을 찬미하며 이를 본받고자 함을 노래하고 있다.

차지하였다. 무인들이 검劍을 사랑하고 아끼듯 문인들은 벼루를 무척이나 귀중히 여기고 아꼈다. 자고로 한국과 중국을 비롯한 동양의 문인들 중에는 벼루에 대한 각별한 사랑과 애착으로 "연치硯痴"로 불리던 사람들이 적지 않았다. '연치'란 '벼루에 미친 바보'라는 뜻이다. 그들이 이렇게 '벼루에 미쳐버린 사람'으로 지칭되면서도 그것을 부끄러움으로 여기지 않았던 것은 벼루가 금은보화와 같은 세속적인 재물이 아니라 격이 높은 문방구였기 때문이다. 이런 문방구에 대한 애착과 욕심은 유가적인 청렴함과 담백함을 추구하던 동양의 선비 문인들에게도 큰 흉이 아니었던 것이다.

문인들의 벼루에 대한 예찬은 그 역사가 매우 깊다. 그 가운데 중국 북송北宋 초기의 문인 소이간蘇易簡[19](958-997)을 빼놓을 수가 없다. 그는 북송의 문인 사대부로 『문방사보文房四譜』란 책으로 유명하다. 이 책은 이른바 문방사보文房四寶로 칭해지는 필筆, 연硯, 지紙, 묵墨을 최초로 한데 묶어 차례대로 자세히 논의한 서적에 해당한다. 문방사보란 말이 이 책에서부터 비롯된 것이라고 단언하기는 어렵지만, 송대 초기에 이미 붓, 벼루, 종이, 먹을 하나로 보아 문방사보로 통칭하였음을 알 수가 있다. 그는 이 책에서 말하길, "네 가지 보배 가운데 벼루가 으뜸이다. 붓과 먹과 종이는 모두가 세월과 함께 없어지지만 오직 벼루만이 평생을 함께할 수가 있다.(四寶硯爲首, 筆墨兼紙 皆可隨時收索, 可與終身俱者, 惟硯而已.[20])"라고 하였다. 주로 돌로 만들어진 벼루의 특성으로 보면 이 말은 매우 수긍이 가는 말이다.

또 비슷한 시대인 북송의 시인 당경唐庚(1070-1120)이 지은 『고연명서古硯銘序』

---

19 소이간은 중국 북송 태종(太宗) 때의 문신으로 지금의 사천성 사람이었다. 문장이 뛰어나 일찍 벼슬을 얻었고, 태종의 신임을 얻어 한림학사, 참지정사 등을 맡은 적이 있다. 그러나 술을 너무 좋아해 39세에 사망하였다. 생전에 태종은 그가 호주가임을 알고 여러 차례 주의를 주었고, 심지어는 「계주(誡酒)」, 「권주(勸酒)」 등을 적어 그로 하여금 모친 앞에서 낭독하게 하기도 하였지만 효과가 없었다고 한다. 글씨도 뛰어나 「가모본난성(家摹本蘭亭)」이 전하고, 소순흠(蘇舜欽), 소순원(蘇舜元)과 함께 동산삼소(銅山三蘇)로 칭해진다.

20 吳戰壘, 『古硯』(中國 福州, 福建美術出版社, 2002), 1쪽.

에서도 벼루의 덕성에 대해 다음과 같이 예찬하였다.

> "벼루는 붓과 먹 등과 함께 그 출처는 서로 가까우나 오직 수명에 있어서는 서로 가깝지가
> 않다. 붓의 수명은 날로 계산하고, 먹의 생명은 달로 계산되지만, 벼루의 수명은 세대世代
> 로 계산된다. 그 몸체를 두고 말하자면, 붓은 가장 날카롭고 먹은 그다음이며, 벼루는 가장
> 둔한 것이다. 이는 어찌 둔한 자가 장수하고 날카로운 자가 요절함을 말해주는 것이 아니겠
> 는가! 또 그 쓰임을 두고 말하자면 붓은 가장 동적動的이고, 묵은 그다음이며, 벼루는 가장
> 조용한 자이다. 이 또한 어찌 고요한 자는 장수하고 요란스러운 자는 요절함을 말해주는 것
> 이 아니겠는가! 아, 나는 여기서 양생의 도를 얻었도다.
>
> 硯與筆墨出處相近, 獨壽夭不相近也. 筆之壽以日計, 墨之壽以月記, 硯之壽以世計. 其爲體
> 也, 筆最銳, 墨次之, 硯鈍者也. 豈非鈍者壽而銳者夭乎? 其爲用也, 筆最動, 墨次之, 硯靜者
> 也. 豈非靜者壽而動者夭乎? 吾於是得養生焉.[21]"

당경은 시인인지라 뛰어난 상상력으로 문방사우를 의인화하여 그 특성들을 잘 노
래하였다. 일찍이 당대唐代의 한유韓愈(768-824)도 붓을 의인화하여 「모영전毛穎傳」
이란 작품을 지은 적이 있다. 이런 작품은 한중韓中 문학사에서 가전문학假傳文學으
로 일컬어지는데, 이는 일상의 주변에서 흔히 볼 수 있는 사물들을 의인화하여 인간의
모습으로 바꾸어 이야기를 꾸며내고 있는 문학의 한 장르이다. 한국에서도 고려 시대
에 임춘林椿(?-?)의 「국순전麴醇傳」과 「공방전孔方傳」, 그리고 이규보李奎報(1168-
1241)의 「국선생전麴先生傳」 등이 대표적인 가전문학 작품으로 전해지고 있다.

문방사우의 하나인 벼루를 의인화하여 고결한 인격체로 간주하며 그 덕을 찬미한
당경의 예찬론은 훗날 많은 문인들에 의해 계승되었다. 그리하여 벼루는 단순한 문방
도구의 차원을 넘어 문인들의 평생의 반려자로 간주되었고, 문인들은 그것을 사랑하
고 감상하고 또 수집하고자 애썼다.

---

21 吳戰壘, 위의 책, 1쪽.

벼루를 비롯한 문방 제구에 대한 선인들의 사랑은 실로 현대인들의 상상을 초월하였다. 특히 중국에서는 위로는 황제부터 시작해 아래로는 사대부와 문인들에 이르기까지 중국인들의 벼루에 대한 애호는 무척이나 유명하다. 사랑의 정도가 지나쳐 연치硯痴로 손꼽히던 문인들이 실로 부지기수였다. 그 가운데 가장 대표적인 문인을 들자면 미불米芾[22](1051-1107), 황임黃任[23](1683-1768), 기윤紀昀(1724-1805) 등을 꼽을 수가 있다. 그 가운데서도 가상 대표적인 인물은 바로 송 휘종徽宗 때의 서화가로 유명한 미불이다. 미불은 평생 벼루와 기석奇石을 사랑한 것으로 유명하다. 『송사宋史』 본전本傳에는 원대元代 예진倪鎭이 「제미남궁배석도題米南宮拜石圖」란 시를 지어 미불이 스스로 기석에다 절을 하는 자신의 모습을 그린 「배석도拜石圖」를 언급하면서 돌에 대한 미불의 괴벽怪癖을 언급한 내용이 있다. 이 「배석도拜石圖」는 그 후 많은 화가들에 의해 그려지기도 했다. 그 외에도 미불은 벼루를 사랑하고 연구하기도 하여 『연사硯史』라는 책을 짓기도 하였다. 그가 기지를 발휘하여 휘종의 어연御硯을 얻게 된 사연을 보면 벼루에 대한 그의 사랑은 거의 미친 수준이었다.

『춘저기문春渚紀聞』에는 다음과 같은 기록이 있다. 어느 날 송 휘종이 그를 궁으로 불러들여 큰 병풍을 쓰도록 하였다. 미불은 궁에 도착한 후에 내시에게 부탁해 붓과 벼루를 가져오게 하였다. 그런데 휘종은 자신의 서안에 놓인 단계연을 가리키며 그것을 사용하게 하였다. 미불은 글씨를 다 쓴 후에 그 단계연 벼루를 받쳐 들고 아뢰었다.

"이 벼루는 이미 황상께서 신에게 명하시어 사용하게 하였사오니 다시 황상께 드려

---

22 미불은 서예로는 송사대가(宋四大家, 소식, 황정견, 미불, 채양) 중의 일인이며, 그림으로는 독창적인 산수화법을 개발한 화가였다. 서예로는 소식과 황정견 다음이라고 하지만 사실 그 예술성으로는 사대가 중 최고의 경지였다. 청고하고 괴이한 개성으로 인해 세인들의 눈에는 미친 사람으로 간주되어 '미전(米顚)'이라 불렸다. 평생 벼슬에 급급하기보다는 많은 시간과 정력을 기석과 벼루의 수집과 감상, 그리고 서화 예술 연구에 몰두하였다.

23 황임은 복건성 사람으로 해학적인 성품에다 시문에 능해 『추상집(秋江集)』 6권이 세상에 전한다. 만년에 가난과 병으로 지내다 83세에 죽었는데, 그의 벼루들도 거의 모두 흩어졌다. 그의 십연(十硯) 가운데 풍월과 사군은 그의 후손이 찾아내어 간직하고 있으며, 가장 빼어난 벼루 생춘홍은 현재 대만의 역사박물관에 소장되어 있다.

서는 안 될 것으로 아옵니다. 통촉하여 주시옵소서."

이에 휘종은 크게 웃으며 "그럼 경에게 하사하겠노라." 하였다. 미불은 기쁜 나머지 어깨춤을 추며 황은에 절을 올렸고, 황제가 번복할까 두려워 그것을 안고 바로 달아나 버렸다. 그 결과 그는 온몸이 먹물로 뒤범벅이 되어버렸다. 휘종은 그 모양을 보고 깊이 감동하여 "미불이 미쳤다고 하더니 과연 명불허전이로다."라고 했다고 한다. 미불의 이런 광방狂放하고 괴이한 기질은 중국 위진시대 문인들에게 많이 나타난 소탈하고 초속超俗적인 개성과도 그 맥을 같이한다. 이는 바로 예술가로서의 그의 성공의 기초가 되었다.

미불에 이어 두 번째로 언급할 사람은 청대의 시문가 황임黃任이다. 벼루에 대한 그의 사랑은 연치의 수준을 넘어 벼루로 인해 관직을 파면 당했다는 소문이 돌 정도로 각별하였다. 그는 단계연의 고향인 광동성 단주端州의 고요현高要縣이란 곳에서 현령을 맡은 적이 있는데, 이곳은 바로 단계석의 주요 산지인 단계 삼동三洞을 관할하던 곳이었다. 그는 재임 동안 먹을 것 입을 것 아껴가며 봉급을 모아 전부 벼룻돌을 사들여 좋은 벼루가 100여 개가 넘었다고 한다. 그런데 나중엔 소인배의 시기를 받아 관직을 박탈당하게 된다. 그는 고향으로 돌아가기 전에 자신의 벼룻돌 가운데 재질이 가장 좋은 것들을 골라 당시 유명한 벼루 장인에게 부탁해 멋지게 조각하게 하였다. 그리고 그 가운데서도 가장 훌륭한 10개를 골라 보배로 여기며 간직하였다.

그는 고향에서 십연헌十硯軒이란 당호를 지어 그 벼루들을 소장하면서 자신의 호도 십연노인十硯老人으로 칭하였다. 그리하여 사람들은 그를 십연공十硯公으로 불렀다. 그는 벼루를 너무나 사랑하여 낮에는 그것들을 만지며 감상하다가 밤이 되면 부인에게 벼루를 안고 같이 자게 하거나, 젊은 계집종들에게 벼루를 하나씩 끼고 자라고 하였다. 그래야만 벼루가 음기를 받아 돌이 더욱 부드럽고 매끈하게 된다는 것이었다.

또 그는 이 10개의 벼루에다 이름을 지었는데, 각각 미무도美無度 · 고연헌古硯軒 ·

십이성十二星 · 천연天然 · 생춘홍生春紅 · 저술著述 · 풍월風月 · 사군寫裙 · 청화靑花 · 초석蕉石이라 불렀다. 그중에서도 그는 생춘홍生春紅을 가장 아꼈다고 한다. 그의 십연 중에는 고이낭顧二娘이라는 당시 벼루 명장의 작품이 많았는데, 이는 그가 그녀에게 증정한 시들을 통해 알 수가 있다. 그는 벼루 외에 관직과 녹봉에 대한 욕심이 없었다. 어느 날, 친구가 찾아와 가난하게 지내는 그를 보고 타지에서 그렇게 관직을 지내고서도 어찌 그리도 청빈한지를 물으니 그는 답하길, "나는 가난하지가 않네. 명월明月과 청풍淸風이 모두 나의 것이고, 하물며 내겐 이렇게 많은 멋진 벼루들이 있지 않은가!"라고 말했다고 한다.

그가 죽은 후 현재 그의 벼루들은 거의 모두 흩어졌지만 그의 이런 벼루에 대한 사랑은 외손자 임백수林白水(1874—1926)에게로 이어졌다. 임백수는 중국 근대사의 저명한 정치인이자 신문발행인이었다. 청년 시기부터 반청혁명反淸革命과 애국 운동에 몸을 담고 동맹회에도 가입해 중국의 국부 손문孫文과 뜻을 같이하였다. 그는 황임의 외손자라 어릴 때 외조부의 집에서 글을 읽어 자연히 벼루에 대한 조예가 깊었다. 1925년 일본인 어느 벼루 수장가가 북경의 한 클럽에서 명연 전람회를 열었을 때, 그는 자신이 소장하던 6개의 아름다운 고연을 들고 갔는데, 당시 아무도 감히 그의 벼루와 필적하지 못했다고 한다.

그 외에도 그는 외조부가 소장한 벼루 생춘홍을 갖고 있었다. 원래 이 벼루는 황임이 가장 아끼던 것이었다. '생춘홍'이란 이름은 소동파의 시 「眉子石硯歌贈胡闈(호은에게 주는 미자문 흡주연 벼루 노래)」 중 "小窗虛幌相嫵媚, 令君曉夢生春紅(작은 창가 휘장에서 아름다운 모습 보이고, 당신의 새벽 꿈에 봄날의 꽃으로 피어나리.)"라는 구절의 마지막 시구에서 따온 것이다. 황임은 노년에 부인이 먼저 세상을 떠나자 벼루를 대하면 부인이 생각나 슬픔을 이기지 못해 벼루 뒷면에다 다음과 같은 도망시悼亡詩 한 수를 새겼다.

단주의 강을 당신과 함께 배를 타고 돌아왔고, 옥과 구슬도 당신은 얻지 않았네.
오직 생춘홍 벼루 하나만 싸서 왔는데, 지금도 먹물에 눈물이 섞여 있네.
端江共汝買歸舟, 翠羽明珠汝不收.
只裹 '生春紅' 一片, 至今墨瀋淚交流.

나중에 이 벼루는 행방이 묘연했다가 우연한 기회에 임백수가 그것을 발견하여 많은 돈을 들여 구입했다. 그는 이 벼루를 무척이나 애지중지하여 매일 만지며 손에서 떠나질 않았다고 한다. 더욱이나 그는 서재의 이름도 '생춘홍'으로 지어 이 벼루에 대한 사랑을 표시하였다. 그리고 나중에 그가 발행한 신문이 부록을 발간하였을 때 그

생춘홍 뒷면(대만 역사박물관 소장)

황임의 美無度 벼루(북경 고궁박물관 소장)

명칭을 '생춘홍'으로 짓기도 하였으니, 이 벼루에 대한 정이 어느 정도였는지를 알 수가 있다. 임백수가 죽은 후에 이 벼루는 그의 딸 임위군林慰君에 의해 간직되다가 결국 대만 역사박물관에 기증되었다.

다음으로 소개할 사람은 기윤으로 그는 자가 효람曉嵐이라 기효람으로 잘 알려진 인물이다. 그는 청대 옹정, 건륭, 가경 삼대에 걸쳐 벼슬 하다가 82세로 작고한 중국의 대문호 중 한 사람이었다. 그의 업적은 『사고전서四庫全書』를 편찬한 것으로 유명하며, 그 외에도 문언소설집 『열미초당필기閱微草堂筆記』의 저자로도 유명하다. 그는 대문학가이자 대학자로서 정열을 쏟았지만 벼루에 대한 수집과 연구로도 남달랐다. 그는 여러 개의 호가 있었지만 그 가운데 하나가 '구십구연재주인九十九硯齋主人'이었다. 그는 자신이 소장한 벼루 100여 개를 탁본하여 『열미초당연보閱微草堂硯譜』란 책을 만들었다. 그 속의 내용을 보면 송명대의 고연을 비롯해 단계연, 흡주연, 홍사석연, 송화석연, 징니연, 반고석연盤古石硯 등 중국 여러 지역에 걸친 다양한 종류의 명연들을 소개하고 있는 것이 큰 특색이다. 그뿐만 아니라 그는 자신의 벼루에다 연명硯銘을 멋지게 잘 새겨 넣은 것으로도 유명하다. 철학적이고 문학적인 내용의 의미심장한 연명은 벼루의 가치를 한층 더 높여주는 중요한 요인이 된다.

사실 위에서 소개한 인물들 외에도 남당의 후주 이욱李煜이라든지 채양蔡襄, 소식蘇軾, 금농金農 등등 벼루를 지극히도 사랑한 문인들은 그 수를 헤아리기도 어려울 정도다. 그 가운데 금농은 만년에 벼루를 200여 개 소장하여 자신의 호를 '백이연전부옹百二硯田富翁'으로 지었다. 200개의 연전硯田(즉 벼루)을 지닌 부옹이란 뜻이다. 또 71세에는 그 호를 인장에 새겨 자신의 서화작품에 찍기도 하였다. 특히 청대 문인들 가운데에는 자신의 호를 십연재十硯齋, 백연재百硯齋, 사연재思硯齋, 구십구연재九十九硯齋 등등 벼루와 관련된 것을 취한 사람들이 매우 많았다. 벼루에 대한 문인들의 사랑을 잘 보여주는 실례라고 하겠다.

벼루를 반려자로 생각하는 문인들의 벼루에 대한 사랑은 못쓰게 된 벼루를 묻어주기도 하였고, 또 사람이 죽으면 평소 고인이 아끼던 벼루를 함께 묻어주거나 혹은 부장용 명기明器로 따로 작게 만든 벼루를 넣어주기도 하였다. 당나라 한유가 지은 「벼루를 묻다(瘞硯文)」라는 문장의 서문에는 다음과 같은 내용의 글이 있다.

"농서 이원빈이 처음 진사시험을 볼 때 경성에서 과거에 응했는데 누군가가 그에게 벼루를 하나 주었다. 그는 4년 동안 슬픈 일이나 기쁜 일이나 언제나 매일 그것을 사용하였다. 이 벼루는 이원빈을 따라 예부 시험도 치렀는데, 사실 2년 만에 진사에 합격하였다. 한번은 포하灉河 계곡을 지나다 하인이 실수로 그것을 그만 땅에 떨어뜨려 깨트리고 말았다. 이원빈은 그것을 상자 속에 넣고 돌아와 경성의 마을에다 묻어주었다. 한창려(한유)는 이원빈의 친구로서 그의 이 행동을 칭송하며 기록을 남겼다: 벼루의 재질은 흙으로 만들어졌지만, 도자기로 구워져 벼루가 되었네. 그것이 본래의 모습으로 돌아갔으니, 이제 다시는 벼루가 되지 못하네. 비록 그것이 완전히 부서졌지만 차마 버릴 수가 없었네. 그것을 땅에 묻고 글을 남기니, 그 또한 인의仁義의 행동이라. 벼루야, 벼루야! 너는 하찮은 기왓조각과는 다르도다!"
隴西李元賓始從進士, 貢在京師, 或貽之硯。四年, 悲歡否泰, 未嘗廢用。凡與之試藝春官, 實
二年登上第。行於褒穀間, 役者誤墜之地, 毀焉。乃匣歸, 埋於京師里中。昌黎韓愈, 其友人
也, 贊而識之：土乎成質, 陶乎成器。復其質, 非生死, 類全斯毀不忍棄, 埋而識之仁之義。硯
乎硯乎瓦礫異![24]

-『唐摭言』卷四, 節操

깨어진 벼루를 곽에 넣어 땅에 묻어준 이원빈의 행동이나 그것을 찬양하여 글을 남
긴 한유의 행동이 모두 선비들의 인과 의리를 잘 반영한 행동이다. 이는 비록 하찮은
물건일지라도 자신의 입신양명을 위해 묵묵히 내조를 해준 벼루의 은혜를 의리로 되
갚은 선비 문인들의 온유돈후溫柔敦厚한 정신을 잘 말해주는 일화라고 하겠다.

또 사람이 죽으면 평소 고인이 아끼던 벼루도 함께 순장하였는데, 여기서 청대의 연
치硯痴 고봉한高鳳翰[25](1683-1749)의 얘기를 빼놓을 수 없다. 청대의 서화가이자 시
인으로 유명한 그는 벼루에 대한 사랑이 지극하여 소장한 벼루 1000여 개를 거의 자
신이 직접 조각하고 연명을 새겼다. 고봉한은 『연사硯史』라는 벼루책자를 지었는데,
명청 이후 벼루를 논한 문장 가운데 가장 훌륭하다는 정평이 나 있다. 그는 이 책에서
자신이 소장한 벼루 가운데 가장 아끼는 것들로 165개를 소개하고, 그중 112개의 탁
본도 실었다. 『연사硯史』 속의 벼루들은 고졸하면서도 시, 서, 화, 전각이 서로 어우
러진 전형적인 문인풍격을 지닌 벼루로 정평이 나 있다. 말하자면 그는 벼루를 통해
자신의 시와 서예, 그리고 그림과 전각예술을 모두 융합시켜 표현한 것이다.

그는 건륭 원년(1736)에 남의 모함을 받아 감옥에 들어가게 되었다가 결국은 그의

---

24 姜漢椿 註譯, 新譯『唐摭言』, 臺灣, 三民書局, 2005, 142쪽.

25 고봉한은 자가 서원(西園)이고, 호는 남촌(南村), 남부산인(南阜山人) 등이었다. 지금의 산동성 교현(膠縣) 혹은 제
    녕(濟寧) 사람이었다. 그는 시인 · 화가 · 서예가 · 전각가 · 벼루예술가 등의 재능을 모두 갖춘 전방위 예술가였다.
    만년에 오른팔이 마비되면서 왼팔로 작품 생활을 하였다. 벼루 1000여 개를 소장하여 그것을 토대로 『연사(硯史)』
    라는 책을 지었다.

항변으로 무죄로 석방되지만 그 후유증으로 이듬해인 54세 때에 오른쪽 팔이 완전 마비가 되었다. 그러나 그는 이런 참혹한 불행에도 동요되지 않고 왼손으로 처음부터 연습을 하여 각고의 노력 끝에 오른손으로 표현할 수 없었던 독창적인 서화 예술의 경지를 창조해내었다. 당시 그가 새긴 '정사잔인丁巳殘人(정사년의 장애인)'·'노비老痺(늙은 불구자)'·'상좌생尙左生(왼손을 믿는 서생)'·'일비사강정一臂思扛鼎(한 팔로 쇠솥을 들려고 하다)' 등의 도장의 내용을 보면 그 불굴의 정신을 느낄 수가 있다.

그는 당시 예술계를 지배하던 '양주팔괴'들과도 친숙하게 교류하면서 자신도 그 일원이 되기도 하였다. 이 기간에 그는 질병의 고통을 견디며 완강한 의지로써 왼손으로 벼루를 만들어 연명을 새긴 작품만도 13개나 되었다고 하니, 사람들이 그를 벼루 역사상의 기인으로 평가하는 이유를 충분히 알 만도 하다.

고봉한은 만년에 가난과 질병으로 고생하며 자신의 서화를 팔아 연명하다가 66세에 세상을 떠났다. 그런데 그의 분묘가 200여 년이 지난 문화대혁명 시절에 파헤쳐졌는데, 그의 관을 열어보니 100여 개의 벼루가 함께 순장되어 있었다고 한다.

중국인들의 벼루에 대한 사랑은 문인예술가들에게만 국한된 것이 아니었다. 황실에서도 벼루에 대한 깊은 관심과 애정을 보였다. 전설에 의하면 남당南唐의 마지막 황제 이욱李煜은 자신이 평소 아끼던 기이한 벼루가 있었는데, 고요한 밤에 그가 시를 짓고 그림을 그릴 적에 벼루 연지에 조각된 개구리가 함께 울기도 하였다고 한다. 또 그가 송의 포로가 되어 개봉開封으로 잡혀 올 때 몸에 지닌 것이라곤 이 벼루뿐이었다고 하며, 그가 지은 「우미인虞美人」이란 사詞도 당시 이 벼루로 지은 걸작이라고 한다.[26] 그리고 건륭황제도 벼루를 지극히 중시하여 일찍이 『흠정서청연보欽定西淸硯譜』란 벼루책자를 짓게 하였으며, 그 속에서 저수량의 벼루에다 시를 지어 감회를 읊기도 했다. 그뿐 아니라 추안鄒安의 『광창연록廣倉硯錄』에는 자신의 자화상이 새겨진 원대 무종

---

26 楊白水, 『硯』, 北京: 中國華僑出版社, 2007, 36쪽.

武宗 황후의 벼루가 수록되었는데, 원대의 궁정에서도 벼루를 진귀한 것으로 간주하였음을 느끼게 한다.

벼루를 평생의 반려자로 여기는 문인들의 태도는 비단 중국 문인들에게만 국한된 것이 아니었다. 송대에 해당하는 당시 우리나라 고려 시대에도 문인들의 벼루에 대한 태도는 마찬가지였다. 고려 시대는 중국 송나라의 영향으로 벼루에 대한 열기가 대단한 듯하다. 전술한 바와 같이 송나라 때는 미불의『연사硯史』, 소이간의『文房四譜 · 硯譜』, 그리고 당적唐積의『흡주연보歙州硯譜』등등 중국 연사硯史에 있어 벼루에 관한 매우 많은 저술들이 본격적으로 출현하기 시작한 시대였으며, 중국의 사대명연을 비롯한 40여 종의 여러 산지의 벼루들이 출현한 시대이자 벼루의 형식에 있어서도 당대唐代에 비해 더욱 정교하고 다양한 형태와 재료의 벼루들이 제작된 시기이기도 하다. 이런 까닭으로 송나라와 깊은 교류를 맺고 있던 고려 시대에도 그 영향을 깊이 받지 않았을 리가 없다.

고려 시대는 돌로 만든 벼루가 본격적으로 사용되기 시작하였으며, 최근 태안 해저에서 출토된 고려청자 퇴화문 두꺼비 모양 벼루[27](1132년 제작) 등의 발견으로 당시 벼루가 단순히 먹물을 얻기 위한 문방 도구가 아니라 완상품으로서의 기능도 갖고 있었음을 알 수가 있다. 고려 시대의 많은 문인 가운데 특히 백운거사白雲居士 이규보 (1168-1241)가 남긴 시문 가운데에는 벼루에 관한 시구들이 비교적 많다. 가장 유명한 작품으로 그간 많이 인용된 것은 「작은 벼루에 대한 명(小硯銘)」이라는 연명硯銘과

---

27 이규보『동국이상국집』속의 고율시(古律詩)「송실(宗室)인 안화사(安和寺)의 왕 선사(王禪師)에게 올리다」에는 "옥 벼루에 얼음 녹으니 두꺼비 배가 떠오르고(氷消玉硯浮蟾腹)"라는 대목이 있는데, 아마도 이 고려청자 퇴화문 두꺼비 벼루를 말하는 것이 아닌지 싶다.

「깨진 벼루(破硯)」라는 시詩다.

벼루야, 벼루야! 硯乎 硯乎

네가 작다 하여 너의 수치가 아니다. 爾麼非爾之恥

네 비록 한 치쯤 된 웅덩이지만 爾雖一寸窪

나의 무궁한 뜻을 쓰게 한다. 寫我無盡意

나는 비록 육 척 장신인데도 吾雖六尺長

사업이 너를 빌어 이루어진다. 事業借汝遂

벼루야 나는 훗날 너와 함께 죽기를 바라나니 硯乎吾與汝同歸

우리 서로 일체가 되어 생사를 함께하자꾸나. 生由是死由是

　　　　　　　　　　　　　　　　　　　-「작은 벼루에 대한 명(小硯銘)」

깨어져 어쩔 수 없게 된 것을 墮落已無及

버리지 못하고 갖고 있네. 提携未遽捐

시 짓는 마음만 깨어지지 않았다면 詩腸如未破

무슨 돌인들 벼루가 되지 못하랴. 何石不堪硯

　　　　　　　　　　　　　　　　　　　　-「벼루가 깨지다(破硯)」

　　위에 인용된 이규보의 시들을 보면 문인으로서의 그의 다정다감한 정과 벼루에 대한 옛 문인들의 사랑과 그것을 대하는 동반자로서의 극진한 태도를 읽을 수가 있다. 보잘것없는 작은 돌로 만든 벼루에 대한 그의 깊은 정성과 깨어진 돌벼루를 차마 버리지 못하는 벼루에 대한 그의 존중과 사랑의 마음은 중국의 그 어느 벼루 애호가 문인에 비해도 전혀 손색이 없다. 이 외에도 이규보의 『동국이상국집東國李相國集』에 수록된 고율시古律詩 41수 가운데에는 「연지시硯池詩」라는 다음과 같은 작품도 있다.

어떤 이가 묻거니 여느 못은 或問凡河池

물이 땅에서 솟게 마련이거늘 有水從地出

무슨 일로 이 연지란 것은 云何此硯池
위에서 부어야 차게 되는 건가 霤滴始盈溢
이것을 못이라 이름 지은 것은 呼之以爲池
그 뜻이 온당치 못한 것 같네 其意似未必
내 이제 답하노니 그대 말이 我答子之言
이치에 어긋난 것이 아닌가 於理無奈悖
이 연지란 심상한 못이 아니라서 此池非常池
범안으론 살피지 못하는 걸세 凡目所未察
비록 작게 파인 응덩이지만 雖云區區窪
유창한 문장을 만들어낸다네 磨出詞放逸
한 번을 갈아서 나오는 것은 一磨所自出
꽃과 버들에다 풍월을 겸하고 花柳與風月
백번 천번 갈고 또 갈면 千磨及百磨
임금의 모유謨猷도 치밀히 빛내네 潤色皇謨密
시인은 얼마나 만들어냈으며 陶鑄幾詩人
붓은 몇 만 개나 씻어 주었나 沐浴幾萬筆
크기로는 천지도 포괄할 수 있고 大或包天地
깊기로는 바다도 삼킬 수 있네 深可吞溟渤
이처럼 깊고 큰 연지여 硯池復硯池
영원히 마르지 않을 걸세 萬古元不渴
땅에서 솟거나 위에서 따르나 地湧與水滴
끝내는 하나인 걸세. 其終混歸一

–「연지시硯池詩」

  위의 시 역시 위대한 문장과 걸출한 문인들을 배출한 벼루의 연지를 찬미함으로써
벼루의 무궁무진한 덕을 칭송하고 있는데, 벼루에 대한 시인의 깊은 정과 존중의 마음
을 읽을 수가 있다. 벼루에 대한 이규보의 정은 「교감 함자진의 자석연에 쓰다(題校勘
咸子眞子石硯)」라는 다음의 시에서도 여전히 잘 드러난다.

그대는 보지 못했던가 무창 정녀의 참으로 가련한 모습을 君不見武昌貞女眞可憐

높은 봉우리에 올라 떠난 남편 돌아오길 기다리다가 一登蒼巘望夫廻

남편은 끝내 돌아오지 않고 몸은 차츰 말라 夫竟不廻身漸槁

굳은 돌로 변해 높다랗게 서 있는 것을 化爲頑石立崔嵬

듣건대 그 당시 아이를 안고 갔다 하니[28] 聞道當時抱兒去

아이가 응당 놀라 어머니 품에 들어갔을 터라 兒應驚入阿孃懷

이끼가 끼고 흙에 덮여 본바탕은 잃고 苔侵土蝕喪素質

오랜 세월에 목과 뺨을 구분하기도 어렵더니 歲久羌難辨頸腮

하룻밤 천둥에 홀연히 갈라져 一夜雷公忽劃裂

그 속에 있는 작은 돌이 바로 어린 아이라 中有麼石眞嬰孩

얼룩얼룩 아직도 젖 흘린 흔적 남아있고 津津尙有流乳痕

연한 살결과 아름다운 뼈가 벼루 재료에 적합했네 縠理瓊肌宜硯材

남방 사람 이를 깎아 두꺼비 모양으로 만들어 南人斲作蟾蜍樣

적선의 재주 지닌 이미수에게 적어 봉해 부쳤는데 題封寄與謫仙才

적선이 차마 자신이 몰래 간직할 수 없어 謫仙不忍自祕蓄

다시 옥당의 우두머리 영수(즉 함공)에게 증정하였네 輟贈芸閣文章魁

적선의 이 뜻은 저버리기 어려울 듯한데 謫仙此意似難負

그대(즉 함공) 그의 은덕 갚으려면 어떻게 해야 할까 君欲剩報宜何哉

붓 적시고 먹 갈아 시 한 편 드린다면 濡毫潑墨贈之詩

한 문장 한 글귀가 참된 구슬일걸세. 一篇一字眞瓊瑰

　　　　　　　　　　　　　　　－「교감 함자진의 자석연에 쓰다(題校勘咸子眞子石硯)」

위의 시 앞에는 "자석子石은 바로 돌 속의 돌이라 그 정미롭고 윤택함이 먹을 갈기
에 알맞은 것이어서 강남 사람이 이 돌로 벼루를 만들어 옥당玉堂 이미수李眉叟(즉 이

---

28 『무창기(武昌記)』에 "그 여인이 아이를 안고 남편을 기다리다가 이내 돌로 화해 버렸다." 하였다. 또 송대 구양수의
　『연보(硯譜)』에서는 "단계석은 단계 계곡에서 나는데, 돌의 색깔과 결이 매우 아름답고 윤택하다. 원래 자석(子石)
　이 가장 상품인데, 자석이란 것은 큰 돌 안에서 생겨난 것이다. 아마도 돌의 정수라고 할 수 있다. 그런데 세상에 잘
　못 전해져 자주색 돌인 자석(紫石)으로 잘못 여겨져 그것을 상품으로 삼았다. (端石出端溪, 色理瑩潤, 本以子石爲
　上。子石者, 在大石中生, 蓋石精也。而流俗傳訛, 遂以紫石爲上)."라고 기록되어 있다.

인로)에게 기증하였는데 미수가 받아서 다시 함공咸公(즉 咸淳)에게 증정하자, 함공이 나에게 시 짓기를 청하였다."라는 서문이 달려 있다. 이 시는 자석연子石硯이라는 돌 속의 정화를 캐어내 정교한 벼룻돌로 제작하는 고려인들의 벼루에 대한 열정을 보여주고 있다. 여기서 이규보는 멋진 문장력과 기발한 상상력으로 벼룻돌을 마치 생명과 영성靈性을 지닌 인격체로 간주하고 있는데, 벼루를 대하는 이규보의 이런 극진한 정성은 당시 고려인들이 벼루를 대하는 태도의 단면을 잘 보여주고 있다. 그뿐 아니라 이 시를 통해 우리는 벼루를 매우 귀중한 것으로 여겨 함부로 자신이 소유하지 못하고, 문장의 영수에게 그것을 삼가 봉송奉送하고자 하는 당시 고려인들의 벼루에 대한 공경스러운 태도를 읽을 수도 있다.

고려인들의 이런 의식은 그 후 조선 시대에도 그대로 이어져 주문연主文硯 내지는 전심연傳心硯이란 이름으로 전승되었다. 말하자면 조선 시대의 예문관과 홍문관의 대제학은 문병文柄을 주관한다는 의미에서 '주문主文'이라고 하였는데, 주문연은 대제학에 임명된 사람이 서로 이어 전수하는 벼루로 학사學士들이 지은 글에 점수를 매길 때에 사용하였다. 당시 대제학은 주문연을 서로 진하고 받음으로써 선가禪家에서 의발衣鉢을 전수하는 것처럼 행해졌다. 조선 말기의 문인인 이유원李裕元(1814-1888)의 『임하필기林下筆記』의 기록에 의하면, 홍문관 옥당玉堂에는 예전부터 큰 돌로 만든 벼루가 하나 있었는데 항상 장서각藏書閣에 간직해 두고 대제학이 옥당에 들어와 여러 학사學士들의 과작課作에 점수를 매기는 때이면 이 벼루를 꺼내어 썼으며, 남곤南袞(1471-1527)이 문형을 맡았을 때에 이르러 별도로 큰 벼루 하나를 옥당에 소장한 것과 똑같게 만들어 자기 집에 두었다가 문형에서 퇴직할 때에 이르러 이행李荇에게 전하였는데, 지금까지 관례가 되고 있다고 하였다. 그리하여 이 벼루는 마음을 전한다는 의미에서 전심연으로 부르기도 하였다.

고려 시대 이규보의 벼루에 대한 사랑은 세월이 좀 지나 고려 말기의 문인들에게도 이어졌는데, 1478년(성종 9) 서거정徐居正 등이 어명을 받들어 편찬한 역대 시문 선집인『동문선』에는 정몽주鄭夢周(1337-1392)가 지은「일본 중 영무永茂의 돌벼루 선사에 사례한다(謝日東僧永茂惠石硯)」라는 제목의 다음과 같은 칠언율시가 있다.

> 바다 돌을 교묘히 다듬고 갈아서 海石曾經巧琢磨
> 스님이 멀리 가져다가 내게 선사하니 上人持贈自天涯
> 호호 입김 부니 벼루의 면에 가득히 찬 구름 일고 噓呵滿面寒雲起
> 물이 연지 안에 차니 조각달이 비끼누나 涓滴盈池片月斜
> 만지면 정금인 양 쨍그랑 소리를 내고 觸處精金鏘有響
> 씻으면 동그란 구슬처럼 매끈하고 티가 없네 洗來圓璧滑無瑕
> 첫새벽 가을 창 밑에서 붓에 먹을 찍으니 淸晨點筆秋牕下
> 불현듯 시정이 열 배 더해짐을 느끼네. 頓覺詩情十倍加

여기서 일본의 중이 정몽주에게 준 벼루는 아마도 우리에게 가장 잘 알려진 일본의 명연 적간관연赤間關硯과 같은 벼루일 것이다. 이 벼루는 시모노세키에서 나는 유서 깊은 일본의 명연으로, 조선 시대에도 수많은 문인들이 그것을 매우 선호한 기록이 있다. 우리는 이 시를 통해 정몽주가 이 벼루를 무척이나 아끼고 보배로 여긴 점을 알 수가 있으며, 이는 문장을 짓는 것으로 업을 삼는 당시 모든 문인들의 보편적인 마음일 것이다. 이러한 사실은 비슷한 시대에 등장한 이숭인李崇仁(1347-1392)의 시를 통해서도 확인된다. 이숭인은 고려 말의 대학자로 정몽주의 문하생이자 목은牧隱 이색李穡, 포은圃隱 정몽주鄭夢周와 함께 고려의 삼은三隱으로 일컬어지는 인물이다. 그가 지은 시 가운데에는「일본의 천우 상인이 적성의 자석연을 선물했기에 시로 감사의 뜻을 표하다(日本有天祐上人饋赤城紫石硯以詩爲謝)」라는 긴 제목의 시가 있다.

적성은 바로 해안의 신선이 사는 산 海岸神山是赤城

산중 보물의 기운이 하늘을 밝게 비추자 山中寶氣燭天明

일본의 스님이 양간석을 캐어 깎아 上人斲得羊肝石

동한의 한묵생에게 특별히 선물하였다네 持贈東韓翰墨生

살결이 비계와 같아서 숫돌도 필요 없고 肌理如脂不假硎

연지 부근의 돌 눈은 화성이 점으로 박혔다네 池邊石眼點華星

붓을 적셔 감히 조충의 문자를 지으리오 染毫敢作雕虫字

《능가경楞伽經》한 부나 정서해 볼까 하오. 擬寫楞伽一部經

— 『도은집陶隱集, 陶隱先生詩集卷之三』

여기서 말하는 적성赤城에 대해 혹자는 우리나라 단양을 지칭한다고 하는데,[29] 사실 적간관연赤間關硯의 고향인 일본의 적간관 즉 적성(지금의 下關, 즉 시모노세키 부근이다)을 지칭한다. 위 정몽주가 본 벼루도 아마 이와 같은 산지의 벼루로 사료된다. 이처럼 고려 문인들에게 벼루는 매우 귀중한 문방구이자 진중히 여기는 완상품이기도 하였다. 고려 시대의 벼루는 송은 아닐지라도 당시 교역국인 거란에 수출되었음을 문헌을 통해 확인할 수가 있으며, 청자벼루는 송나라에도 수출되었음을 근래 해저유물의 발견을 통해서도 알 수가 있다.

고려 시대에 이어 조선 시대가 되면 벼루의 산지와 형태, 그리고 조각이 더욱 발전하면서 벼루에 대한 문인들의 열정도 더해갔을지언정 식지는 않았다. 조선 시대 문인들의 벼루에 대한 열정은 적지 않은 연명硯銘들이나 벼루에 관한 연시硯詩들을 통해 잘 드러나는데, 조선 전기의 대표적인 문인과 그 작품으로는 김종직金宗直(1431-

---

29 손환일은 우리나라 자석연의 역사가 통일신라 출토 자석풍자연과 유관하며, 고려 시대부터 자석연의 산지가 개발되었다고 하였는데, 이에 대해서는 필자도 공감하는 바이다. 그러나 『한국의 벼루』(서화미디어, 2010, 282쪽)에서는 우리나라 자석연의 역사를 논하며 일본의 '赤城(즉 赤間關硯의 고향인 赤城)'을 가리키는 이숭인의 시 "일본의 천우 상인이 적성의 자석연을 선물했기에 시로 감사의 뜻을 표하다(日本有天祐上人餽赤城紫石硯以詩爲謝)"를 인용하는 오류를 범하였다. 여기서의 적성은 우리나라 단양이 아니고 일본의 적성(즉 적간관)이다.

1492)의「사악이 바로 전에 의주에서 와서 선천 돌벼루를 겸선에게 주려고 하거늘 내가 앗아 가지고 시로써 겸선에게 사례하다(士謂新自義州來以宣川石硯將贈兼善兼善予奪得之詩以射兼善)」, 성현成俔(1439-1504)의「자석산 아래를 지나며(過紫石山下)」, 박상朴祥(1474-1530)의「선천자석연가宣川紫石硯歌」, 기대승奇大升(1527-1572)의「고연가古硯歌」와「고연枯硯」, 장유張維(1587-1638)의「기옹이 동해의 작은 벼루를 선물했기에 시를 지어 감사하다(畸翁以扶桑小研見餉, 詩以謝之)」등을 꼽을 수가 있다.

그 가운데서도 조선 초기 사림의 종사 김종직의 벼루에 대한 사랑과 애착은 대단한 듯하다. 위에서 언급한 그의 시 제목에서도 알 수 있듯이 그는 친구가 남에게 선물로 주려는 벼루에 눈독을 들여 중간에서 그것을 가로채 가며 벼루를 받을 사람에게는 시로써 사죄하며 그 어떤 벌도 달게 받겠다고 하였으니, 벼루에 대한 그의 열정은 위에서 언급한 미불 등과 같은 중국의 연치硯癡(벼루에 미친 사람)들과도 버금가는 수준이다. 김종직이 지은 다른 몇 편의 시를 보아도 벼루에 대한 그의 사랑과 애착을 충분히 느낄 수가 있다. 그중에서「일본의 벼루를 극기에게 주었는데 이에 대한 사례의 시가 있었으므로 차운하다(以日本硯贈克己有謝詩次韻)」와「조신이 대마도에서 돌아와 나에게 자석연을 주고 시를 지었으므로 차운하다(曹伸還自對馬島餽紫石硯有詩次韻)」라는 시들을 보면 벼루에 대한 그의 사랑은 물론, 벼루를 보는 탁월한 안목까지도 느낄 수가 있다. 그 작품들을 보자.

옥골을 조각한 것이 대단히 섬세하여 雕鐫玉骨妙秋毫
바다 배에서 해마다 높은 값을 요구하는데 海舶年年索價高
빛은 마간석 같아서 발묵이 잘되거니와 色似馬肝能潑墨
용미보다 더 매끄러워 파도를 날릴 듯하네 滑勝龍尾恐飛濤
입 떡 벌리며 공연히 삼전의 값에 비교하고 嚧呀謾擬三錢直
찬양으로 도리어 한 글자 포양을 얻었구려 提拂還蒙一字襃
이것이 그대에겐 참으로 오래 지탱하리니 此物於君眞耐久

문단에 올라 반드시 함께 시문을 떨치게나.[30] 登壇須與振風騷

　　　-「일본의 벼루를 극기에게 주었는데 이에 대한 사례의 시가 있었으므로 차운하다
　　　　　　　　　　　　　　　　　　　　　　　　(以日本硯贈克己有謝詩次韻)」

일본엔 뛰어난 장인이 많아서　日本多郢匠
도끼 휘둘러 암석을 찍어 내었네　揮斤斲山骨
파도가 전면에 가득 일어나니　波濤滿面起
성성필에 찬 기운이 스며드누나　寒浸猩猩筆
봉주는 부드럽고 단단한 맛이 적어　鳳咮少溫栗
같은 등급으로 말하기 어렵겠네　難將語同日
조자가 해중으로부터 오면서　曹子海中來
수중에 봉산과 발해를 걷어 왔는데　袖裏卷蓬渤
나에게 주는 건 타당치 않겠네　贈我恐非宜
그대는 시문의 경지가 깊지 않나.[31]　風騷君入室

　　　-「조신이 대마도에서 돌아와 나에게 자석연을 주고 시를 지었으므로 차운하다
　　　　　　　　　　　　　　　　　　　　　　　(曹伸還自對馬島餽紫石硯有詩次韻)」

　이 시들에서 말하는 용미와 봉주는 모두 중국의 유명한 벼루명이다. 즉 용미석은 당시 중국에서 명성이 자자한 흡주연을 말하고 봉주석은 소동파가 편찬한 『논문방사보論文房四寶』에서 극찬한 고연명이다. 김종직은 이들 중국벼루들과 일본 대마도의 벼루를 비교하여 우월을 논하며 결국 대마도 벼루를 칭찬한 것이다. 벼루에 대한 그의 안목을 잘 말해주고 있다. 특히 첫 번째 시의 주석에서 그는 "벼루의 네 구석에 밤나무가 조각되었는데, 그 밑바닥 및 밤나무 잎사귀와 가장자리가 매우 정교하였다. 내가 이것을 웅천熊川 제포薺浦에서 새로 사 왔다."라고 하였으니 벼루에 대한 열정도 잘 말해주고 있다. 당시의 웅천熊川과 제포薺浦는 지금의 경남 진해시에 해당하는 포구명

───────────────

30　한국고전번역원 ｜ 임정기 (역) ｜ 1996

31　상동

으로 그 당시 개항하여 일본과의 무역을 허락한 곳인데, 포구마다 왜관倭館을 설치하여, 왜인에 대한 무역을 관할하고 또 그들의 접대 장소로도 삼았던 곳이다. 왜인들은 자신들의 특산품 벼루를 이곳으로 가져와 팔았던 것이다. 성종은 학문을 숭상해 학자인 점필재佔畢齋 김종직에게 옥벼루(玉硯)를 하사하였는데, 이 유물은 현재 고령의 대가야박물관에 소장돼 있다. 점필재는 벼루에다 '필옹옥우畢翁玉友'라는 글씨를 새겨 항상 가까이했다고 하는데, 필옹畢翁은 자신이고 옥우玉友는 옥벼루를 지칭한다.

벼루에 대한 아낌과 사랑의 정은 조선 중기의 문인 기대승의 다음 작품을 통해서도 잘 드러난다.

> 한묵의 마당에서 오랜 세월 보내고 翰墨場中歲月長
> 이제 와선 흰머리로 빈 평상에 누웠어라 如今皓首臥空床
> 한가히 큰 붓으로 남은 먹물 휘두르길 생각하고 閑懷椽筆揮餘澤
> 부질없이 맑은 시가 남상에서 나온 것을 기억하네 慢憶淸詩出濫觴
> 굴원이 버림을 받아 초나라 강가에서 행음한 일 참으로 안타깝고 楚澤行吟眞可惜
> 이광이 패망하여 패릉에서 사냥하며 지내던 일 참으로 슬프네 覇陵遊獵足堪傷
> 옛사람도 늙은 말을 남겨두었다고 하는데 聞道古人存老馬
> 군자를 따라 희생양이 되기를 원하노라. 願隨君子作犧羊
>
> ―「마른 벼루(枯硯)」, 기대승

그는 이 시에서 닳고 메말라져 폐기될 운명에 처한 벼루를 차마 버리지 못하고, 그것을 초왕에게 버림을 받은 굴원의 운명과 흉노족의 전투에서 패한 이광의 처지에 비교하면서 그 벼루의 처지를 안타까워하면서 폐기하지 않고 보존하겠다는 마음을 노래하였다. 앞에서 깨어진 벼루를 묻어주는 중국 문인의 경우와 크게 다를 바가 없다고 하겠다.

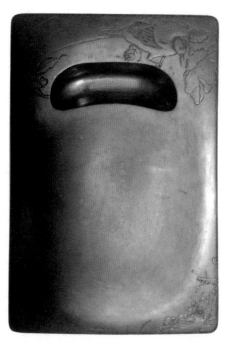

연측 사면이 정교하게 조각되고 뒷면에 이가환李家煥 연
명이 새겨진 정철조가 제작한 것으로 추측되는 남포 오석
연(22×32.8×5) 필자 소장

조선 전기에 이어 숙종에서 정조까지의 중후기에 이르면 문예 부흥의 시대를 맞이
함에 따라 벼루의 생산이 더욱 활발해지면서 문인들의 벼루에 대한 열정도 깊어갔다.
이 당시 한국의 연사硯史에서 빼놓을 수 없는 걸출한 인물이 바로 조선 최고의 벼루
장인으로 칭해지는 석치石痴 정철조鄭喆祚(1730-1781)이다. 그는 자신의 호를 석치
石痴(돌에 미친 사람)라고 하였듯이 마치 중국의 미불이 다시 태어난 듯하다. 그러나
정철조는 벼루를 수집만 한 것이 아니라 벼루 제작가로서 유명해 당시 많은 사람들이
그가 만든 벼루를 소장하길 원했다고 하니 벼루에 있어서는 미불에 비해 한 수 위였다
고 볼 수 있다. 그리고 정철조는 벼루 장인이 아니라 벼루를 너무 사랑한 다재다능한

재기를 지닌 선비 문인이다. 그는 문과에 급제하여 정언正言(조선 시대 사간원에 속한 정육품 벼슬)이란 벼슬을 지낸 양반 출신으로 연암燕巖 박지원朴趾源(1737-1805)과는 절친한 인척 관계이며, 이른바 실학파 연암 집단인 이덕무李德懋(1741-1793), 박제가朴齊家(1750-1805), 이서구李書九(1754-1825), 유득공柳得恭(1748-1807?) 등과도 지속적인 교류가 있었다. 그리고 그의 누이동생이 이용휴李用休(1708-1782)의 아들 이가환李家煥(1742-1801)에게 시집가 그와는 처남 매부지간이었다. 이런 훌륭한 사대부 가문 출신인 그는 화가로서도 꽤 유명하였으며, 예술과 과학, 실용적인 학문 분야 등에서도 두각을 나타낸 그야말로 다방면에 걸친 재능을 지니고 있었다.

조선 최고의 연치로 알려진 그의 가장 큰 특징은 그의 호에서도 말해주듯 벼루에 대한 애호였다. 이덕무의 『청장관전서靑莊館全書』에는 계사년(1773, 영조 49) 윤삼월閏三月에 이덕무가 연암 박지원, 영재泠齋 유득공, 석치 정철조 등과 함께 평양平壤을 유람하기 위해 파주坡州 등지에서 소일하던 기록이 적혀있는데, 이에 의하면 정철조는 산수 유람을 하는 가운데서도 멋진 돌을 발견하면 차고 있던 칼만으로도 뚝딱 벼루를 만들어내었다고 한다.

정철조는 유득공도 『동연보東硯譜』에서 지적하였듯이 획일적인 장방형의 벼루 형태를 탈피하여 원석의 본래 형태를 잘 살려 자연스럽고도 예술성이 있는 벼루를 만든 것으로 알려져 있기도 하다. 영재 유득공이 지은 「기하실장단연가幾何室藏端硯歌」[32]에 의하면 정철조는 자신의 벼루에다 국화와 같은 가을꽃과 귀뚜라미를 즐겨 새기었다고

---

32 李君贈此褐色之端硯。紫之暈兮脊脊。刻成翩反兩葉芝。一葉側陷洄爲池。降眞香木方跗匣。擎以羊脂白玉丌。幾何先生初得此。車中抱坐如抱兒。金甲虯蜻細叱呵。馬髻龍神無奈何。黃金白璧不足道。千駟萬鍾不足多。一生寒乞三韓士。空向秋燈讀硯史。安東馬肝赭土色。藍浦花艸蟲蛀蝕。韓之鈍工鈍如。遍國皆用風字式。邇來名士有石癖。喜刻秋花兼促織。洪州小吏得其法。因石天成罟加飭。竹西徐氏號善品。悠悠忽忽恒磨墨。吳知數子徒爲爾。端州歙州終難得。韓客季年燕都入。琉璃廠中買端歙。燕商籯籯黠如鼠。贋石一方銀五十。韓客有眼昏如漆。傳子傳孫藏十襲。誰能去結羅江李。脫手慇慇胝知己。塢呼羅江之李我所欽。天官傲吏今詞林。 -「幾何室藏端硯歌」

한다. 그의 벼루작품이 분명 어딘가에 꽤 많이 남아있을 것이 분명하지만 현재 그의 벼루작품으로 공인된 것은 이한복李漢福(1897-1940) 화가가 그린 정철조의 벼루 그림만 남아있다. 이 벼루는 정철조가 그의 사돈어른인 이용휴에게 선물한 것으로 벼루 앞면에는 이용휴의 연명이 새겨져 있고, 뒷면에는 정철조가 새긴 것이니 자자손손 영원히 보물로 간직하라는 말도 새겨져 있다고 한다. 정철조 벼루에 새겨진 이용휴의 연명에는 "손은 글씨를 잊고 눈은 그림을 잊고 돌에는 무엇을 취할까? 치와 벽이 으뜸이다.(手忘書, 眼忘畵, 奚取石, 痴癖最)"라고 쓰여 있다. 그리고 필자가 소장한 꽃과 새 문양 등이 정교히 조각된 남포 오석연 가운데『금대시문초錦帶詩文抄』에 있는 이가환이 지은 〈정현공연명鄭玄恭研銘[33]〉이 새겨져 있는 벼루(사진 참고)가 있는데, 조각의 풍격도 그러하지만 이가환이 정철조와 처남 매부 사이였으니 이 벼루 또한 정철조의 작품이 아닐까 조심스레 추측해 본다.

정철조는 독특한 개성과 기행奇行으로 '치癡'적인 삶을 살다 간 문인이라 할 수 있다. 예로부터 중국에서는 이런 부류의 문인들이 꽤 많았다. 그들은 유가의 전통적 문인의 형태를 벗어난 인물들로 풍瘋(정신이 돈 듯 미친 사람 같다) · 매呆(바보처럼 우둔하다) · 치痴(한 곳에 빠져 바보스럽다) · 광狂(오만하고 광적이다)적 개성을 지닌 자들이다.[34] 이들은 멀리 중국 위진시대 죽림칠현들로부터 시작하여 가까이로는 명대 말기의 만명晚明 문인들로 이어졌는데, 세상의 가치관을 무시한 채 자신만의 독특한 삶을 추구하며 살다간 인물들이다. 정철조는 비록 조선 후기 실학사상의 영향을 받은 이용후생 학자였지만 이런 문인 예술가적 기질을 지닌 자였다.

---

33 명문의 내용은 이러하다. "바야흐로 그것이 산에 있을 때엔 산을 위해 구름을 토하고, 그것이 인간 세상에 있을 때엔 사람을 위해 글을 토하네. 이리저리 쓰임에 변화가 무쌍하지만 그 본 모습은 조용하여 사람들이 알질 못하네. (方其在山。爲山吐雲。及其在人。爲人吐文。散見于用。變化恢奇。而其本體。寂然不知。)"

34 안대회는 그가 지은 책의 이름도 그러하듯이 이들을 "벽광나치오(癖狂懶痴傲: 한 가지 일에 미쳐 최고가 된 사람들)"란 말로 표현하였다.

사실 18, 19세기 조선에는 정철조뿐만이 아니라 많은 문인들이 벼루에 심취해 있었다. 전술한 연암 그룹의 정철조·유득공·이덕무·서유구(1764-1845) 등을 비롯해 성해응成海應(1760-1839)·이규경李圭景(1788-1856) 등이 모두 벼루에 대한 깊은 관심과 함께 한국 벼루의 연구에 필요한 저술들을 남겼다. 이런 벼루에 대한 연구들은 중국에 비해 많이 늦을 뿐 아니라 벼루 전문서적들도 아니지만 한국 벼루를 연구하는 귀중한 자료가 된다.[35] 그들이 지은 자료들은 유득공의 『경도잡지京都雜志』, 서유구의 『임원경제지林園經濟志』, 성해응의 『연경재전집研經齋全集』, 이규경의 『오주연문장전산고五洲衍文長箋散稿』 등을 꼽을 수가 있는데, 이들 저서들은 중국의 경우처럼 벼루에 대한 전문서적이 아니라 민속서와 농업 서적 내지는 총서와 백과사전식의 저서들이며, 그 속에서 부분적으로 벼루에 대해 언급하고 있을 따름이다. 이들 저자들 가운데 특히 주목할 인물은 유득공이다. 그는 역사학자이지만 지식이 다양해 우리나라 역사상 벼루를 전문적으로 연구한 최초의 학자라고 할 수 있다. 그는 조선 벼루의 역사를 정리하여 『동연보東硯譜』란 저술을 지은 것으로 알려져 있으나 이 책이 현재 남아있지 않아 확인할 수는 없고, 다만 서유구의 『임원경제지』 속의 「동국연품」에서 그의 『동연보』에 의거해 벼루를 논하고 있을 따름이다.

유득공의 벼루에 대한 열정도 대단해 앞에서 언급한 중국의 미불이나 김종직의 경우와 같이 남의 벼루에 눈독을 들여 그것을 가로챌 정도로 연벽硯癖이 심했다. 이는 그가 지은 시 가운데 일본의 명품 벼루 적간관연赤間關硯을 친구인 이정구李鼎九로부터 뺏고서 쓴 시[36]를 통해 잘 드러난다. 그는 이 시에서 "미불이 황제로부터 억지로 하

---

35 중국은 지난 2013년 유네스코에 문방사보를 자신들의 세계문화유산으로 등재 신청을 한 바가 있다.

36 "有石出於倭中之山。質如砷碌色如馬肝。倭工入山伐取其貞不頑。略礲其面窪其額。暈如肉小之環。刻成蚌蛤江搖柱。周以洶湧湏洞瀾。憶昔三韓使者乘輕舸。溶溶漾漾天際開。百金買此肥前市。波程萬里無恙還。緣何落在故人手。團團長置几案間。我見欲有之。故人頗色難。米顛藏衣袖。東坡睡硯顏。古人如此何況我。攫取而走步蹣跚。此硯色旣赤。所以得之如是艱。無怪其名赤間關。"-「赤間關硯歌贈潛夫」

사반은 먹물이 담긴 벼루를 소매 속에 넣었고, 소동파가 미불의 벼루에다 먹을 갈기 위해 침을 뱉자 미불이 그것을 더럽게 여겨 그에게 준 사연(米顚藏衣袖, 東坡唾硯顏)"을 얘기하며 옛사람들이 모두 그러했는데 자신은 말할 필요가 있겠느냐고 하였다. 적간관연 벼루는 유독 우리 선조들이 좋아한 벼루로, 전술한 바와 같이 고려 시대부터 정몽주, 이숭인 등이 찬미한 적이 있는, 우리 문인들이 꾸준히 선호한 벼루로 이 벼루는 아직도 일본을 대표하는 벼루로서 생산되고 있다.

벼루연구에 대한 유득공의 업적으로 『경도잡지』 속의 「문방」[37]에서 한국 벼루에 대해 지극히 간략하게 언급한 것이 있지만, 무엇보다도 『영재집冷齋集』에서 자신이 소장한 벼루 10방方에 대해 쓴 명문銘文[38]이 매우 흥미롭다. 그것은 순서대로 종성의 창석蒼石, 위원의 자석紫石, 북청의 청석부靑石斧, 중국의 단계석端溪石, 일본의 징니연澄泥硯, 남포의 오석烏石, 안동의 마간석馬肝石, 성천옥成川玉, 풍천의 청석靑石, 평창의 적석赤石 등에 대한 연명을 새긴 것이다. 여기에는 한국의 명연들은 물론 중국과 일본의 벼루까지 포함되어 있지만 그 내용이 다소 추상적이고 간략하다.

유득공과 같은 시대의 사람으로 성해응과 서유구도 저술을 통해 우리 벼루에 대해 언급하였다. 그런데 서유구의 『임원경제지』 속 「동국연품」에서 기술한 벼루에 대한 이야기는 유득공 등의 이야기를 그대로 인용하고 있을 뿐이다. 두 사람이 일찍이 함께

---

37 "붓은 족제비 털로 만든 황서랑미필(黃鼠狼尾筆), 종이는 설화죽청지(雪花竹淸紙), 먹은 해주에서 만든 유매묵(油煤墨), 벼루는 남포(藍浦)에서 나는 오석연(烏石硯)을 제일로 친다. 근래는 위원(渭原)에서 나는 자석연(紫石硯)을 많이 사용한다. (黃鼠狼尾筆 雪花竹淸紙 海州油煤墨 藍浦烏石硯爲佳品 近頗用渭原紫石硯.)「문방(文房)」

38 "玄菟之北。有江曰土門。風勁水駛。其石栗而溫)-[鍾城蒼石], 淥之水。其石紫。琢爲硯。古芸居上)-[渭原紫石], 此肅愼氏之石斧也。曷旬人。耕而得之。歸之于惠父)-[北靑靑石斧], 獲石于燕。一紫質刻喬。吳人見之。曰端也愼勿失)-[端石], 澂之澂之濁者淸。烝之烝之脆者勍。寶刀銅鏡。金屛畫扇。倭之琛。莫雅于玆硯)-[日本澄泥], 油煤雪華。置黃鼠狼。用藍之玄。述于列陽。眉壽永康)-[藍浦烏石], 大白巖巖。南國之鎭。鍾厥紫乳。視璞含潤。孤雲得之。桂苑吟詩。金生得之。昌林竪碑。半居得之。畵松絶奇)-[安東馬肝石], 白玉出沸流江。燈一對笛一雙硯一方。若有人兮倚雪窓)-[成川玉], 余守豊。豊人贈余。歸厥歸厥。可著書)-[豊川靑石], 東眺之表。分紊之陽。扶桑之根掘石。雞赤質綠章)-[平昌赤石]"

책도 발행한 적이 있는 것으로 보아 서유구가 유득공의 연구를 그대로 옮긴 것이다. 그에 비해 성해응은 서화 골동에 대한 취미가 남달라 우리가 주목할 만하다. 그 역시 젊은 20대의 나이에 12살 연상의 유득공과 교유하면서 서로 학문의 세계를 넓혀 갔는 데, 그의 호가 '연경재硏經齋'였듯이 그는 벼루에 대한 특별한 관심을 가진 사람이었 다. '硏'과 '硯'은 원래 같은 의미이다. 『연경재전집』에 수록된 그의 「연보硯譜」에는 "자 신이 어릴 때부터 벼루 모으기를 좋아하여 좋은 벼루를 많이 모았다(余少好蓄硯多聚 佳品)"라는 이야기와 자신이 서울에 있을 때 벼루 장인 김도산金道山과 친했다는 말, 그리고 또 다른 벼루 장인 신경록申敬祿에 대한 이야기도 하고 있다. 성해응은 여기서 우리나라 벼루들의 산지별 특성과 우열에 대해 서술하였는데, 벼루에 대한 그의 품평 은 서유구가 말년에 지은 『임원경제지』 속 「동국연품」의 내용과 똑같은 것으로 보아 두 사람이 모두 유득공의 『동연보』의 내용을 답습했을 가능성이 높다. 왜냐하면 서유 구의 「동국연품」에서는 성해응과 똑같은 이야기를 유득공의 『동연보』에서 발췌하였다 고 기술하고 있기 때문이다. 그러나 현재로선 『동연보』의 실체를 볼 수 없으니, 성해응 의 『연경재전집』 속의 「연보」가 가장 자세한 자료라고 보아야 할 것이다. 성해응은 이 책에서 남포석을 비롯해 위원석·고령석·평창자석·풍천석·안동마간석·종성아란 석·갑산무산석·송화강석 등에 대해 비교적 자세히 기술하고 있다. 이는 당시 유행 한 우리나라의 벼룻돌을 짐작할 수 있는 귀중한 자료이다. 그는 또 『연경재전집』에서 자신이 소장한 12개의 벼루들에 대해 소장 경유와 특성을 기록한 연명[39]을 남겼는데,

---

39 *方硯銘-方硯亦藍産也。材甚佳。銘曰。瀅而可鑑。其色則闇。噓而有泫。其性則堅。闇故不自衒。堅故不能壞。 君子以之。明其風槩。金星硯銘-藍産金星最貴。余蓄一面。銘曰。有金星者。必其德之如玉。金其和也。玉其溫 澤也。有剛有柔。君子則之。允臻其極。*藍硯銘-先君子嘗以公事詣錦城都尉家。見硯棄塵堆中。以安東馬肝小硯 易之。銘曰。制樸而拙。唯取其質。潑墨也潤。受水也溜。*井中硯銘-畫巖宋公玄載。鄕里嘗宿也。嘗遺余一硯曰 此嘗得之廢井者也。余付之工。改其制而匣之。銘曰。于其材也産何地。于其井也閱幾歲。欲善書先利器。*渭原二 硯銘-先君子宰渭原。鑿禿魯之濆。得丹綠二石爲之硯。銘曰。歲甲寅。發於禿魯江之濆。歲乙卯。製於金道山之 手。其丹而湛。其綠而黝。維其嘉矣。維其有矣。*肅愼砮硯銘-余從北關人得石砮。大可以爲硯。銘曰。使汝得莉

앞의 유득공의 10개의 연명에 비해 훨씬 상세하고 구체적이다. 그러나 이 세 사람이 모두 서로 교류가 많았던 동시대의 인물들이었기에 우리나라 벼루에 대한 그들의 기술이 모두 동일한 점이 아쉽다.

이들보다는 다소 뒤에 출현한 이규경이 지은 『오주연문장전산고』의 「연재변증설」에서도 우리나라 벼루에 대해 자세히 설명하고 있다. 그러나 그 내용은 『임원경제지』의 기록과 거의 동일하며, 다만 안동벼루에 대한 평가가 재고되어 절상되고 몇 군데의 벼루 산지가 추가되었을 따름이다.

19세기에 들어와서도 문인들의 벼루에 대한 관심은 식지 않고 여전하였다. 당시 저명한 문인이라 할 수 있는 이상적李尙迪(1804-1865) · 이유원李裕元(1814-1888) · 한장석韓章錫(1832-1894) · 곽종석郭鍾錫(1846-1919) · 김택영金澤榮(1850-1927) · 황현黃玹(1855-1910) · 이남규李南珪(1855-1907) 등은 뛰어난 문장가이거나 애국지사였지만 벼루에 관한 많은 연명을 남겼다. 당시 조선이란 나라는 풍전등화와 같은 불안정한 시대였지만 이들 조선의 마지막 선비들은 조용히 독서 하거나 한가한 틈을

州之楛。必貴於肅愼之砮。使汝得梁州之砮。必貴於肅愼之獲。遠則珍如珠玉。近則忽如瓦礫者何也。當其射而蹠勁則剡剡乎其利也。及夫製而磨墨則溫溫乎其膩也。*崇禎皇帝端硯銘-孝宗嘗從燕中得崇禎皇帝所御之硯而置之大內。後贈滄海許格。格尊周之士也。格沒其外孫木川縣監成偘得之。今在成氏。銘曰。毅皇之珍玩。寧陵之寶藏。烈士之室。有燭其光。傳外裔。勿毀傷。*郭氏硯銘-郭觀察越嘗朝正京師。天子賜之硯。藏于溪亭之側。後幾年耕者發焉。夢見觀察子紅衣將軍再祐謂耕者曰此郭氏物。促歸之。耕者覺而神威在眼。怖而歸郭氏之孫。余見之。乃日月池而葡萄刻文。銘曰。是維天子內府之錫。恩罔極。天子升彼白雲兮。器獨傳。郭氏子子孫孫永寶用。千萬年。*卷荷葉硯銘-端硯一方。余得之於遊燕者。雖小誠佳品也。匣以花梨搔以玉。銘曰。雕成卷荷之葉。何其巧。篆倣未央之瓦。何其妙。*柳氏硯銘-柳敬夫家有舊硯。敬夫先世嘗避壬辰之倭亂。歸見澄泥硯在家。莫知何人物也。銘曰。澄泥硯。陶氏工。色湛而如繝。聲鏗而中銅。*雙蟾硯銘-余嘗得渭原紫石。托國手申敬祿者製雙蟾硯。銘曰。水不耗。發墨濃。利筆鋒。吳將以注灘瀧。不可以注仙釋。吳將以草樂志。不可以草封禪。仙釋之辭亂。封禪之辭侫。君子不之稱也。*谷山硯銘-紫霞學士嘗宰谷山府。得硯材以遺余。余因姪子祐曾遊燕。鑿一方硯以來。石品甚佳。銘曰。質潤而色靑。谷山之所斲也。紋卍而池方。華人之所刻也。微紫霞之鑑賞。誰能發僻土之石。

이용해 벼루에다 자신의 정을 기탁하기도 한 것이다.

역관 출신으로 문장 실력은 물론 서화 금석 골동 등에도 조예가 깊은 다재다능한 문인 이상적은 그의 문집『은송당집恩誦堂集』에서 10편 가까운 많은 연명을 남겼는데, 주로 중국 친구들에게서 받은 중국벼루에 대한 연명이 많다.『임하필기林下筆記』와『가오고략嘉梧藁略』의 저자 이유원은 "나는 벼루를 씻기 좋아하니, 구양공歐陽公의 '3일 동안 벼루를 씻지 않으면 마치 세면 하지 않는 것과 같다.'라고 한 말에 대해 실로 동감한다. 갓 벼루를 씻어서 대하면 때를 씻고 일월을 보는 것보다 못하지 않다."(『임하필기』제35권「벽려신지薜荔新志」)라고 하였듯이 벼루에 대한 관심이 매우 특별했다. 그는『임하필기』「화동옥삼편華東玉糝編」에서 벼루에 관한 많은 일화들을 소개하고 있어 주목할 만하다. 이를테면 홍문관의 '주문연의 벼루'라든가 강희 · 건륭 · 기효람 등의 벼루에 관한 많은 재미있는 일화와 고사들을 담고 있다. 그도 많은 연명을 남겼지만 그 가운데 퍽 인상적인 것은「예연명瘞硯銘」이라는 벼루를 묻어주면서 지은 연명이다. 이는 전술하였듯이 일찍이 중국 당나라 때의 한유가 친구 이원빈이 깨어진 벼루를 땅에 묻어주었다는 이야기를 듣고 감동하여 지은「벼루를 묻다(瘞硯文)」라는 문장과도 매우 유사한 것이다. 그 내용은 다음과 같다.

> 벼루야, 벼루야. 나와 함께 늙어가네. 내 붓이 이미 퇴화하였거늘 너도 어찌 늙지를 않겠는가! 이제 늙었구나, 늙었구나. 너는 장차 흙과 함께 늙겠구나.
> 硯乎硯乎。與我同老。我筆已退。爾胡不老。老矣老矣。其將與土同老。
>
> −이유원,「예연명瘞硯銘」,『가오고략嘉梧藁略』

벼루에 대한 문인의 정은 실로 고금古今과 한중韓中이 따로 없음을 말해준다. 이원빈과 이유원은 천년이란 세월의 차이와 당나라와 조선이라는 엄연한 차이가 나지만

벼루에 대한 두 사람의 정은 하나였던 것이다.[40]

그 외 곽종석(1846-1919)·김택영(1850-1927)·황현(1855-1910)·이남규(1855-1907) 등은 한말의 문인이자 애국지사들이다. 그들은 조선 말기의 불안하고 냉혹한 환경 속에서 투쟁적인 치열한 삶을 살아가면서도 한편으로는 벼루를 통해 마음을 추스르며 정신적인 안정을 얻고자 하였다. 이는 그들이 남긴 많은 연명을 통해서 확인된다. 황현도 그 가운데의 한 사람이다. 그는『매천야록梅泉野錄』으로 유명한 조선 말기의 걸출한 선비 문인이자 순국 지사이기도 하다. 그의 문집인『매천집梅泉集』에는 연명이 특히 많이 보인다. 그중에 대표적인 것을 소개하면 다음과 같다.

광양光陽의 송천사松川寺에 오래된 비석碑石이 있었다. 그 비석 글씨가 고우면서 힘차서 명품이라 할 만했는데, 절이 폐해지면서 비석도 잘렸다. 내가 그중에 한 조각을 구해서 잘 다듬어 벼루로 만들고는 다음과 같이 명을 지었다.

光陽松川寺有古碑。字娟而遒。類名蹟。寺廢碑亦折。余得一片。斷以硯之。銘曰。

---

40 사실 벼루를 묻어주던 조선 시대 문인들의 이야기는 이유원에게만 국한된 것이 아니었다. 유명한 지리학자였던 신경준(申景濬, 1712-1781) 또한 벼루에 대한 애호가 특별했을 뿐만 아니라 벼루를 묻어주었던 사연으로 유명하였다. 그는 조선 중기 예학자 김장생의 남포연을 얻어 보물로 삼았는데, 주인이 바뀌며 유전(流轉)하는 벼루를 보며, 귀한 것일수록 한 사람이 독점하지 못하는 것 또한 조물주의 뜻이 아닐까 생각했으며, 반면 자신이 30년을 사용하다 다 닳게 된 벼루는 차마 아무 데나 버리지 못하겠다며 한양의 남쪽 인경산(引慶山) 양지바른 곳에 묻어주었다. 그리고 유구한 세월 뒤에 누군가가 벼루를 다시 꺼내 써주기를 바라는 마음도 함께 기록했다. 그 내용은 다음과 같다.… "余有小硯。長古尺九寸弱。歷余窮達三十餘年。硏之不已。其心坎用墨難。若磨而平之。則薄不可用。以其結隣久也。不忍乘諸溝壑。遂瘞之京城南引慶山陽。窃有惑於中者。歲庚吾。余遊德裕山。寺僧示白陶硯滴。小而圓。以淡靑畫草花者曰。中歲大雨山崩。有大石半破。中含硯滴露其半。斸而出之。此必先天時器也。余曰。嘗登浴川之動樂山。有畫陶盃全體沒於巖腰。其脣堮出巖外。如環三分圓之一。以手旋而不可拔。此硯滴亦其類耳。山上螺蜂殼。先儒以爲先天時物。則硯滴安知非先天時器耶。其制與畫。與今不異。異哉。未知何世何人之所用也。其好文好古。亦有如余者乎否。手摩良久而蹈。今余瘞硯於山。其全而至於悠久。能如彼硯滴與盃乎否。有得而見之者。其起湎湎之想。亦有如余乎否。酒銘曰。箕子以詩書禮樂而東。歷二千八百七十一年。亦曰朝鮮。郁郁乎文。月之如日在辛瘞是硯。名酒景濬氏酒申。"-『旅菴遺稿卷之五』「瘞硯銘」

이 돌이 과거에는 글을 싣더니 昔載筆,
지금 와선 먹물을 담고 있구나 今載墨。
그나저나 문자와 인연이 있는 文字緣,
아아, 아름다운 이네 돌이여 猗此石,
부처 떠나 유학으로 돌아왔으니 舍佛歸儒,
오랜 세월 영원토록 끝내 길하리. 永終吉

-「松川硯銘」,『매천집梅泉集』

호은湖隱 선생이 팔영산八影山 바닷가에 놀러 갔다 돌 하나를 주워서는, 벼루로 삼을 만하다고 생각하여 그걸 지고 돌아왔다. 그 재질을 잘 살려서 대략 손질을 한 뒤에 세 개의 눈을 파서 먹물을 담고 그 벼루를 '삼정연'이라 이름 지었다. 두께가 3치쯤 되고 너비도 그와 비슷하며, 길이는 그것에 3분의 1이 더 길다. 매우 두툼한 덩어리 형태로, 상하와 사방이 대략 비슷하였다. 내 평생 수백 개의 벼루를 보았지만, 네모지면서 질박하고 두껍고 괴이한 걸 보기는 이게 처음이었다. 당자서唐子西가 "벼루의 수명은 세世로 계산한다."라고 하였는데, 그건 보통 벼루를 두고 한 말이다. 이런 벼루는 어찌 한 세대뿐이랴. 앞으로 영원히 없어지지 않으리라. 선생이 우연히 이를 얻어서는 잘 다듬어 새로 만들었으니, 선생 또한 장수할 징험이라 하겠다. 선생의 막내아들 고태회高泰會가 선생의 명으로 나에게 명을 요구하기에, 내 다음과 같이 명하는 바이다.

湖隱先生游八影海上。獲一石。謂可硯也。負之歸。因其質而略加鐫磨。穿三眼以貯墨水。名曰三井硯。厚三寸許。廣如之。長加三之一。形甚塊然。上下四方略相等。余生平見硯數百。方而樸厚詭異。蓋初見也。唐子西稱硯之壽。以世計。指凡硯耳。若此硯者。奚止世哉。將後天不磨矣。先生偶然得之。創製以成之。殆壽徵也歟。先生季子泰會。以先生命徵銘於余。銘曰。

뒤섞여 이뤄진 걸 질박하다 하는데 有物混成名曰樸。
깊고도 그윽한 천하의 골짜기네 玄之又玄天下谷。
삼정의 깊은 물 근원이 천 길이니 三井湛湛源千斛。
그 아래 단연코 단사가 있으리.[41] 其下應有丹砂伏。

-「三井硯銘」,『매천집梅泉集』

---

41 한국고전번역원 | 이기찬 (역) | 2010

위 「송천연명松川硯銘」을 보면 매천은 산수 유람을 하는 가운데서도 특이한 벼루 재료가 있으면 집으로 가져와 손수 깎아 벼루로 만들고 그것에 대한 연명을 지었음을 알 수 있다. 그는 망국의 통한으로 자결을 하였지만 벼루를 만들고 연명을 새기는 이 순간만은 망국의 울분을 잠시나마 잊었을 것이다.

구한말의 의사義士 수당修堂 이남규李南珪 선생의 벼루에 대한 사랑도 우리나라 역대 그 어느 문인에 뒤지지 않았다. 4대에 걸쳐 나라를 위해 목숨을 바친 이남규 선생의 문집 『수당집修堂集』에는 벼루에 대한 그의 시와 많은 양의 연명이 기록되어 있다. 그 내용을 보면 집에서 선조 대대로 전해오던 벼루가 다른 사람의 수중에 넘어간 것을 알고 그 자에게 간청해 돈을 들여 다시 사와 선조에게 기도하고 연명을 짓게 된 사연이라든지 자신의 외조부가 어머니에게 준 벼루가 어머니가 사망 후 사라졌는데 그 후 우연히 집의 서재를 수리하다가 흙 속에서 발견되어 그 기쁨을 노래하고 벼루함을 만들어 영원히 보존하는 이야기 등 벼루에 대한 깊은 정이 오롯이 배여 있어 매우 감동적이다. 그 내용을 보자.

선조 아계공(鵝溪公 이산해(李山海))에게 큰 벼루가 있어 글씨를 쓰실 때에 이를 사용하곤 하셨다. 그런데 나중에 이것이 절도사節度使 조의현趙儀顯의 소유가 되었다. 그래서 내가 직접 청을 드려 이를 다시 사다가 우리 집에 보관하였다. 그리고 다음과 같이 명한다.
先祖鵝溪公有大硯。以供揮灑。後爲趙節度儀顯所藏。余躬請贖還。藏于家。銘曰。

아성에 전하던 벼루가 조 씨의 소유가 되었다네   鵝城有硯趙氏藏。
그래서 이를 청해 찾아와 길이 보전하려 하노라   余丐以存圖永長。
바라노니 후손들이여 싫어 말고 잘 보중해서   尙我後人寶無斁。
혹시라도 그르치는 일 없이 공경히 받들지어다,   敬奉罔墜如不克。
태양이 남쪽 끝에 이른 계미년의 동짓날에   尙章協洽日南至。
후손인 남규가 손 모아 절하고 기록하노라   後孫南珪拜手識。
　　　　　　　　　　　　　　　　－「집에 전해 오는 큰 벼루에 대한 명(家傳大硯銘)」

이 벼루가 우리 집에 전해 오기 시작한 것이 硯之爲吾家傳。

몇백 년의 세월이 흘렀는지 알지 못해라 不知閱幾百年也。

그런데 가운데가 닳아서 뚫어질 듯하니 觀其盡心而欲穿。

선조의 가문을 일으킨 유래를 알 만하네 可以知祖先起家之有由焉。

이것이 어찌 저 옛날의 묵장이나 청전 정도에 비길 바이겠는가 是豈僅比諸古之墨帳靑氈也。

그러니 후손들이여 열심히 여기에 씨 뿌리고 거두어서 宜後人之勤于播穫。

응당 이것으로 기름진 논밭을 삼아야 하리라 而以此爲良田哉。

　　　　　　　　　－「집에 보관된 옛 벼루에 대한 명(家藏古硯銘)」

이 벼루는 외할아버지께서 우리 어머니에게 주신 것이다. 그런데 어째서 그 이름을 '구주九疇'라고 하였을까? 그것은 아마도 그 모양이 마치 거북과 같아서 모가 졌으되 여덟 개의 모서리가 있으므로, 이것을 참작하여 상징한 것이 아닌가 한다. 그런데 이것은 자연석 그대로 만들어진 것이다. 이것이 자연석 그대로라는 것을 어떻게 아는가. 그 가와 모서리의 길고 짧음이 서로 같지 않으니, 이것을 보면 그 생긴 모양을 따라서 쪼아 다듬은 것이라는 것을 알 수가 있기 때문이다. 어머니께서 돌아가신 뒤로 이 벼루의 행방을 알 수가 없었다. 그런데 그로부터 10여 년의 세월이 지난 뒤에 집의 아이가 서재書齋를 수리하다가 흙 속에서 이를 다시 찾아내었다. 그래서 나는 너무나 기뻤다. 그러나 혹시 또 이를 잃어버리지나 않을까 겁이 났으므로, 나무를 다듬어 벼루의 갑匣을 만들고 이를 엄하게 관리 보관하도록 하였다. 그리고 이를 계기로 다음과 같이 명銘을 한다.

硯外王父與吾先妣者也。何以名九疇。其體如龜而方有八隅也。倣而象之也歟。自然也。何以知自然。方隅長短不齊。因其形而琢之也。先妣歿。不知硯所在。後十餘年。兒子治書齋。得於土中。余喜甚而恩其又失也。

우물 정 글자처럼 구획이 아홉이라네 刳木而匣之。

그 모양이 거북을 닮았구나 俾謹其藏。

생긴 모습 그대로를 본뜬 것이니 因爲之銘曰。

이름을 억지로 지은 것이 아니라네 井其疇龜其狀。

외손자를 격려하는 사자 그림을 象自然名非强。

마치 지금 새로 받은 듯하니 如獅畫新受貺。

장차 어찌하여 훌륭한 외손이 될까。[42] 將美修成宅相。

　　　　　　　　　－「구주연九疇硯에 대한 명(九疇硯銘)」

42　한국고전번역원 | 홍승균 (역) | 1997

위 연명을 읽어보면 이남규는 선조들이 물려준 벼루를 마치 선조 그 자체인 양 갖은 정성으로 그것을 정중히 대하고 있으며, 선조들을 대하는 마음으로 벼루를 대하고 있음도 알 수 있다. 따라서 선조들에 대한 깊은 존경과 정이 바로 벼루에 대한 사랑으로 이어지고 있다. 그리고 선조들의 벼루를 보며 선조들의 정신을 이어 받아 열심히 공부하여 부끄럽지 않는 훌륭한 후손이 될 것을 다짐하고 있음도 알 수 있다. "선비는 죽일 수는 있어도 욕되게 할 수는 없다(士可殺, 不可辱)"라는 유명한 말을 남기고 일본군에 의해 피살된 그의 삶을 조명하면, 벼루를 대하는 이런 마음이 선조를 대하는 마음으로 이어지고 이 마음은 다시 조국을 대하는 마음으로 이어졌음을 알 수가 있다. 이남규 선생의 가문은 현충원에 4대가 안장된 유일한 가문이다.

2. 벼루와 문학

벼루에 대한 사람들의 사용이 점점 늘어남에 따라 특히 문인들은 벼루의 아름다운 석질과 또 그것이 지니고 있는 덕성에 매료되면서 점점 벼루에 대한 애착을 느끼게 되고, 나중에는 벼루에 관한 수많은 문장들이 탄생하게 되었다. 그리하여 벼루는 이제 문인들이 단순히 아끼고 귀중하게 여기는 문방 도구의 성질에서 벗어나 그들이 평생토록 정을 주고 지키며 함께 곁에서 살아가는 동반자로서 자리 잡게 된다. 그리하여 벼루를 노래한 문장들은 명銘을 비롯해 시詩 · 가歌 · 행行 · 사詞 · 부賦 · 곡曲 · 찬贊 · 송頌 · 기記 · 전傳 · 상狀 · 발跋 등 다방면의 문학 장르, 즉 문체를 통해 반영되었는데, 이는 그 자체가 중요한 문학작품인 것이다.

(1) 좌우명을 벼루에 새겨 자신을 경계하는 내용 – 연명硯銘

명銘이란 원래 자신을 경계하는 내용이나 사물의 공덕을 칭송하기 위해 기물에다 새긴 문체를 지칭하는 말이다. 이를테면 책상의 오른쪽에 새겨 스스로 경계하고자 하는 문체를 좌우명座右銘이라고 하였으며, 유사한 것으로 우리가 잘 아는 당나라 유우석劉禹錫이 지은 《누실명陋室銘》이나 죽은 이의 덕德과 공로를 글로 새기어 후세에 영원히 전한다는 뜻을 지닌 수많은 《묘지명墓志銘》과 같은 것들이 대표적인 경우다. 따라서 벼루의 공덕을 찬미하는 문장이 바로 연명인 것이다.

연명은 벼루의 뒷면[연배硯背 혹은 연저硯底라고 한다.]이나 벼루의 머리[혹은 이마라고도 하는데, 연액硯額 혹은 연두硯頭라고 한다.] 혹은 벼루의 덮개나 벼루 몸체 硯身의 네 측면['옆댕이'라고도 하지만 이는 속어이므로 연측硯側으로 부르는 것이 타당함.] 내지는 기타 빈 공간에 길이와 문체에 관계없이 자유롭게 새겨진 문체를 말한다. 여기서 벼루 각 부위의 명칭을 잠시 짚고 넘어가면, 벼루의 앞면 바닥을 연당硯堂 혹은 묵당墨堂이라고 하며, '상사'라고도 하는 벼루의 테두리 표면을 연변硯邊 내지는 연순硯脣이라고 부른다. 옛날 사람들은 대개 격언이나 시구詩句 내지는 경구警句로써 연명을 지어 자신들의 행동준칙으로 삼아 항시 스스로를 채찍질하였다. 따라서 이런 연명은 벼루의 덕에 대해 논한 것에서부터 시작하여 자신에 대한 경계나 가슴 속의 정감을 담고 있는 철리성과 문학성이 겸비된 문장에 이르기까지 실로 벼루의 예술적 가치를 높여주거나 문물로서의 진위성을 제공하는 중요한 척도가 되기도 한다.

그러므로 연명은 벼루의 조각 · 전각예술과 함께 벼루문화에 있어 매우 중요한 비중을 차지하고 있다. 전술한 바와 같이 옛날 우리나라의 문인들도 연명을 많이 지었다. 이를테면 이규보 · 이제현 · 이첨 등을 선두로 하여 그 후 조선 시대 말기에 이르기까지도 매우 많은 문인들이 연명을 남겼다. 그러나 현재 남아있는 한국의 옛 벼루들에는 중국에 비해 연명이 남아있는 벼루들이 극히 드문 것이 사실이다. 따라서 중국의 연명문화[43]가 실제 벼루 속에 전각예술로 새겨져 벼루의 종합적인 예술성을 추구한 것에 비해 우리나라의 연명 문화는 주로 벼루의 덕을 찬미한 순수한 문장으로서의 기능에 치중하였다고 볼 수 있다. 그만큼 전해지는 한국의 옛 벼루에 직접 새겨진 연명이 드물며, 그런 까닭에 연명이 있는 고연의 가치는 더욱 높다.

중국의 연명 가운데 가장 큰 비중을 차지하는 것이 앞에서 소개한 '언지명言志銘'[44]인데, 이는 주로 벼루의 덕에 대한 자기 뜻 이를테면 정감 내지는 철학을 새겨 넣은 것이다. 중국 역대 연명 가운데 가장 효시라고 할 수 있는 작품이 바로 위나라 때의 문학가 왕찬이 지은 것인데, 그 내용을 소개하면 다음과 같다.

> 옛날 창힐이 문자를 만들어 그것으로 결승을 대신하니, 백성들을 보살핌과 관리들의 다스림이 행해지고, 각종 사업이 크게 흥성했도다. 이 시대의 말기에 문장들이 음란해지니 문학은 바른 행실을 적지 못하고 문장 또한 자신의 마음을 모두 드러내지 못하네. 순박함이 사라짐이 나날이 더해가도다. 묵과 붓의 운명이 그러하니 영욕榮辱이 이와 같도다. 이(벼루)를 깊이 생각하나니 오직 이 집(벼루)만이 현묘하도다.
>
> 昔在皇頡, 爰初書契, 以代結繩。民察官理, 庶績誕興。在此季末, 華藻流淫, 文不寫行, 書不盡心。淳樸澆散, 日以崩沈。墨運翰染, 榮辱是若。念茲在茲, 惟玄是宅。
>
> —魏·王粲(177-217)「硯銘」

이를 필두로 당唐 저수량褚遂良(596-658)의 「단계석거연명端溪石渠硯銘」이나 한유韓愈(768-824)의 「예연명」 등이 등장하게 되었고, 그로부터 연명은 그 수를 셀 수 없을 정도로 많이 등장한다. 현재까지 알려진 우리나라 고연에 새겨진 연명은 경기도

---

43 사실 중국의 연명이 있는 수많은 고연 가운데에도 진품이 아닌 현대인들의 모방작들도 대단히 많다. 여기에는 옛 벼루에다 후인들이 옛사람들의 이름을 가탁하여 새긴 명문도 있고, 현대에 만들어진 벼루에다 세월의 때를 인위적으로 묻히고 옛사람들의 이름과 시구를 새겨 넣은 완전 가품인 물건들도 있다. 이에 비해 우리의 고연에는 이런 가짜 명문이 새겨진 벼루가 매우 드물다고 할 수 있다.

44 앞의 장 참조.

이천 설봉산성에서 출토된 '통일신라자석풍자행연統─新羅紫石風字行硯'의 연배硯背에 새겨진 명문[45]이 통일신라 시대로 거슬러 올라가지만 이는 제작연대에 대한 단순한 기록일 뿐이며, 문학성이 있는 최초의 언지명은 고려 시대 이규보의 연명에서부터 시작된다. 이는 중국에 비해 좀 늦은 편이지만 중국에서도 문학성이 있는 언지명은 송대부터 본격화되었기에 이를 고려하면 우리나라의 연명은 고려 시대에 등장하여 조선 시대 말기까지 계속 출현하였기에 연명의 수량을 보면 결코 중국과 큰 차이가 없다. 연명에 대해서는 앞에서 이미 충분히 논의하였기에 생략한다.

(2) 벼루의 공덕과 청렴한 선비정신을 노래 – 연시硯詩

넓은 의미의 연시는 벼루를 소재로 한 많은 운·산문류의 작품들이 모두 포함되지만 대개 연시는 시를 비롯하여 가歌와 행行과 같은 고풍체의 시가를 지칭한다. 연시는 연명 다음으로 벼루 문학을 대표하는 문체로 전해지는 연시의 분량은 대단히 많다.

중국의 경우 연시가 최초로 등장한 것은 당나라 초기인데, 초당 시기의 시인 이교李嶠(약 665-약 714)의 작품에서 비롯되었으며, 역시 초당 시기 전기소설의 작가 장작張鷟이 지은 「유선굴遊仙窟」 속에서도 벼루를 읊은 시구가 전해지고 있다. 그러나 연시가 본격적으로 출현하기 시작한 것은 중당 이후로 보며 만당에 이르면 활성화되는데, 이는 단계연을 비롯한 사대명연四大名硯이 중국에서 크게 유행하던 시기와 연관이 깊다.

따라서 중국 역대 저명한 문인이나 학자들은 거의 모두 연시를 남겼으며, 또 역으로 중국 연시의 주요 작품들에는 역대 저명한 대문호나 학자들이 대거 포함되어 있다.[46]

---

45 "咸通七年丙戌三月十七日"이라고 적혀있는데, 서기 867년으로 추정된다. 이에 대해 손환일, 『한국의 벼루』(서화미디어, 2010), 25쪽 참조.

46 중국 연시의 중요한 작가와 작품명을 시대순으로 소개하면 다음과 같다. 唐代(618-907)~張鷟(약 660-약 740) 「咏筆硯」, 李嶠(약 665-약 714) 「硯詩」, 李白(701-762) 「殷十一贈栗岡硯」, 杜甫(712-770) 「石硯詩」, 韋應物(737-

그만큼 연시는 시 작품의 한 주요 장르라고 볼 수 있다. 벼루에 대한 각별한 관심으로 많은 수의 연시 작품을 남긴 사람들은 아래 주에서 보듯 중만당中晚唐 시기의 유우석·피일휴·육구몽, 송대의 매요신·구양수·왕안석·소식·황정견 등과 같은 대문호들이 모두 포함된다.

　다시 말해 연시는 중당 이후로 서서히 본격적으로 나타나기 시작하다가 만당에 이르면 피일휴와 육구봉에 의해 더욱 활성화[47]되었다. 그리고 송대 이후부터 드디어 저명한 대문호들에 의해 많은 분량의 연시들이 본격적으로 출현하게 됨을 알 수 있다. 사실 송대는 연시뿐만이 아니라 중국에서 벼루에 관한 다량의 저술들이 본격적으로

804) 「對翰少尹所贈硯有懷」, 劉禹錫(772-842) 「唐秀才贈紫石硯以詩答之」, 李賀(790-816) 「楊生靑花紫石硯歌」, 莊南傑(? 중당 시인) 「寄鄭磕疊石硯歌」, 盧仝(795-835) 「贈徐希仁石硯別」, 貫休(823-912) 「硯瓦」, 皮日休(약 834-883) 「以紫石硯寄魯望兼酬見贈」, 韓偓(844-923) 「同年前虞部李郎中自長沙赴行在, 余以紫石硯贈之, 賦詩代書」, 陸龜蒙(?-약 881) 「襲美以紫石硯見贈, 以詩迎之」, 徐鉉(916-991) 「以端溪硯酬張員外水精珠, 兼和來篇」, 宋代(960-1279)~晏殊(991-1055) 「古瓦硯詩」, 梅堯臣(1002-1060) 「得李丞殿院端州硯」, 歐陽脩(1007-1072) 「贊歙硯詩」, 韓琦(1008-1075) 「銅雀硯詩」, 蔡襄(1021-1067) 「贊歙硯詩」, 曾鞏(1019-1083) 「謝章伯益惠硯」, 王安石(1021-1086) 「元珍以詩送綠石硯所謂玉堂新樣者」, 鄭獬(1022-1072) 「紫花硯詩」, 蘇軾(1037-1101) 「龍尾硯歌」·「評歙硯詩」, 黃庭堅(1045-1105) 「硯山行」, 陳師道(1053-1101) 「謝端硯」, 晁補之(1053-1110) 「硯林集中有詩並銘」, 張耒(1054-1114) 「魯直惠洮河綠石硯冰壺次韻」, 汪藻(1079-1154) 「紅絲硯銘」, 王庭珪(1080-1172) 「次韻酬劉太虛專端硯」, 汪宗臣(?) 「硯歌」, 陸游(1125-1210) 「硯湖」, 高似孫(?-1231) 「銅雀硯歌」, 馮延登(1176-1234) 「洮石硯」, 王邁(1184-1248) 「除夜洗硯」, 劉克莊(1187-1269) 「獲端溪硯」, 洪咨夔(1196-1236) 「洗硯詩」, 元代(1271-1368)~元好問(1190-1257) 「咏洮硯詩」, 宋無(1260-1340) 「古硯歌」, 王士熙(1265-1343) 「咏硯詩」, 倪瓚(1301-1374) 「賦琴濤硯」, 明代(1368-1644)~宋濂(1310-1380) 「灤歌石硯歌」, 瞿佑(1347-1427) 「咏硯詩」, 陳獻章(1428-1500) 「過端溪硯坑」, 李東陽(1447-1516) 「咏龍尾硯詩」, 徐渭(1521-1593) 「題龍尾硯」, 王世貞(1526-1590) 「張幼於惠臨洮賜硯歌」, 湯顯祖(1550-1617) 「漢未央宮瓦硯」, 黎遂球(1602-1646) 「端溪采硯歌」, 淸代(1616-1912)~錢謙益(1582-1664) 「洮河石硯歌」, 黃宗羲(1610-1695) 「史濱若惠洮硯詩」, 朱彝尊(1629-1709) 「松花江石硯詩」, 屈大均(1630-1696) 「乞硯行」, 汪懋麟(1640-1688) 「夢中得十二硯詩」, 余甸(1655-?) 「咏硯詩」, 吳士玉(1665-1733) 「松花綠石硯歌」, 高鳳翰(1683-1749) 「荷葉硯詩」, 黃任(1683-1768) 「閑人硯詩」, 乾隆帝(1711-1799) 「鸚鵡硯詩」, 于敏中(1714-1779) 「題宋米芾蘭亭硯詩」, 袁枚(1716-1797) 「咏硯詩」, 洪亮吉(1746-1809) 「橋亮卜卦硯歌」, 朱棟(1746-?) 「咏水巖硯詩」, 計楠(1760-1834) 「題漁父硯詩」, 阮元(1764-1849) 「端州北巖綠硯石歌」

47 피일휴와 육구몽은 서로 자석연 벼루를 선물하며 교류하였는데, 육구몽이 지은 「襲美以紫石硯見贈, 以詩迎之」라는 硯詩가 그것을 잘 말해준다. 습미는 피일휴의 字이다.

출현한 시기이기도 하다. 이런 분위기는 계속 이어져 청대에 이르면 더욱 많은 문인예술가들에 의해 연서硯書(벼루에 관한 저술)는 물론 다량의 연시들이 지어졌다. 특히 청대의 문인예술가 가운데에는 벼루에 심취하여 많은 벼루를 소장하거나 벼루에 관한 연구서나 연시들을 많이 남긴 이른바 연치硯痴에 해당하는 작가들이 매우 많았다.

그 가운데 특히 많은 연시를 남긴 이로는 주이존·굴대균·왕무린·여전·황임·홍량길·계남·완원 등이다. 이들은 대문호이거나 철학자, 혹은 서화 예술가 내지 수집가들인데 그들의 신분은 서로 달라도 모두 벼루에 심취하여 많은 벼루를 수장함은 물론 많은 연시를 남겼다. 중국 역대 연시 가운데 특히 유명한 작품들을 시대별로 몇 편 살펴보면 다음과 같다.

단주(단계연의 산지를 말함)의 석공은 정교함이 마치 신과 같아, 하늘을 밟고 칼을 갈아 자주색 구름을 가르네. 돌을 고르고 조각하니 연지에 물이 가득 차고, 장홍萇弘(주나라의 대부로 억울하게 죽은 사람을 비유함.)의 차가운 피 흔적(단계연의 무늬인 '靑花'를 말함)이 어둡게 흩어져있네. 휘장 쳐진 따뜻한 낮에 먹의 무늬는 봄날 같고, 가볍게 일어나는 기포는 먹 향기에 향기롭다. 마르면서 세윤하고 몸체가 얇으면서 무거우니 바닥에 평온하게 자리 잡고, 몇 촌의 작은 몸이 만들어낸 먹물은 가을의 양광과 같아 어두운 곳이 없네. 붓을 묻혀 먹물을 찍으면 붓을 보호하여 아주 작은 맑은 소리가 나는데, 공자연孔子硯(후대인들이 공자의 출생지에서 만든 벼루(尼山硯)로 품질이 조악함.) 큰 벼루와 어찌 비교하리오! 端州石工巧如神, 踏天磨刀割紫雲。 備刑抱水含滿脣, 暗灑萇弘冷血痕。 紗帷畫暖墨花春, 輕漚漂沫松麝薰。 乾膩薄重立脚勻, 數寸光秋無日昏。 圓毫促點聲静新, 孔硯寬碩何足云。
－「양생의 청화가 있는 자석연 노래(楊生靑花紫石硯歌)」, 당唐, 이하李賀

누른 서옥瑞玉과 진귀한 호랑이 모양 백옥도 아깝지 않네. 다만 욕심을 부려 그것들을 품고 화를 입어 죽을까 두렵네. 용미연은 도대체 어떤 돌이기에 옥 같은 덕과 쇠 소리가 돌에 깃들어있는가! 하늘과 더불어 돌을 만든 것이 그 얼마이고, 사람과 함께 벼루를 만든 것이 이제 막 거부하지 않았네(시작되었네). 시가 포조와 사령운이 되어도 돌이 어찌 함께할 것이며, 붓이 종요와 왕희지에게 떨어져도 벼루는 알지 못하리라. 비단 이불과 옥합 모두 보잘것없는 것이고, 멋진 비단으로 침상을 둘러도 그 얼마나 되리오! 하물며 나의 봉주연 벼루의 연명을 노려보며, (내가) 장난으로 농담하며 그것(용미연을 말함)이 봉주연에 못하다고 하였네. 푸른 하늘에 물이 비치니 바람이 구름을 불고, 밝은 창 큰 서안에는 먼지 없이 정갈하다. 내가 천지에 태어난 것은 보잘것없는 미물인즉, 소자蘇子(자신 즉 나) 역시 쓸모없는 인간이라네. 거친 말이나 세심한 소리 모두 마다하지 않고 악필로 마음대로 그림도 그려보네. 원컨대 소동파와 함께할 것을 바라나니, 어진 자는 필히 서로 소홀하여 이별하지 말지어다.

黃琮白琥天不惜, 顧恐貪夫死懷璧。君看龍尾豈石材, 玉德金聲寓於石。與天作石來幾時, 與人作硯初不辭。詩成鮑, 謝石何與, 筆落鍾, 王硯不知。錦茵玉匣俱塵垢, 擣練支床亦何有。況瞋蘇子鳳味銘, 戲語相嘲作牛後。碧天照水風吹雲, 明窗大几淸無塵。我生天地一閑物, 蘇子亦是支離人。麤言細語都不擇, 春蚓秋蛇隨意畫。願從蘇子老東坡, 仁者不用生分別。

-「용미연 노래(龍尾硯歌)」, 송宋, 소식蘇軾

우리 집의 벼루 선생에게 감사하나니, 아침저녁으로 먹을 적시며 오랜 세월을 같이하네. 문장을 제공하기 위해 지기를 만나고 해주고, 중요한 정책과 공명을 추구하는 진정한 젊은이로세. 맑은 물로 씻어 먼지를 벗겨버리고, 빛나는 비단으로 옷을 입히니 푸르름이 규룡(뿔 없는 용) 같도다. 아이를 불러 풍성한 음식을 차리는 일을 면제시키며, 정신을 힘들게 하지 않고 대신 너에게 보답하노라.

多謝吾家卽墨侯, 朝濡暮當富春秋。爲供文字逢靑眼, 要策功名眞黑頭。濯以淸泉塵已蛻, 衣之文錦翠如虯。呼童除放陳豐饌, 少勞精神並汝酬。

-「제야에 벼루를 씻으며(除夜洗硯)」, 송宋, 왕매王邁

협곡의 구름은 단계 계곡의 물을 가두어 끊고, 흰 학이 무리 지어 나니 계곡의 산은 자줏빛이구나. 깊은 산의 오랜 구욕새(단계연의 눈, 石眼을 말함)를 사랑하나니, 만고의 서풍이 불어도 일어나지 않네. 어찌 하면 천만 근을 드는 용사勇士들을 구해 강가의 어지러운 돌들을 밤을 새워 두드릴까!

峽雲鎖斷端溪水, 白鶴羣飛峽山紫。獨憐深山老鴝鵒, 萬古西風吹不起。安得猛士提千鈞, 亂石溪邊夜搥碎。

-「단계연 갱을 지나며(過端溪硯坑)」, 명明, 진헌장陳獻章

영양 협곡은 어두운데 가을 달은 높이 뜨고, 자주색 구름 한 조각 강가에 잠겨있네. 흩어질 듯하면서도 굳게 모여 있으니, 바람과 물결이 서로 감싸 도네. 깊은 못은 엉겨 붙어 천지가 되고, 석공은 줄을 타고 내려가 도끼질을 하네. 동굴을 찾아 고래와 거북을 몰아내고, 양간(단계연의 색이 羊의 肝과 같아 양간석 내지는 마간석이라 부름)을 가르니 비린내가 나네. 그 매끈하고 부드러운 기름짐에 손이 젖고, 백엽과 초엽에 푸른 포도문이라(백엽과 초엽은 모두 단계연의 석질 무늬를 칭하는 말이다). 속에 움직이는 것은 천계千溪의 털이고, 휘장의 그림에 소나무 바람이 불어오네. 옥 유리 합 아래에는 벌레 소리 들려오니, 야랑夜郎의 물결과 배 말뚝의 파도로다. 백천百川의 막중한 임무가 선성宣城의 붓으로 돌아가고, 금석의 소리를 이어감이 어찌 호걸이 아니리오!

羚羊峽暗秋月高, 紫雲一片沈江皐。欲散不散能堅牢, 風紋水紋相周遭。窮淵蘊結而甄陶, 石工下縋斤斧操。誅求窟穴驅鯨鼇, 羊肝鮮割微腥臊。拊不留手漚其膏, 白葉芭蕉青葡萄。中有浮動千溪毛, 紗帷晝靜松風颸。琉璃匣底鳴嘈嘈, 夜郎之波絆舸濤。百川砥柱歸宣毫, 賡金石聲寧非豪。

-「단계연(端硯)」, 청淸, 황임黃任

그중에서도 중당 시기의 유명시인 이하李賀가 지은 「양생청화자석연가楊生青花紫石硯歌」는 중국에서 대단히 중요한 연시로 꼽히는 작품이다. 왜냐하면 이 작품은 중국 역사상 처음으로 단계연을 찬미한 시로서, 단계연 석질의 특색 중 하나인 청화가 박힌 자석紫石 단계연 석문石紋의 아름다움을 구체적으로 노래하여 단계연 벼루의 역사에 있어 대단히 중요한 자료로서의 가치가 크기 때문이다. 이하는 이 작품에서 단계연을 가공하는 석공들의 신묘한 기능을 신공에 비유하여 칭송하면서, '혈血'·'귀鬼' 등과 같은 독특한 시어와 풍부한 상상력으로 '귀재鬼才'로 칭해지던 자신의 시 세계의 특성도 작품을 통해 유감없이 발휘하고 있다.

다음으로 중국 역대 최고의 대문호라고 할 수 있는 소식의 「용미연 노래(龍尾硯歌)」는 벼루와 더불어 평생을 함께하고자 하는 소동파의 벼루에 대한 애정은 물론이거니와 그의 투철한 문인 정신이 잘 드러난 작품이다. 그는 이 시를 통하여 비취 백옥과 같은 그 어떤 세속의 금은보화보다도 '용미연' 벼루를 더 아끼고 소중히 여기는, 말하자면 '벼루로써 밭을 갈아 먹고 사는'[48] 문인 특유의 본분과 청렴한 소명의식을 잘 보여주고 있다. 중국 고대 문인들의 벼루에 대한 극진한 태도와 진지한 사랑의 단면이 잘 드러난 작품이라 할 수 있다.

송의 왕매가 지은 「제야에 벼루를 씻으며(除夜洗硯)」시는 한 해의 마지막 날 밤에 벼루를 씻는 일을 통해 벼루의 묵은 때를 씻음과 동시에 한 해 동안 자신을 도와준 벼루의 노고에 대한 감사를 표하고 있다. 여기에는 이런 행동을 통해 자신의 한 해를 되돌아보며 반성하는 '송구영신'의 의미도 지닌다. 고대 문인들은 사흘 간 얼굴은 씻지 않아도 되지만, 하루라도 벼루를 씻지 않으면 안 된다고 하였다. 따라서 세연洗硯이란 단지 벼루에 묻은 먹 찌꺼기를 제거하는 것만이 아니었다. 세연은 바로 수신修身이며, 양연養硯(벼루를 잘 관리함)은 바로 양품養品(인품을 잘 닦음)이었다.[49] 그러므로 중국의 옛사람들은 벼루를 씻을 때에는 연방蓮房으로 씻으라고 했는데, 이는 연꽃의 연蓮이 청렴함의 렴廉과 중국어로 같은 발음이기 때문이다. 이처럼 세연의 함의는 깊다. 따라서 왕매의 이 시는 벼루를 수신양성修身養性의 인격도야와 품성함양의 대상으로 보는 중국 고대 문인들의 벼루에 대한 관념을 잘 반영하고 있다.

그 외 명대의 진헌장과 청대의 황임의 시도 벼루를 만드는 석공의 노고와 벼루의 공덕에 대해 구구절절 노래하고 있는데, 모두 벼루에 대한 고대 문인들의 각별한 사랑과 극진한 심정을 잘 반영하고 있다. 특히 전술한 바가 있는 청대의 시문가 황임은 관직

---

48 중국 문인들은 글과 먹으로 살아가기에 벼루를 예로부터 연전이라고 칭했다. 일찍이 소동파는 "나는 생전에 밭은 없어도 깨어진 벼루를 먹고 산다(我生無田食破硯)"라는 말을 했고, 清代의 蔣超伯의 『南滑楛語 · 硯』에는 : "근래에 벼루 하나를 얻었는데, 위에 이병수 선생의 연명이 있네. 오직 벼루로 밭을 가니, 모두 즐거운 세월을 노래하네. 먹으로 밭을 갈아 추수를 얻고, 붓으로 경작하니 세금도 없네. (近得一硯, 上有（伊秉綬）先生銘云 : '惟硯作田, 鹹歌樂歲. 墨稼有秋, 筆耕無稅')"라는 시가 있다.

49 杜文和, 『守望硯田』, 太原 : 書海出版社, 2004, 19쪽.

에서 파면당한 후에 자신이 그간 수장한 단계연들을 소중히 품고 환향하여 '십연노인十硯老人'이란 호를 짓고 벼루의 사랑에 푹 파묻혀 인생을 살다 간 사람이다. 그는 노년에 가난으로 매우 힘들었지만 청빈함 속에서 자신의 벼루를 팔지 않고 그들과 함께하는 즐거움 속에서 생을 마감한 사람으로 유명하다.

이상 중국 문인들의 벼루에 대한 시들을 보면 주로 단계연이나 용미연(흡주연 계통의 벼루)과 같은 사대명연들을 노래하고 있음을 알 수가 있으며, 그들은 단계연과 같은 벼루의 석질에 대한 찬미에서부터 벼루를 채취하는 석공들의 작업과정과 노고에 대해 노래하고 있을 뿐 아니라 벼루의 덕성에 대한 칭송과 함께 그것과 더불어 평생을 함께하고자 하는 벼루에 대한 문인들의 애정을 잘 담고 있다.

이제 우리나라의 상황을 살펴보자. 우리나라 연시의 출현은 역시 12-13세기 고려시대 백운거사 이규보의 작품들로 시작된다. 그는 전술한 바대로「작은 벼루에 대한 명(小硯銘)」이라는 최초의 연명硯銘에 이어「깨진 벼루(破硯)」·「교감 함자진의 자석연에 쓰다(題校勘咸子眞子石硯)」·「연지시硯池詩」등 3편의 비교적 많은 연시를 남겼다. 이 시들의 내용은 앞에서 이미 상세히 거론한 바가 있다. 현재 전해지는 우리나라 고려 시대부터 조선 말기까지의 유명한 연시들을 소개하면 다음과 같다.

고려 시대(918-1392)~[白雲居士 李奎報(1168-1241)]: 題咸校勘子眞子石硯, 破硯, 硯池詩, [耘谷 元天錫(1330-?)]:硯,[松隱 朴翊(1332-1398)]: 和圃隱紫石硯,[圃隱 鄭夢周(1337-1392)]:日東茂上人惠石硯以詩爲謝,[惕若齋 金九容(1338-1384)]: 圃隱相公求硯歌以贈之, 寄江陵廉使叔謝石硯文魚,[陶隱 李崇仁(1347-1392)]: 日本有天祐上人鑌赤城紫石硯以詩爲謝

조선 시대(1392-1910)~[三灘 李承召(1422-1484)]:日本紫石硯贈成府尹,[佔畢齋 金宗直(1431-1492)]:士謠新自義州來以宣川石硯將贈兼善矛奪得之詩以謝兼善, 以日本硯贈克己有

謝詩次韻, 曺伸還自對馬島餽紫石硯有詩次韻, [梅月堂 金時習(1434-1493)]:洗硯後戲題自嘲, [虎白亭 洪貴達(1438-1504)]: 謝曺主簿伸贈倭刀硯, [虎白堂 成俔(1439-1504)]: 過紫石山下, [㵢谿 俞好仁(1445-1494)]:謝硯詩, [梅溪 曺偉(1454-1503)]: 藍浦。————이상 조선 초기(15세기경)

[月軒 丁壽崗(1454-1527)]: 銅雀硯, [訥齋 朴祥(1474-1530)]: 宣川紫石硯歌, 硯, 銅雀硯, 日本副使守秋贈紫石硯二面, [慕齋 金安國(1478-1543)]: 謝李明仲塡寄硯, [容齋 李荇(1478-1534)]:謝定牧鄭熊以青硯見遺 二首, 沈顯叔家藏宣州硯石銘, [希樂堂 金安老(1481-1537)]:姜生永世號其居日山陰余之謫訪問甚勤余之謫還贈以硯面雙鵝今作詩詫言山陰之致且言硯鵝無恙又有以薦蘗怨余之意用其韻答之, [龍門 趙昱(1498-1557)]:與溢之換古硯不合常用作一絶請還弊硯, 溢之還硯又惠以五絶爲謝 五首, [退溪 李滉(1501-1570)]:謝伯榮送青石硯, [南冥 曺植(1501-1572)]:銅雀瓦硯, [艮齋 崔演(1503-1546)]:謝友惠硯 八首, 硯 二首, [忍齋 洪暹(1504-1585)]:以文衡硯送鄭吉元, 謝安東權府使送硯墨紙 三首, 謝安東權府使送硯墨紙, [眉巖 柳希春(1513-1577)]:謝令公惠硯復用前韻, [頤庵 宋寅(1516-1584)]:李僉正楨剛而以朱晦庵先生書學求聖賢鳶飛魚躍八大字及花山紫石硯見惠乃以其八字分韻作詩致謝, 鄭可獻新得安東紫硯石品甚宜墨僕求之卽與戲投此詩, [高峯 奇大升(1527-1572)]:古硯歌, 故硯, [松巖 權好文(1532-1587)]:謝定州牧使金兄惠綵硯, [霽峯 高敬命(1533-1592)]:求畵硯, [栗谷 李珥(1536-1584)]:景魯惠硯以詩謝之, [月汀 尹根壽(1537-1616)]:青石嶺新出硯石, [四留齋 李廷馣(1541-1600)]:得烏石硯, [西坰 柳根(1549-1627)]:宗匠交承之祭奉還大硯寄以小詩卽故事云, [五峯 李好閔)(1553-1634)]:謝福州洪刺史寄惠墨漆匣大硯, [松亭 河受一(1553-1612)]:洗家藏古硯, 小硯銘, [蒼石 李埈(1560-1635)]: 夢中柳洗馬傳致紫石一面語以西厓先生所寄感而識之, [月沙 李廷龜(1564-1635)]:蘇之二子來見皆姸秀贈以硯面仍以一絶勉之, 謝高善行寄硯席二首, 次西坰送文衡大硯韻二首, 送文衡大硯依舊事寄詩二首, [敬亭 李民宬(1570-1629)]:硯工黃永淸稱余所得研材甲於花山之羊肝石遂製數面手品石品俱爲奇絶賦此以贈之, [淸陰 金尙憲(1570-1652)]:謝鶴谷惠滿月顧兔硯, 詠朴侍郎德雨所蓄古瓦硯, 答鶴谷大學士送傳心硯, [東岳 李安訥(1571-1637)]:青石洞中得硯材寄贈義州洪通判, [鶴谷 洪瑞鳳(1572-1645)]:遞與淸陰大硯仍寄, 次淸陰謝惠滿月顧兔硯韻, 次諸公槐院硯韻, [化堂 申敏一(1576-1650)]:次怕謝使君柳守而汝恪號明洲 槐院硯韻, 次左令公金光煜槐院硯韻, [玉潭 李應禧(1579-1651)]: 畵硯刻梅竹雲鶴山水, [澤堂 李植(1584-1647)]:次交代太學士金淸陰尙憲寄傳心硯示韻, 附 元韻, 折梅揷瓶置燈下戲作, 謝安東朴使君寄大石硯歌, 寄天章遞送文衡硯二絶, 題硯匣, [遲川 崔鳴

吉):(1586-1647)]:青石崔宜硯行忙未得採去, [孤山 尹善道(1587-1671)]:詠小硯, [溪谷 張維(1587-1638)]:畸翁以扶桑小研見餉詩以謝之, 主文硯故事, (摩尼石硯銘), [白軒 李景奭(1595-1671)]:解文衡後還硯澤堂, 次槐院古硯韻, [白洲 李明漢(1595-1645)]:次汝固送文衡硯詩韻, 赤石硯 夢作, [眉叟 許穆(1595-1682)]:石研文,(象德研銘, 白水硯銘), [漫浪 黃㦿(1604-1656)]:贈高原李使君求石硯, [尤庵 宋時烈(1607-1689)]:七物銘 硯, [竹堂 申濡(1610-1665)]:硯之海, [久堂 朴長遠(1612-1671)]:(戲作破硯銘 幷序), [葵窓 李健(1614-1662)]:(題子婦盧氏硯家上銘), [于郊堂 具致用(1619-1685)]:以硯贈許掌令 厚, 又酬謝硯之什, [藥泉 南九萬(1629-1711)]:鎭川頭陀山紫石硯小而甚佳, [西浦 金萬重(1637-1692)]:和彝仲大學士詠陶硯, [恬軒 任相元(1638-1697)]:端溪古硯, [西坡 吳道一(1645-1703)]:追次明谷相公傳硯詩韻以寄, [明谷 崔錫鼎(1646-1715)]:西坡文衡後修傳硯故事, [游齋 李玄錫(1647-1703)]:筆硯歎, 端溪古硯。----- 이상 조선 중기(16, 17세기경)
[竹泉 金鎭圭(1658-1716)]:馬肝硯贈李甥衡鎭, [屛山 李觀命(1661-1733)]:硯,[息山 李萬敷(1664-1732)]:居室十銘 竝序 硯,[希庵 蔡彭胤(1669-1731)]:次東坡龍尾硯韻題李使君萬成蒲萄硯陰, [昆侖 崔昌大(1669-1720)]:石硯聯句三十二韻, [星湖 李瀷(1681-1763)]:書銅雀硯詩軸, 爲瓦硯洗寃二首, [鳳巖 蔡之洪 (1683-1741)]:無極硯, [花溪 柳宜健(1687-1760)]:咏李君家藏古篋古硯詩, [杜機 崔成大(1691-?)]:和趙相國稚晦 銅雀硯詩, [雷淵 南有容(1698-1773)]:疎慵堂受文衡硯感賦, 旅舍十詠效擊壤體 行硯, (太華古硯銘), 吳敬父古硯磬銘, 硯, [凌壷館 李麟祥(1710-1760)]:謝嶼白描道人看洗硯, (尹子穆渭原紫斑石硯銘),[閑靜堂 宋文欽(1710-1752)]:芙蓉硯, 方圓硯, 日本赤間關硯,[豹菴 姜世晃(1713-1791)]:余有銅雀瓦小硯久作文房之珍一日隣友李明瑞爲賦一律要余次韻遂成一軸, 又次明瑞次徐寅瓦硯韻,[旅庵 申景濬(1712-1781)]:四物銘 幷小序 蕨硯,[保晩齋 徐明膺(1716-1787)]:三硯銘 幷序,無極硯, 調鼎硯, 大明硯頌, [正祖(1752-1800)]:春邸錄 硯詩, [楓皐 金祖淳1765-1831)]:澄泥硯詩, [紫霞 申緯(1769-1847)]:次韻柳樹軒檢書蘭亭刻硯詩, 次韻問菴秘書仿周鐸硯七言長句, [雲石 趙寅永):(1782-1850)]:傳硯詩, [成齋 趙秉鉉(1791-1849)]:敬次前文衡雲石先生傳硯詩韻, [圭齋 南秉哲(1817-1863)]:傳硯詩。----- 이상 조선 후기(18, 19세기경)

　　이상 조선 시대 연시 작가들을 보면 대개 조선 중기에 해당하는 16, 17세기의 인물들이 많음을 알 수가 있으며, 조선 후기 문예 부흥 시기에 해당하는 18세기에도 적지 않은 연시들이 출현하였음을 알 수가 있다. 따라서 우리나라의 연시는 당시 남송

(1127-1276)의 영향으로 고려 시대 중기 이규보(1168-1241)를 필두로 12, 13세기에 비로소 처음으로 창작되었으며, 14세기 고려 말기에 이르면 원천석元天錫·박익朴翊·정몽주鄭夢周·김구용金九容·이숭인李崇仁 등 적지 않은 문인들에 의해 비로소 본격적으로 지어지게 되었다. 이는 중국에서 11세기에 해당하는 북송 시기에 이미 연시가 대거 출현한 것에 비하면 시기적으로 다소 뒤처진다고 하겠다. 그리고 이런 고려 말기의 연시는 조선 시기에 이르러도 꾸준히 크게 발전하게 되는데, 특히 조선 중기 16, 17세기에 이르면 비교적 많은 수량의 연시들이 대거 출현하게 되었으며, 이는 중국으로 보면 명청 교체기에 해당하는 시기이다. 우선 앞장에서 이미 논의한 적이 있는 이규보와 정몽주를 제외한 원천석·박익·김구용 등 고려 말에 등장한 연시들을 하나씩 살펴보기로 하자. 우선 원천석의 연시를 보면,

> 십 년 글방 공부를 너와 벗 삼았으니 十載螢窓伴汝居。
> 단아한 거함(단계연을 비유함) 그 값어치가 백금보다 중하네. 端居價重百金餘。
> 먹 이빨에 자주 갈려 본 모습을 잃었지만 累經墨齒虧新樣。
> 몇 번이나 붓을 적셔 옛글을 배웠던가! 幾沐毫頭學古書。
> 이슬 떨어뜨려 문지를 땐 자던 새도 놀랐고 滴露研時驚宿鳥。
> 얼음 깨어 벼루를 씻을 땐 숨은 고기 달아났지. 和氷洗處動潛魚。
> 네 덕분에 평생 학업을 성취하는 날 憑渠若就平生業。
> 그 은공을 다 쓴다면 수레에 가득 실으리. 寫得功恩可載車。
>
> ─원천석元天錫, 「벼루(硯)」

위 원천석의 연시는 벼루의 은덕과 공, 그리고 그 가치에 대해 칭송하고 있음을 알 수 있다. 벼루와 함께 평생 글공부 하던 선비 문인의 벼루에 대한 정과 사랑, 그리고 그 은공에 대한 감사의 심정이 잘 드러나고 있는데, 이는 우리가 앞에서도 많아 보았던 문인들의 벼루에 대한 보편적인 심정이기도 하다. 조선왕조실록 현종 4년의 기록에는

강원도 진사 한용명韓用明 등이 상소하길, "고려高麗 진사進士 원천석元天錫은 학문이 정심精深하고 도덕이 순수했는데, 좋지 못한 때를 만난 탓으로 치악산雉嶽山에 은거해 있으면서도 전혀 답답해하는 마음을 갖지 아니하고 다시는 섬기지 않을 뜻을 굳혔습니다."라고 하였고, 또 "원천석은 벼슬길에 나가지 않고 은거하였는데, 이색李穡 등 여러 사람과 평소 친하였다. 우리 태종께서 일찍이 그를 따라 학업을 닦으셨는데, 즉위하고 나서 여러 차례 불렀지만 나아오지 않았다. 이에 태종께서 직접 그의 초막에까지 왕림하셨는데도 천석이 도피하고 만나려 하지 않자, 태종께서 옛적의 식모를 불러 상품을 하사하고 천석의 아들을 관직에 임명하였다."라는 기록이 있다. 이로 미루어 보면 원천석은 그 연시에서도 보듯 매우 올곧고 지조가 있는 문인이었음을 알 수가 있다.

다음에 소개하는 것은 박익과 김구용의 연시인데, 모두 포은 정몽주와 연관된 내용이다. 이처럼 정몽주는 고려 말기 벼루문화의 중심에 있었음을 알 수가 있다. 그 작품들을 하나씩 살펴보자.

> 본래 다정한 물건인데 本是多情物。
> 어찌 마음을 두는 곳을 택하지 않으리! 胡無擇處心。
> 맑고 탁한 곳을 응당 알거늘 應知淸濁地,
> 더러움에 가까이 하여 침륜하지 말지라. 莫作近汚沈。
> — 박익朴翊, 「포은의 자석연 벼루에 운을 띄우며(和圃隱紫硯韻)」

위 박익이 지은 「포은의 자석연 벼루에 운을 띄우며(和圃隱紫硯韻)」 연시는 제목에서도 알 수 있듯이 포은이 지은 원시에 대해 차운을 한 화답시인데, 그의 문집 『송은집松隱集』에는 포은의 원시와 또 이에 먼저 차운한 목은 이색의 화답시도 기록되어 있다. 우선 포은의 작품을 보자.

네게 묻나니 어느 산의 물건이기에 問爾何山物。
내 마음을 자줏빛으로 만드는가? 能爲紫我心。
갈면 형태는 자연 변하겠지만 磨來形自變。
뜻을 잃게 되길 부끄러워하노라. 愧作意沈沈。

—포은圃隱의 원시

위 포은의 원시를 보면 자석연紫石硯에 대한 자신의 심사를 노래하였는데, 벼루와 함께 영원히 자기 뜻을 잃지 않으리라는 심정을 읊고 있는 듯하다. 여기서 자줏빛은 자주색 벼루와 임금을 뜻하는 자주색의 의미가 서로 어우러진 쌍관어雙關語라고 볼 수 있다. 고려 말기 임금을 따르려고 하는 정몽주의 충성심이 잘 나타나 있다. 그에 대한 이색의 차운시도 살펴보자.

물을 이고 문방에 누우니 戴水文房臥。
열사의 마음도 흐르도다 能流烈士心。
천추토록 자줏빛 기운을 따랐는데 千秋由紫氣。
뜻을 먼저 잃게 될까 두렵도다 或恐意先沈。

—목은牧隱 이색李穡의 차운시

이색의 차운시는 정몽주가 행여나 자기 뜻을 잃을까 두려워하는 마음을 읊은 내용인데, 고려 말기 복잡한 정치 상황을 엿보게 하는 내용이다. 여기서 "자줏빛 기운을 따름"은 바로 임금에 대한 변하지 않는 충성심을 비유하고 있다. 그렇다면 마지막으로 박익의 연시를 보아도 그 뜻이 계속 이어짐을 알 수 있는데, 정몽주의 마음이 더러움에 물들지 않고 자신 본래의 맑음(내지는 충성심)을 계속 유지할 것을 당부하고 있음을 알 수 있다. 벼루라는 물건을 사이에 두고 고려 말기의 세 위인들이 자신들의 청렴하고 결백한 뜻과 의지를 밝히고 있음을 알 수 있다. 이처럼 벼루는 예로부터 문인들에게 지조와 절개의 상징이었기에 자신의 청고한 뜻을 벼루를 통해 읊고 있는 것이다.

고려 말기 나라가 망하려 하자 벼슬을 버리고 태조가 다섯 차례나 그를 불렀지만 고려 왕조에 대한 절개를 지키며 끝내 응하지 않았다는 박익의 절개가 이 연시에 잘 반영되어 있다. 그가 고향으로 내려가며 포은에게 보낸 다음의 시는 그의 이런 마음을 잘 드러내고 있다.

지난날의 일들을 듣고 보니 聞見先天事,
영화롭던 이름이 세간의 욕이 되고 있구려 榮名辱世間.
마음속 깊은 생각을 말할 것 없이 莫言心內事,
일찍이 산으로 돌아감만 같지 못하리. 不似早還山

정몽주가 좀 더 일찍 박익의 충고를 들었더라면 선죽교에서의 참극은 벌어지지 않았을지도 모를 일이다. 이유원李裕元이 지은 『임하필기林下筆記』제33권 "화동옥삼편華東玉糝編"에 보면, "고려 말의 팔은八隱"이란 조에 아래와 같은 기록이 있다.

"송은松隱 박천익朴天翊, 포은圃隱 정몽주鄭夢周, 목은牧隱 이색李穡, 야은冶隱 길재吉再, 성은成隱 김대윤金大潤, 동은桐隱 이재홍李在弘, 휴은休隱 이석주李錫周, 만은晚隱 홍재洪載, 이상의 여덟 사람들을 '팔은八隱'이라고 한다."

또 포은圃隱의 시詩에는 다음과 같은 기록이 있다.

평생 친구는 새벽 별처럼 듬성듬성한데 平生親舊曉星疎,
늙은 이 몸 지금처럼 쓸쓸하게 사는 것 한탄스럽다 老圃如今歎索居.
도은陶隱은 서쪽에 놀러 가고 약재若齋는 죽었으니 陶隱西遊若齋死,
사람으로 하여금 매번 박중서朴中書를 추억追憶하게 하네. 令人每憶朴中書.

여기서 말하는 박중서朴中書는 바로 송은松隱 박익이다. 다음에 소개할 김구용의

연시 두 편 가운데 한 편도 포은과 관련되어 있다. 그 내용을 보면,

옛날 황려(경기도 여주) 강 위의 집에서 昔在黃驪江上宅.

다행히 영월 산속의 돌을 얻었네. 幸得寧越山中石.

돌을 깎아 벼루를 만드니 손은 갈리어 닳아지나 斲成書硯手磨琢.

그 온윤하고 견고함에 깨끗한 광택도 나네 溫潤堅確光潔澤.

마음 깊이 보배로 여기어 규벽 구슬보다 중하니 中心寶愛重奎壁.

백금을 주어도 바꿀 수가 없다 雖以百金不願易.

지난 해 봄바람에 도성에 왔다가 去歲春風來紫陌.

신세 한가한 광객狂客이 되었네 身世悠悠一狂客.

호방한 친구 이가 바로 정역인데 忘形故人是鄭驛.

형제보다 우애가 깊고 서로 심복하였네 友于兄弟心悅懌.

선악을 서로 고치는 것이 항시 일이었고 善惡相規以爲役.

모자라면 서로 도우며 아낌이 없었네 有亡相資無所惜.

어명으로 이리저리 바닷길을 휘저으니 東西御命揚海舶.

몰아치는 파도는 만 리에 뻗쳤도다 煙浪雲濤萬里碧.

공과 이름은 날렸어도 벼슬은 짧고 功成名遂官咫尺.

위대한 업적에 문장은 우두머리라네 巍巍鉅作文章伯.

정성 들여 서적을 묶어 보내니 緘縫慇懃寄書籍.

물건은 보잘것없으나 그 속마음은 정성이어라 物微聊表寸心赤.

먹을 갈아 붓을 적셔 흉금을 쏟아내니 磨沿滋筆瀉胸臆.

순임금의 백성이 옛날과 다름이 없네 高舜君民如古昔.

나 역시 표연히 스스로 방축하여 즐기며 我亦飄然自放適.

취해 읊조리니 천지가 돗자리만 해지네. 醉吟天地寬幕席.

　　　　　　　－김구용金九容, 「포은 대감이 벼루를 요구해 시와 함께 보내다

　　　　　　　　　　　　　　　　　　(圃隱相公求硯歌以贈之)」

천 리에서 편지가 도달하니 千里芳緘至.

푸른 바다 끝에서 오네 來從碧海涯.

서신을 열기도 전에 먼저 부끄럽고 未開先有愧.

다시 읽으니 그리움만 더 하네 重讀豈無懷。

푸른 돌은 빛깔이 부드럽고 靑石光還潤。

문어는 맛이 더욱 좋다 文魚味更佳。

옛일을 생각하니 因思當日事。

곳곳에서 기생들과 함께 보냈네. 隨處擁金釵。

　　　　－김구용金九容, 「강릉 염사 아재에게 돌벼루와 문어에 감사하며, 첫 수
　　　　　　　　　　　　　　　　　　　　(寄江陵廉使叔謝石硯文魚 其一)」

　위 인용문 첫 번째 시에서는 포은이 친구 김구용에게 벼루를 부탁하였고, 김구용은
강원도 영월의 벼룻돌을 구해 벼루를 만들어 선물을 하였다는 내용이다. 영월은 평창
과 정선 부근으로 조선 시대 벼루 산지 중의 하나였는데, 일찍이 고려 시대에도 벼루
가 생산되었음을 암시하는 내용이다. 앞에서도 언급하였던 바 포은은 일본의 중 영무
永茂의 돌벼루 선사에 대해 사례하는 내용의 연시도 있었듯이 그는 벼루에 대한 애착
이 대단하였음을 알 수가 있다. 두 번째 시는 김구용이 그의 아재인 강릉 염사가 보내
온 벼루와 문어에 감사하며 보내는 시이다. 강릉은 조선 시대 우리나라의 주요 벼루
산지가 아니었기에 고려 시대에 여기서 벼루가 생산되었는지는 현재 알 길이 없다.

　고려 시대에 이어 조선 시대에 오면 연시가 본격적으로 대거 출현하게 된다. 조선
시대의 연시도 고려 시대와 같이 벼루의 덕과 그것에 비유한 유가적 인성을 칭송하거
나 친우들로부터 선물받은 벼루에 대해 감사하는 등 기본적인 내용은 대동소이하다고
할 수 있지만 유학의 시대인 조선 시대의 연시는 벼루가 지닌 유가적 덕성을 더욱 구
체화 시켜 자세히 예찬한 작품들이 많은 점이 특징 중의 하나이다. 이는 앞에서 우리
가 살펴본 연명에서 주로 표현된 벼루의 덕에 대해 찬미하는 내용과도 유사하다. 이를
테면 최연崔演(1503-1546)은 「연硯」이란 시를 통해 "사람들이 어진 자는 오래 산다
말하나/ 나는 고요하고도 편안함을 사랑하노라(人稱仁者壽, 我愛靜而安)"라고 하며
벼루가 지닌 고요함과 편안함의 덕성을 찬미하였고, 고봉 기대승奇大升(1527-1572)

은 「고연가高硯歌」에서 "강한 자질 천지의 빼어난 기운 타고나니/ 속은 비어 만물의 변화를 포함하네/ 덕 온전하니 갈고 물들임 시험할 수 있고/ 용모 조용하니 구르고 옮김 없도다(剛材儘挺一元秀/ 虛中欲涵萬物變/ 德全自可試磨涅/ 容靜未必從輾轉)"라고 하며 만물의 변화를 포용하는 완전한 덕을 지닌 벼루의 덕성을 노래하였다. 이런 종류의 연시는 실로 부지기수인데, 조선 말기까지도 이런 부류의 작품들이 많이 출현하였다. 그중 재미있는 연구聯句 형식의 「오목 벼루[凹硯]」라는 연시 한 편을 감상해 보자.

나의 친구가 자가 허중인데 我友字虛中
단정한 모습이 정말 모범이어라 端儀良有範 – 원석圓石
서로 사귀며 갈고 닦으니 與交磨更礪
자질이 깊고 유현하더라 其質窈而黯 – 수당修堂
안쪽은 흡사 펼친 키[箕]처럼 생겼는데 內翕如張箕
사방 변두리는 난간처럼 높아라 邊高似繞檻 – 영석英錫
못 물을 부으면 푸른 구슬처럼 맑고 臨池碧玉鮮
먹을 갈면 검은 구름처럼 검뿌옇네 潑墨玄雲錽 – 원석圓石
연적 물이 흘러 돌 홈이 패는데 承溜石成窪
흐르는 물을 받아 샘물처럼 넘쳐라 納流泉涌濫 – 수당修堂
오랜 세월에 쌓인 먼지가 곱고 年深塵聚纖
밤이 차가워서 맑은 이슬이 맺혀라 夜冷露凝湛 – 영석英錫
배 속이 비어 많은 물이 고이고 枵腹可渟涵
살갗을 벗겨도 마냥 검어라 剝膚還黝黬 – 원석圓石
신발 자국이 진창에 콱 찍힌 듯 鞋痕牢印泥
경단 떡에 살짝 콩 소를 넣은 듯 餠餡淺挑臁 – 수당修堂
아무리 낮은 자질이 부끄러운들 縱愧天資卑
장자의 손길을 어이 떨치랴 寧辭長者摻 – 영석英錫
마음이 깊어서 쪼갠 박을 본뜨고 心深倣剖瓢
얼굴이 곧아서 수레의 가림판을 닮아라 面直模橫軓 – 원석圓石
벗어진 이마는 누구 땜에 닮았는가 禿頂爲誰衰

둔한 바탕은 끝내 다하지 않았네 鈍根終未撕 - 수당修堂

값은 화씨의 성[50]에 부끄럽고 價慚和氏城

자취는 울림의 배[51]에 빠졌더라 跡漏鬱林艦 - 영석英錫

고추 빻는 확처럼 먹은 받아들이지만 受若白舂辛

남은 물기는 소금버캐 못 만들어라 潤難水作鹾 - 원석圓石

편편하다고 어찌 세상의 방죽이 되랴 平胡就世陂

단단해도 남의 범접은 용납해라 剛亦容人犯 - 수당修堂

다만 가슴을 열어 감쌀 일이지 但使胸恢包

몸이 여위어 간다고 어이 걱정하랴 何憂體瘦減 - 영석(英錫)

형체가 낡아도 품위는 아직 아름답고 形殘品尙佳

신임이 오래다고 은총이 어찌 다하겠나 任久恩寧斬 - 원석圓石

조용한 목숨은 영수장靈壽杖의 거북이요 靜壽靈搗龜

원만한 동작은 관을 쓴 벌이어라 規旋禮冠蜜 - 수당修堂

의당 감담의 위험[52]을 생각하고 宜思坎窞危

기필코 신중히 수레를 몰아야지 必愼駈車轗 - 영석英錫

질 벼루가 낡아서 벌레가 먹은 듯 瓦古若蟲雕

쇠 벼루는 닳아서 말모자 같아라[53] 鐵穿同馬鍐 - 원석圓石

청전의 가업家業은 왕자경이 지켰고[54] 靑氈業守王

---

50 전국 시대 조(趙)나라가 화씨벽(和氏璧)이란 보옥을 얻었는데, 진(秦)나라가 15개의 성과 바꾸자고 했다.

51 후한 말 삼국시대 청렴한 관리 육적(陸績)이 울림 태수로 있다가 돌아올 때, 아무 장물(長物)도 지니지 않아 빈 배로 오는데, 배가 너무 가벼워 사고 날까 두려워서 돌을 채워 돌아왔다는 고사가 있다. 이 돌은 그의 후손인 당대 문인 육구몽(陸龜蒙)의 집에 보관되다가 여러 번 거처를 옮겼는데, 현재 "염석(廉石)"이란 이름이 새겨져 소주(蘇州)에 있는 공묘공원(孔廟公園)에 진열되어 있다.

52 감담은 구덩이를 뜻하는 『주역』 감괘(坎卦)의 말로, 위험을 의미한다. 여기서는 벼루의 파인 부분을 말한다.

53 진(晉)나라 때 상유한(桑維翰)이 진사시(進士試)에 응시했는데, 시험관이 그의 성인 '상(桑)' 자가 '상(喪)' 자와 같은 발음임을 싫어하므로, 사람들이 시험을 포기할 것을 권하자, 상유한은 쇠 벼루를 만들어 사람들에게 보이면서, "이 벼루가 다 닳아도 합격을 못 하면 다른 방도를 찾겠다." 했는데, 결국 합격했다 한다. 『舊五代史 卷八十九 桑維翰傳』

54 옛날 왕자경(王子敬: 왕희지의 아들로 왕헌지를 말한다)이 방에 누워 있었는데, 도둑이 들어 왕자경의 침상을 뒤지려 하므로, 꼼짝 않고 누워만 있던 왕자경이 큰 소리로, "이 청전(靑氈)은 우리 집 세전의 구물(舊物)인데, 특별히 남겨둘 수 없겠소?" 하자, 도둑들이 놀라서 그냥 두고 달아났다 한다. 청전은 푸른 빛깔의 털 담(毯)을 말하는데, 사환가(仕宦家)의 세전지물(世傳之物)이나 선대의 가업을 청전고물(靑氈故物)이라 한다. 청전은 여기서 벼루를 뜻한다.

매장의 기술은 범 씨가 교묘했어라[55] 煤帳工勤范 - 수당修堂

길이길이 우리 문단으로 하여금 長使我騷壇

우렁찬 시령 소리를 매일같이 듣게 하리라[56] 日聞詩令喊 - 영석英錫

　　　　　　　　　　　　-이남규李南珪,「오목 벼루(凹硯) 연구聯句」

위의 연시는 구한말의 명대부名大夫이며 순국선열殉國先烈의 한 분인 수당修堂 이남규李南珪 선생의 분집『수당집修堂集』에 수록된 작품으로 이남규 선생을 비롯해 원석圓石과 영석英錫이란 이름의 세 사람이 돌아가며 지은 연시이다. 모두 벼루의 모범적인 자질과 그것에 빗대어 유가적인 인격미를 칭송하고 있다. 마치 세 사람이 한 몸 한 뜻인 듯 벼루의 덕성과 그것을 숭모하는 마음을 잘 읊조리고 있다.

조선 시대 연시의 또 다른 중요한 특징이라면 우리나라 벼루 산지에 대한 언급을 구체적으로 늘어놓고 있다는 점이다. 고려 시대에는 일본의 벼루(특히 적간관 벼루)에 대한 예찬이 많고 우리나라 벼루에 대한 구체적 언급은 없지만, 조선 시대로 들어오면 점점 우리나라 조선의 벼루에 대한 예찬이 늘어나고, 구체적인 조선 벼루의 산지에 대한 언급이 많아지고 있다. 이는 한국의 벼루 산지가 고려 시대에는 그리 많이 개발되지 못하다가 조선 시대에 이르러 매우 다양한 지역에서 양질의 벼루가 많이 생산되었음을 말해주는 증거이기도 하다. 이를테면 대표적인 경우로 김종직이 신의주 부근에서 나는 선천벼루에 대해 읊은 시라든지 성현이 강원도 평창 부근을 지나며 평창의 자줏빛 벼루를 찬미한 내용, 그리고 송인이 안동의 자석벼루를 읊고 남구만이 충북 두타산의 진천벼루를 칭송한 시들이 그러하다. 이런 종류의 연시들은 '한국 벼루사'에서 볼

---

55 소식(蘇軾)이 유연묵(油煙墨)을 선불받고 지은 시에, "서창의 그을음을 모으고, 불장의 남은 향기를 쓸어서, 천 날 밤을 고생을 해서, 이 한 치의 먹을 만들어라." 한 것이 있다. 매장은 여기서 먹을 뜻한다.

56 이 작품은 한국고전번역원 홍승균의 번역(1997)과 주를 참조하였음.

때 우리나라 옛 벼루의 산지를 고찰하는 매우 중요한 자료로서의 가치를 지니고 있다. 이에 대해서는 나중에 우리나라 벼루를 산지별로 고찰하는 장절에서 하나하나 자세히 논의하기로 하자.

그 외에도 조선 시대 연시에는 당대 최고의 지성으로 꼽히는 홍문관의 수장 대제학이 바뀔 때마다 주문연主文硯[57] 벼루와 함께 자신의 감회를 전하며 읊는 이른바 '전연시傳硯詩'가 있는데 이 또한 조선 시대 연시에서 자주 나타나는 특징 중의 하나이다. 그 가운데 대표적인 몇 작품들을 살펴보자.

옛 벼루를 이제 문단의 신선께 돌려드리나니 古硯今歸翰墨仙
이것으로 글씨 쓰매 구름과 안개일 줄 알겠네 應知拂拭動雲煙
부끄럽게도 나는 하찮은 글재주를 가지고 還慚薄技同燕石
두 차례나 허명을 차지한 지 십사 년이로세 再竊虛名十四年

문단에 의발로 이 벼루 전하는 관례 있는데 衣鉢騷壇故事傳
재능이 없으면서 노전[58]에 있어 늘 부끄러웠다오 非才長愧在盧前
근년 들어서는 필연의 일에 마음이 식은 지 오래라 年來筆硯灰心久
시원한 처마 아래 한가로이 잠이나 자는 편이 낫겠소 輸與風簷一枕眠

　　　　　　　　　　　　　　　　　　　　　－이정귀李廷龜(1564-1635),
　　　　　　「구례舊例에 따라 문형文衡의 큰 벼루를 보내며 시를 부치다」

분수에 넘치게도 문단에서 다시 맹주가 됐지만 不分詞壇再主盟
앞서 맡으신 분의 높은 자취 어찌 감히 비기리오 前修高躅敢爭衡
맑은 시를 벼루와 함께 뜻밖에도 보내 주시니 淸詩帶硯來投暗

57　이는 대제학이 관할하는 큰 벼루를 일컫는 말인데, 다른 말로 '문형연(文衡硯)' 내지 '전심연(傳心硯)'이라고도 불렸다.

58　노전(盧前)은 노조린(盧照鄰)의 앞이란 뜻으로, 재주가 부족하면서 남의 앞에 있음을 뜻한다. 왕발(王勃), 양형(楊炯), 노조린, 낙빈왕(駱賓王)으로 병칭되는 초당사걸(初唐四傑)의 한 사람인 양형이 "나는 노조린의 앞에 있는 것이 부끄럽고 왕발의 뒤에 있는 것이 수치스럽다."라고 한 데서 유래한 말이다.

땅에 던져진 금석 소리가 나[59] 외려 놀랐다오 金石還驚擲地聲

노년에 마음과 현실이 구맹[60]을 저버렸나니 殘年心事負鷗盟
높은 관직에서 녹만 축내니 수형에 부끄럽나이다 竊廩卿班愧水衡
문득 책상에 의지해서 잠깐 잠이 들었더니 乍倚書床成小睡
꿈속에 낙숫물과 함께 강물 소리가 되었어라 夢和簷雨作江聲

　　　　　　－이정귀李廷龜, 「서경西坰의 "문형文衡의 큰 벼루를 보내며" 시에 차운하다」

월사께서 나보다 먼저 문맹을 주관하더니 月沙先我主文盟
내가 늙어 공이 이제 다시 문형을 잡았구려 我老公今再秉衡
큰 벼루를 화씨의 벽처럼 온전히 돌려보내노니 大硯奉還完趙璧
속초[61]라 일찍이 헛된 명성만 훔쳐 부끄러웠소 續貂曾愧竊虛聲

　　　　　　－원운原韻인 서경西坰 유근柳根(1549-1627)의 연시

사문의 심인[62]인 난파[63]의 벼루 斯文心印鸞坡硯
자색 돌에 눈썹 묵지墨池 옛 모양 비슷하네 紫石眉窪似舊鐫
문단의 맹주 자리 후배에게 물려준다 해도 縱許牲壇容後革
어쩌자고 당구[64]를 먼저 전해 주셨나요 奈如堂構忝先傳

---

59 좋은 벼루는 만지면 쇠 소리가 나는데 이를 과장으로 표현한 말이다. 또 전고에 의하면, 진(晉)나라 손작(孫綽)이 「천태산부(天台山賦)」를 짓고 벗 범영기(范榮期)에게 "이 글을 땅에 던져 보았더니 금석의 악기 소리가 나더라." 하니 범영기가 읽어보고는 과연 칭찬이 입에서 끊이지 않았다 한다. (『晉書 卷56 孫綽列傳』) 따라서 훌륭한 시문을 뜻하기도 한다.

60 구맹(鷗盟)은 백구(白鷗)와 함께 놀겠다는 맹세로, 자연에 은거하겠다는 결심을 뜻한다. 송(宋)나라 육유(陸游)의 「숙흥(夙興)」 시에 "학의 원망은 누굴 의지해 풀거나, 백구와의 맹세 이미 식었을까 염려되네. (鶴怨憑誰解, 鷗盟恐已寒)"라고 하였다.

61 속초(續貂)는 좋지 못한 시문(詩文)으로 좋은 시문을 이어 짓는 것을 뜻한다. 무능한 자신의 문장이 탁월한 월사의 뒤를 이어 대제학이 되었다는 뜻으로 사용하였다.

62 심인(心印)은 선종의 용어로 언어와 문자에 의하지 않고 부처의 마음을 증명하는 것이다.

63 옥당(玉堂)의 별칭이다. 당 덕종(唐德宗) 때 금란전(金鑾殿) 옆의 금란파(金鑾坡) 위에 한림원(翰林院)을 지었던 데에서 유래한다.

64 당구(堂構)는 부조(父祖)로부터 물려받아 내려오는 유산, 즉 문형의 벼루를 가리킨다.

용재(이행을 말함)가 처음 문형을 잡던 그 날 容齋初秉文衡日
아직 요금[65] 장식 새기지 못했다지 聞說腰金尚未鐫
이를 계승한 어진 자손 이 얼마나 기쁜가 却喜賢孫能趾美
우리 문단의 특이한 일 더욱 전해져야 하리 詞林異事更堪傳

　　　　　　　　-이식李植(1584-1647), 「교대交代하는 태학사太學士 김청음金淸陰이
　　　　　　　　　　　　전심연傳心硯을 부치면서 보여 준 시에 차운하다.」

부자 모두 문형인 일 어디 그리 흔하던가[66] 父子文衡事絕倫
성번중[67] 이후로는 그런 일이 또 없었네 成蕃仲後更無人
그대 집안 유물인 청전을 돌려받았나니 靑氈今復君家舊
대대로 사륜(제왕의 조서) 빛낼 인물 원래 따로 있구려 世美絲綸自有眞

두 번째 문단의 맹주盟主 노릇 선조 뵙기 부끄러워 重忝宗盟愧祖先
이제 전해 온 바리때를 그대의 손에 넘기려네 今將遺鉢屬君傳
천지가 뚫리고 찢어져도 돌아오는 봄의 기운 天開地裂回春意
담화 피는 길한 시대 다시 찾아와 주었으면 儻是曇花再瑞年

　　　　　　　　-이식李植, 「천장天章[68]에게 문형연文衡硯을 보내면서 부친 절구 두 수」

의발을 전해 주는 불문佛門의 종풍처럼 空門衣鉢有宗風
예원의 전하는 방식 꽤나 비슷하도다 藝苑相傳事頗同
묘한 솜씨 각자들 은불율[69] 집어 들고 妙手各拈銀不律
문심을 석허중에 의탁하여 왔더라네 文心聊託石虛中

선배들 보기 부끄럽게 두 번이나 맹주盟主 노릇 齋盟再主愧前輩

---

65 요금(腰金)은 정2품의 품계를 비유하는 말로 허리에 차던 금어대(金魚袋)를 말한다.
66 이명한의 부친은 대제학 월사(月沙) 이정귀(李廷龜)이다.
67 성현(成俔)의 아들 성세창(成世昌)의 자(字)이다.
68 이명한(李明漢)의 자(字)이다.
69 은불률(銀不律)은 은필(銀筆)의 별칭으로 덕행이 청수한 자에게 은필로 써 주었다는 『全唐詩話·韓定辭』의 고사에서 나온 말이다.

명장名匠이 옆에서 보고 졸장拙匠 비웃었으니 巧匠旁觀笑拙工
지금부턴 우리 문단 정채를 더하리라 從此騷壇倍精彩
삭방의 군대 사령관 적임자를 얻었으니 朔方旗鼓得元戎
 － 장유張維(1587-1638), 「주문연을 전할 즈음에 시 한 편을 지어서
문원의 고사를 대충 닦다(將傳主文硏吟成一律粗修文苑故事)」

위에서 인용한 연시들은 조선 문학 사대가(이정귀·이식·장유·신흠)에 속하는
이정귀·이식·장유 등이 지은 작품들인데, 모두 대제학을 지내며 '문형연'을 물려주
거나 물려받으면서 그 감회를 읊은 작품들이다. 이 '주문연'의 유래와 역사를 살펴보
면, 장유의 『계곡집谿谷集』에 의하면 어숙권魚叔權(조선 전기 중종 때의 학자)의 『패
관잡기稗官雜記』에서 말하길, 옥당玉堂에 오래전부터 큰 돌벼루가 있었는데, 항상 장
서각藏書閣에 보관해 두고 있다가, 대제학이 옥당에 들어와서 학사學士들의 과작課作
을 점수 매길 때면 늘 그것을 꺼내다가 썼었다고 기록하고 있으며, 옥당에서는 예로부
터 문형이 교체되면서 벼루를 전해 줄 때면 언제나 시편詩篇을 주고받곤 하였으므로,
이것이 마침내는 문원文苑의 아름다운 고사가 되었다고 하였다.

이들보다 300년가량 뒤의 인물인 이유원李裕元(1814-1888)의 『임하필기林下筆
記』 내의 「주문연主文硯」에 관한 기록에 의하면, 주문연은 남곤南袞으로부터 이행李
荇에게 전해진 뒤 서로 전해 내려오다가 이덕형李德馨에 이르러 임진왜란 때 잃어버
렸는데, 명明나라 군대가 이를 얻어서 가져다가 단지를 괴는 돌로 쓰는 것을 우리나라
사람이 보고서 도로 가져와 홍문관弘文館에 둠으로써 다시 전해지게 되어 이이첨李爾
瞻(1560-1623)에 이르렀다고 하였다. 그런데 이이첨이 패하게 되자 다시 잃어버렸는
데, 신흠申欽(1566-1628)이 대제학으로 있을 적에 안동安東의 마간석馬肝石으로 다
시 큰 벼루 하나를 만들어 '전심연傳心硯'이라고 하여 오늘날에 남아 전하는 것은 바
로 그것이라고 하였다.

따라서 이 '문형연' 벼루의 전통은 조선 시대 전기 때부터 말기에 이르기까지 계속 전해져왔음을 알 수가 있으며, 실제 하나의 벼루를 후인에게 전해 주던 전통은 남곤에서부터 비롯되었음을 알 수가 있다. 현재 이 벼루는 우리나라 어디에 소장되어 있는지는 알 길이 없다. 조선의 최대 문벌가이자 지성인에 해당하는 대제학들이 벼루를 마치 신주 모시듯 하며 정성껏 대대로 물려준 것을 보면 벼루는 실로 '유가儒家의 보장寶藏'이 아닐 수 없다.

유가의 보배로서의 이런 벼루의 가치에 대한 기록은 조선 중기의 학자 겸 의병장이었던 정경운鄭慶雲(1556-?)이 임진왜란 때의 상황을 기록한『고대일록孤臺日錄』속에서도 잘 드러난다.

내가 호남湖南을 향해 가다가 운봉雲峯에 있는 서식徐湜의 집에서 묵었는데, 책상 위에 있는 벼루 하나를 보았다. 중앙은 칠해漆海[먹 가는 면]로 둘려 있고, 좌변에는 한 노옹老翁이 부절을 가지고 서 있고, 양 세 마리가 그 곁에 있는 것을 새겼고, 우변에는 안개에 둘러싸인 나무 몇 그루에 외로운 기러기가 그 곁을 날고 있는 모습을 양각하였다. 흡사 생기가 있는 듯하니 참으로 빼어난 그림이다. 받아서 완미해 보고 또 그 뜻을 생각해 보니, 바로 소자경蘇子卿의「목양도牧羊圖」였다. 아! 소무蘇武와 세대의 격차가 수천 년이며, 내역艅域이 중국中國과의 거리가 만여 리나 된다. 기풍氣風을 듣고 …결缺… 이미 할 방법이 없을 따름이었다. 책을 펴서 읽고서 무릎을 치며 한갓 세 번의 찬탄을 더할 뿐이었다. 어느 사람이 이러한 뜻을 만들었는지 알지 못하였는데, 벼루의 표면에 그것을 새긴 것이 질타하는 모습을 방불케 하니, 장인의 뜻이 어찌 부질없이 하였겠는가. 벼루는 유가儒家에서 하나의 보장寶藏이다. 이 벼루를 열어 이 그림을 보는 자는 참으로 정신이 맑아지고 혼은 상쾌해져서, 어렴풋이 마치 그 얼굴을 직접 본 듯하지 않겠는가. 아! 그 지조가 돌과 같도다. 소무蘇武의 위무威武와 불굴不屈의 의지를 상상해보면 먹빛이 온 얼굴에 가득하고, 소무의 외모와 야윈 형상을 상상해보면 손으로 어루만지고 아득히 그리워하게 한다. 넓은 세상에서 서로 느끼는 정이 사람으로 하여금 자신도 모르게 완악한 사람은 청렴해지도록 하고, 나약한 사람은 뜻을 확립함이 있게 한다면, 장인匠人도 또한 출중한 사람이겠구나! 세상에 벼루에 새기는 것이 오래된 사매査梅, 새로 난 총죽叢竹, 물속에서 자라는 마름풀, 연못의 물고기 등 이 몇 가지뿐이다. 장인이 곧 세상 사람들이 다투어 나아가는 것을 버려두고, 옛날에 이른바 대장부라는 것을 사모하여 1척도 채우지 못하는 사이에 천지를 모조리 거둬 싣고, 밝은 해를 비추는 기개와 절조를 두었으니, 장인의 뜻이 깊구나.[70]

－『고대일록孤臺日錄』 제4권 겨울 12월 17일 임술壬戌

이처럼 의병장 정경운의 말대로 옛사람들은 벼루를 통해 지조와 절개를 느끼고 대장부의 혼을 일깨웠으니 벼루는 그야말로 유가의 보배로운 물건이 아닐 수 없다.

(3) 벼루와의 애틋한 정을 노래 - 연사硯詞

주지하다시피 사詞는 시의 변형으로 장단구로 칭해지며, 중국 송대에 크게 유행한 노래 가사이다. 연시에 비해 연사는 그 수가 매우 적으며, 사가 유행한 송대의 연사는 현재 전해지는 작품이 없고, 다만 중국 명대와 청대의 연사 작품들만이 전해지고 있다. 그 주요 작가와 작품은 다음과 같다.

明 徐渭(1521-1593)～「咏硯詞」, 太湖石硯詞, 清 朱彝尊(1629-1709)～「端溪硯采硯詞」, 清 陳恭尹(1631-1700)～「南鄉子・巖硯詞」, 清 錢師璟「咏硯詞」, 清 吳蘭修(약 1821 전후 활동)～「臺城路咏硯詞」, 「咏葉小鸞眉子硯詞」, 清 謝濟經～「端州竹枝詞」

서위와 주이존의 연사에서는 단계연 벼루의 채취과정의 어려움과 진귀함 등을 혹은 호방하게 혹은 완약하게 노래하기도 하였지만 중국 연사의 특징은 무엇보다 사의 본분이라고 할 수 있는 완약한 정서로 벼루의 아름다움을 찬미하고 있음에 있다고 하겠다. 전사경錢師璟의 「영연사咏硯詞」와 오란수吳蘭修의 「엽소란의 미자연 벼루를 노래하며(咏葉小鸞眉子硯詞)」를 보면 사랑하는 연인에 대한 연민의 정감이 오롯이 벼루에

---

70 한국고전번역원 남명학연구원 | 박병련 설석규 신병주 정우락 한명기 (공역) | 2009

가해지고 있어 우리들의 주목을 끈다. 그중 몇 부분을 소개하면,

그 예쁜 모습에 취해 노래하니 그대를 사랑하던 옛날을 기억하듯 하네. 차가운 향은 깊은 가을에 이르지 않았는데, 어찌 그를 짝해 원앙 꿈에 함께 자리오! 누가 사랑해 주리, 소매 속에 휴대하며, 바람 앞에서 서로 감상하며, 수놓은 창을 닦고 먹을 가볍게 가네.

愛伊猶憶當年。冷香不到秋深處, 怎伴他鴛夢雙眠。有誰憐, 袖底攜來, 相賞風前, 文窓拂拭黛輕研。

－錢師璟,「詠硯詞」中

가장 슬픈 건, 가는 비에 앵도가 또 몇 번이나 한식날을 지냈던가! 아직도 아름다운 옛일을 기억하나니, 소빈小嚬이 막 그림을 그렸는데 그 얼마나 아름다웠던가! 꿈같은 세월에 그 아름다운 운치와 멋진 자태를 그렸지만 눈 깜박할 새에 이미 옛날이 되었네.

最傷心細雨櫻桃, 又過幾回寒食。猶記疏香舊事, 小嚬初畫了, 無限憐惜。煮夢年華, 寫韻風神, 轉盼已成今昔。

－吳蘭修,「詠葉小鸞眉子硯詞」中

위 두 작품을 보면 연정을 주로 노래한 사의 농염하고 완약한 정서가 그대로 표현되었음을 알 수 있는데, 그 대상은 바로 벼루이다. 벼루에 대한 옛 중국인들의 사랑의 정을 느끼게 된다. 두 번째 작품「엽소란의 미자연을 노래하며」에서는 '엽소란'이란 결혼하기 닷새 전에 요절한 기구한 재녀才女의 운명과 그녀가 생전에 사용한 버드나무 눈썹과 같이 생긴 미자연眉子硯 벼루를 서로 잘 결합하여 둘에 대한 연민과 사랑의 정서를 잘 표현하고 있다. 이에 반해 우리나라 고려·조선 시대에는 현재까지 발견된 연사나 연곡은 없다.

(4) 벼루를 통해 인생의 운명과 세사의 철리를 풍자 – 연부硯賦

부의 탄생은 멀리 중국 한대漢代로 올라가기에 연부는 그 역사가 매우 오래되며, 수량도 결코 적지 않다. 한나라 후기부터는 문학이 차츰 경학으로부터 독립되면서 부를 비롯한 문학작품에서도 문학성과 개성을 추구하는 작품들이 등장하게 되었는데, 동물이나 골동품 등 여러 가지 다양한 물건들을 소재로 한 한부 작품들이 출현하게 된 것이 연부 발전의 동기라고 볼 수도 있다. 중국 연부의 대표적인 작가와 작품을 소개하면 다음과 같다.

> 漢魏 傅玄(217-278)「硯賦」, 中唐 黎逢「石硯賦」, 晩唐 吳融(850-903)「古瓦硯賦」, 唐
> 張少傅「石硯賦」, 宋 蘇轍(1039-1112)「缸硯賦」, 宋 郝經(1223-1275)「混沌硯賦」, 宋
> 劉詵(약 1268-1350)「端溪硯石賦」, 宋 釋覺范「龍尾硯賦」, 明 崔詵「銅雀硯賦」, 淸 尤侗
> (1618-1704)「端溪硯賦」, 淸 屈大均(1630-1696)「賣墨與硏不售感賦」, 淸 吳偉「硯賦」,
> 미상 陳中洲「小端硯賦」, 미상 王嵩崿「孔子石硯賦」

위진시대 문학가이자 사상가이기도 한 부현傅玄이 지은 「연부」는 앞에서 소개한 바가 있는 위진 문인 왕찬의 「연명」과 함께 위진시대를 대표하는 중국의 벼루에 관한 오래된 시문이다. 이들은 이런 작품들을 통해 벼루가 지닌 부드러우면서도 강한 덕성 등에 대해 예찬하였다. 그 후 연부는 만당의 문인 오융이 지은 「고와연부古瓦硯賦」와 송대 당송팔대가인 소철이 지은 「항연부缸硯賦」를 통해 부 특유의 포진과 과장적 수사법의 운용과 함께 크게 발달하게 된다. 이들 작품은 각각 깨어진 기와와 항아리가 벼루로 변하는 과정을 통해 인생과 세사의 운명과 철리를 꽤 긴 편폭으로 풍자성 넘치게 표현하고 있음이 특징인데, 이것이 바로 연부의 특징이라고 할 수 있다. 중국의 가장 대표적인 연부를 살펴보자.

부드러워 강하지 않다고 말하지 마라, 흙을 물에 섞어 기와가 되었네. 버려져 사용되지 못한다고 말하지 마라, 기와가 깨어져 벼루가 되었네. 숨어 있을 때에는 확굴蠖屈[71]하나 때를 만나면 표변豹變[72]한다네. 도야와 교화 이후에 고색古色을 머금은 지가 몇 년이며, 갈아 새로워지니 가을날의 빛을 한 조각 모았네. 처음 모양을 이루었다가 훼손되니 비로소 자태를 드러내네. 견고함은 벽돌과 같고, 비단과 다투며 자기瓷器를 능가하네. 사람들이 나를 알지 못하니 이는 겨울의 동굴과 여름의 둥지 속의 나날이라네. 형체가 재기로 인해 노역을 당하니 이는 집을 짓고 사는 때라네. 우수한 인재들을 이끌며 때 집을 피하니, 집은 고소姑蘇로 불리고 궁전은 예지枒楷로 불리네. 누각은 높은 열두 층이고 아름다운 집은 삼중으로 되어 있네. 장방형의 벽돌은 단단하여 빛이 나고 원앙이 모여 있는 자태로다. 밀봉됨은 실과 같이 촘촘하고, 성김은 끊어진 듯하네. 머금은 것은 총총한 달그림자이고 나오는 것은 향로의 은은한 향기로다. 고릉觚棱의 금작을 높이 쌓아 올리니, 옥 같은 여인은 호인胡人인데 연신 곁눈질하네. 지위는 언제나 덧없고 위치는 항상 바뀌는 법. 조가朝歌[73]에 이미 꽃이 핀 보리가 있는데, 함양엔 사라지지 않는 연기가 있네. 그리하여 옛 땅을 종횡하며 마음대로 들판을 누벼보네. 바람은 휘날리다 그치니 빗방울이 떨어지네. 소의 다리 아래로 봄날의 풀이 넓게 이어지고, 전사한 병사들의 해골이 모인 곳에서는 푸른 도깨비불이 빛난다. 누군들 자신의 거처를 알고 때를 알 수 있으리오. 어쩌다 해후하여 사랑을 받아 조각되었네. 자질이 행함이 있으니 나를 갖춰 깊이 연구하도다. 경磬[74]은 물에 뜨는 것을 부끄러워하고 종鐘은 서리로 인해 울림을 거절하네. 옥 물방울이 한번 떨어지니 송연묵이 사방으로 피어나네. 산닭은 유쾌하게 춤추고, 맑고 빛나는 돌 거울이 나타나네. 직녀가 오길 의심하니 맑은 은하가 손바닥에 있네. 기이하도다, 옛날의 감춰둔 가무가 하늘에 높이 뜬 해와 같네. 몇 대의 번화함이 하루아침에 영락하네. 몰락하여 속세와 영합하고 사람들에 따르지만 경요와 무리 짓네. 천록天祿과 석거石渠가 납과 화합하여 돌이 되네. 바람맞이 누각과 눈을 맞는 동산을 붓을 들어 다투어 요청하네. 옛 물건 여전하며 전대前代가 역력하네. 심가령沈家令[75]이 돌아와 보고 눈물을 흘리지 않겠는가! 강중서江中書[76]가 돌아와 우연히 보고 혼이 나가

---

71 움츠려 기를 펴지 못함.

72 표범의 무늬가 가을에 변하듯 갑자기 달라짐.

73 商朝의 수도.

74 고대 타악기이다.

75 가령은 왕의 비서관에 해당한다.

76 중서는 내각의 문관 관직명이다.

지 않겠는가! 이로써 고금이 바뀌니 농락됨이 한이 없네. 성패가 모두 정해진 운수이며, 길고 짧은 것이 하나의 도道로다. 어찌 일 년을 수립함이 천년이 되고, 꽃이 피고 지는 것이 하루아침이 아니리오! 별이 땅에 떨어져 돌멩이가 되니 그 빛남이 모두 사라지네. 닭이 하늘에 올라 신선이 되고 특별히 날개가 생기도다. 다른 것들이 모두 이러한데 뜬구름과 같은 인생은 더 추측하기 힘들도다.

勿謂乎柔而無剛, 土埏而爲瓦。勿謂乎廢而不用, 瓦斷而爲硯。藏器蠖屈, 逢時豹變。陶甄已往, 含古色之幾年；磨瑩俄新, 貯秋光之一片。厥初在冶成象, 毁方效姿。論堅等覽, 鬥縹勝瓷。人莫我知, 是冬穴夏巢之日。形爲才役, 乃上棟下宇之時。扶同杞梓, 回避茅茨。若乃台號姑蘇, 殿稱枌楂。樓標十二之聳, 閣起三重之麗。莫不瓴甋凝輝, 鴛鴦疊勢。縫密如繰, 行疏若綴。衡來而月影重重, 漏出而爐香細細。甒棱金爵, 競托岩嶢。玉女胡人, 爭來睥睨。陵穀難定, 松薪忽焉。朝歌有已秀之麥, 鹹陽有不滅之煙。是以縱橫舊址, 散亂荒阡。風飄早落, 雨滴仍穿。藏彌迤之春蕪, 耕牛腳下。照青熒之鬼火, 戰骨堆邊。誰能識處, 亦莫知年。何斯邂逅, 見寵雕鐫。資乎有作, 備我沈研。磐在水以羞浮, 鍾因霜而謝響。玉滴一墮, 松煙四上。山難誤舞, 澄明之石鏡當頭。織女疑來, 清淺之銀河在掌。異哉, 昔之藏歌蓋舞, 比日幹霄。繁華幾代, 零落一朝。委地而合隨塵土, 依人而卻伍瓊瑤。天祿石渠, 和鉛即石。風台雪苑, 落筆爭邀。依依舊物, 曆曆前朝。沈家令坐上回看, 能無淚下。江中書歸來偶見, 得不魂銷。有以見古今推移, 牢籠渺漫。成敗皆分, 短長一貫。何樹春秋各千年, 何花開落惟一旦。星隕地以爲石, 盡滅光輝。難升天而上仙, 別生羽翰。異類猶然, 浮生莫算。

　　　　　　　　　　　　　　－ 만당晩唐, 오융吳融,「고와연부古瓦硯)」

옛 촉 땅의 노인 가운데 등 씨滕氏가 있었는데, 약으로 와석瓦石을 삶아 그것을 부드럽게 만들어 흙과 같이 자를 수가 있었다. 일찍이 깨진 술 항아리로 벼루를 만들었는데 극히 아름다웠다. 촉 땅의 사람들은 왕왕 그것을 얻어 기이한 물건으로 삼았다. 나의 형 자첨(즉 소동파)은 익주益州를 여행한 적이 있었는데, 그 하나를 얻었다가 나에게 주어서 그로 인해 이 부를 짓게 되었다.

여기 한 물건이 있는데, 머리가 있고 다리와 발이 있다. 큰 가슴에 잔과 같은 머리에다 키처럼 만들어졌다. 그 목숨은 백 년인데 뼈와 살이 부서져서 홀로 이렇게 변하였다. 처음에는 누른 진흙 속에서 태어나, 만들어질 때에는 뜨거운 불 아래에서 태어났다. 꼬리는 날카롭고 배는 불룩하며, 긴 목에 입이 크다. 술을 들이키면 종일토록 배불리 취한다. 밖은 단단하고 속은 비었고, 피부는 조밀하고 결은 느슨하다. 간혹 다른 물건과 싸우면 서로 마주쳐서 속이 흘러 말라버려 길가에 버려지면 기와와 돌들이 비웃는다. 홀연 사람을 만나 약석藥石으로 그것을 감싸서 나의 허물을 말하지 않고, 가마솥에다 치료를 하여 삶고 지지기를 불사하며 도끼로 파고 쪼개지게 되었다. 나의 형체가 만들어지니 물에다 담그고 그을음으로 더럽히고 나를 책상 위에다 두었다. 그대는 여러 사물에 대해 두루 아니, 이를 알아차리겠는가?

객이 말하길, 아하! 사물이 생성하면 필히 훼손됨이 있는 것인가? 사물이 훼손되면 또한 버린다고 할 수 있겠는가? 생겨나서 훼손된 것은 그것이 버려짐을 슬퍼하고; 버려져서 다시 사용되는 것도 또한 그 쓰임을 슬퍼하노라. 이는 역시 큰 미혹됨일 따름이다. 그리고 내가 볼 때, 옛날 그대는 입을 열면 습하게 되어 고충을 먹으며, 그대의 본성을 지키지 못하던 자가 아니었던가! 또 오늘 그대는 평탄한 배에도 더러움을 얻고, 모호함이 미만하여 그대의 바름을 보전하지 못하게 된 것이 아니겠는가! 그리고 물을 마시는 자는 술을 마시는 자만 못하고; 물건으로 그대를 더럽히는 것은 그대가 스스로를 보호하는 것만 못함에랴! 그대가 진정 이로 인해 스스로 슬퍼하면 저 붓들에게 휘저음을 당하고, 종이들에게 문드러지고 쓰러지게 되나니, 자신의 몸을 죽여 스스로 죽이 되어 여기서 공功을 구하여 구름 같은 문사를 토한다면 만 리에 그것을 전해 보이게 될 것이다. 그대가 스스로 즐겨 그 일을 하지 않으려고 한다면, 나는 또한 그대의 악명과 이끗을 밝힘을 말하리라. 담백함을 버리고 아름다움을 탐하며 평생 쾌락에 빠져들어 절제를 모른다면 이는 실로 슬픈 일이로다.

先蜀之老有姓滕者, 能以藥煮瓦石, 使軟可割如土, 嘗以破釀酒缸爲硯, 極美。蜀人往往得之, 以爲異物。餘兄子瞻嘗遊益州, 有以其一遺之。子瞻以授餘, 因爲之賦。

有物於此, 首枕而足履, 大胸而大膺, 杯首而箕制。其壽百年, 骨肉破碎而獨化爲是。其始也, 生乎黃泥之中；其成也, 出乎烈火之下。尾銳而腹鰭, 長頸而巨口。餔糟啜酒, 終日醉飽。外堅中虛, 膚密理解。偶與物鬥, 恊漏內槁。棄於路隅, 瓦礫所笑。忽然逢人, 藥石包裹。不我謂瑕, 治以鼎鬲, 烹煎不辭, 斧鑿見剖。一爲我形, 沃我以水, 汙我以煤, 處我以幾。子既博物, 能識已否？客曰：嗟夫！物之成也, 是必固有毀也邪；物之毀也, 則又不可謂棄也邪。既成而毀者, 悲其棄也；既棄而復用者, 又悲其用也。是亦大惑而已矣。且以予觀之, 昔子則非開口而受濕, 茹辛含酸而不得守子之性者邪。今子則非坦腹而受汙, 模糊彌漫而不得保子之正者邪。且其飲子以水也, 不若飲子以酒；以物汙子也, 不若使子自保。子果以此自悲也, 則亦不見夫諸毛之摔拔, 諸楮之爛靡, 殺身自鬻, 求效於此, 吐詞如雲, 傳示萬里。子不自喜而欲其故, 則吾亦謂子惡名而喜利。棄淡而嗜美, 終身陷溺而不知止者, 可足悲矣。

-송宋, 소철蘇轍, 「항연부缸硯賦」

이상 이 두 작품들은 겉으로는 깨어진 기와와 항아리가 벼루로 변하여 겪게 되는 일을 이야기하고 있으나, 실은 인간의 삶과 운명에 대해 철학적으로 서술하고 있다. 즉 인간 세상의 부귀성쇠의 무상함과 탐욕에 대한 절제, 그리고 버려짐과 쓰임이 사실 한 가지라는 여러 가지 교훈적이고 철리적인 이야기를 늘어놓고 있다. 중국의 연부가 지닌 이런 철리성과 풍자성, 그리고 교훈성은 우리나라의 연부에도 크게 영향을 미쳤다. 현재 고문헌에 나타난 우리나라의 부는 조선 전기 권오복權五福(1467-1498)의 「동작연부銅雀硯賦」, 심의沈義(1475-?)의 「석허중부石虛中賦」, 이행李荇(1478-1534)의 「문방사우부文房四友賦」, 그리고 조선 중기의 하홍도河弘度(1593-1666)의 「사우부四友賦」 등이 전해지고 있다. 이들을 하나하나 살펴보자.

벽오동에 가을이 오니 그 푸름에 서늘함이 걸려있네. 새 책상에 물건이 하나 있으니 고아하여 먼지 하나 없도다. 단계연의 자줏빛도 없고, 청주靑州[77]의 붉은 기운도 없네. 손으로 어루만지니 차가움이 얼굴로 몰려오고, 손으로 두드리면 마치 고향의 꿈을 꾸듯 황량한 한 조각 깨어진 기와라네. 대 아래에서 저녁 태양의 침식을 받고 비바람 속에도 온전하였네. 질그릇의 아름다운 자질이 드러나니 서림書林의 공을 얻게 되고 한묵의 쓰임을 얻었네. 모양은 그러해도 그 그릇은 홍농泓農과 통하였네. 온갖 물리를 다 겪고 온갖 변화를 겪었으니 업중鄴中의 한 줌 흙이 문장의 보배를 축적함을 어찌 알았으며, 황량한 누대의 깨어진 기와가 문방에서 네 친구와 맺어짐을 어찌 알았으리. 그 제작은 정묘하진 않지만 그 모습은 갖춰져 둥글고 모가 졌네. 깊은 구름이 피어나 아래로 옛 도읍 남은 자취의 눈물을 더하였고, 못의 푸르른 큰물에 부유하는 물고기를 꿈꾸네. 나는 그대가 하나의 그릇만이 아님을 사랑하나니, 이는 군자의 덕에 비할 바이라! 장차 하늘과 귀신의 비호를 받아 여러 물건 중의 으뜸으로 쓰일지라. 경계하여 말하길, 사람은 흥망이 있고 물건도 모두 그러하나니 동작대는 먼지가 피어남이 몇천 년이건만 그 기와로부터 벼루가 되어 맑고 탁함을 가렸다네. 만약 이를 몰랐다면 이미 하찮은 돌멩이가 되었으리.

碧梧秋回靑鎖凉, 新案有一物, 雅古無塵, 旣非丹溪之紫雲, 又豈靑州之紅絲。 手摩挲乎, 冷

面逖從來之, 幾侍擊拳, 如夢故國, 荒涼一片殘瓦, 臺下夕陽蝕土, 花於風雨全, 陶甄之美質優見, 知於書林參功, 用於翰墨, 像雖連於樣滿, 器可通於泓農磋. 物理之顯晦, 固變化之無窮, 安知鄭中之塊土, 貯翠娥於春風文, 安知荒臺之破瓦, 結四友於文房. 雖制作未盡乎精微, 而規矩亦備乎圓方, 玄雲潑而下添泣古都之餘墟, 潭水泓而凝碧夢蜉蝣之觀魚. 吾愛爾之不器, 庶幾比乎君子之德也. 將天秘而鬼護, 待一試於博物, 辭曰, 人有興廢, 物皆然兮. 銅雀塵飛, 幾千年兮, 自瓦而硯, 閱淸濁兮, 倘無知, 已委沙礫兮.

- 권오복權五福,「동작연부銅雀硯賦」

선생은 어려서부터 학문을 배워 모두 마침이 그 업이로다. 서재는 쓸쓸하여 홀로 지내더라. 마침 단양에 아름다운 재질이 있어 용미(흡주연)의 향기로운 골격을 갖추었네. 공경대부의 후손이고 한림학자의 거족이라네. 천거 받기 전에는 책상 옆에서 시중을 들었네. 그 소리는 쇠와 같고, 그 덕은 옥과 같네. 온윤하고 깨끗함으로 문장 중의 아름다운 바탕을 쌓았네. 처음에는 인간 세상에 뜻을 끊어 산곡에 몸을 숨기어 영원토록 과거에 나아가지 않았네. 맑은 샘물에 몸을 씻고 스스로 깨끗함을 지켰네.

어진 장인이 우연히 그를 보고는 즐거이 그를 가져다가 잘 갈고 깎아 선생의 집안에 두었네. 그리하여 붓의 옆에 두고 이어 먹의 곁에 두었다네. 몸을 갈고 뼈를 치며 조석으로 서로 함께하였네. 그리하여 서로 고금의 일을 널리 관찰하고 아름다운 동산을 거닐며 옥 같은 집을 돌아다니며 시서詩書의 동산을 마음껏 활주하였으니, 구류백가九流百家를 섭렵하고 모든 지역을 전부 돌아보는데 한번 보면 바로 기억하니 조금도 놓치는 바가 없었네. 혹은 시와 술에 젖어 산천을 주유하며 시흥을 찾아 음풍농월도 하였네. 시인 묵객들과는 친구가 되어 함께 문장을 토하기도 하였음은 말할 것도 없었네.

갈아도 닳지 않으니 공자의 덕이고, 소박하지만 두터우니 고채의 둔함이 아니리오. 바르며 정의로우니 선비의 규범이요, 곧으며 단단하니 군자의 본분이네. 침묵을 지키며 어눌하니 말 없는 이의 후예로세. 노둔함으로 장수를 누림은 양생의 묘법이라네. 깊이 있고 또 깊어도 도의 지극함이니 무릇 유생들은 반드시 이를 의지하여야 하며 문장은 여기에 있음이 아니리오. 문장으로 친구를 모은다는 말은 바로 이것이 아니리오. 다시 찬을 지으니, 문숭文崧이 전을 남겼고 소이간蘇易簡도『문방사보文房四譜』를 남겼으니, 그 공적이 풍요로워 천고에 길이 빛나네. 그대여, 그대여 나는 그대의 독실함을 좋아하여 그대와 금석의 교우를 맺길 원하니 영원토록 변치 말지어라.

先生自少學文。佔畢是業。書齋蕭蕭。獨處忽忽。乃有丹陽美產。龍尾香骨。侯家玄胄。翰林

巨族。就薦之前。侍几之側。金其聲。玉其德。溫乎濯乎。有文章中積之質也。其始也。絶意
人間。葆光山谷。期永世而不售。漱淸泉而自潔。良工遇之。欣然採擢。遂磨礱其圭角。以入
乎先生之室也。於是。置乎毛穎之右。接以陳玄之列。磨肌戛骨。昕夕相屬。遂與之博觀乎今
古。優游乎素園。蹊跺奎壁之府。騁騖詩書之原。歷九流百氏之家。窺二儀三才之域。一覽輒
記。無有遺失。若夫顚狂詩酒。跌宕泉石。搆思抽興。吟風弄月。與騷人墨客而盍簪。共掇拾
乎珠玉。不特此也。磨而不磷。仲尼之德耶。朴而厚重。柴也之魯耶。方而正我。士之規也。貞
而確。君子之守也。居默而訥。無言語之垢也。用鈍而壽。有養生之術也。玄之又玄。道之極
也。夫儒必是賴。文不在玆乎。以文會友。其在斯也歟。又從而贊曰。文蔑有傳。易簡有譜。豊
功茂績。煥炳千古。渠乎渠乎。我好之篤。許爾石交。終世不易。

－심의沈義,「석허중부石虛中賦」

나의 자질이 매우 어리석어서, 보잘것없는 몸 세상에 짝이 드물어라. 누추한 거리에 살며
조용히 지내면서, 옛 성현을 따르리라 기약할 뿐이로다. 안타깝게도 나를 알아주는 이 없으
니, 그저 문장 짓는 일에다 마음 쏟을 수밖에. 아침에는 예원에서 한가로이 노닐고, 저녁이
면 사림에서 머물러 쉬노라. 이에 네 명의 벗과 교분을 맺어서, 세월이 갈수록 우정이 깊어
졌도다. 비록 서로 타고난 자질은 다르지만, 아 의기는 서로 매우 잘 맞았어라. 이 벗들이
좌우에서 늘 함께 지내니, 어찌 잠깐인들 곁을 떠날 수 있으랴.
저 관성과 모영은 호를 중서라 부르는데, 총명하고 기억력이 좋아서 단번에 오거서五車書
를 읽고 외우지. 이에 사귀는 벗을 가리지 않고, 교졸은 남이 하는 대로 따르도다. 모영이여
모영이여, 나는 그대의 남을 잘 따르는 점을 벗하노라.
강 땅 사람인 진현은 바로 송자후인데 머리부터 갈아서 발뒤꿈치까지 이르니 바로 겸애의
무리라. 결백한 것만 너무 좋아하지 않고, 혼탁한 무리에 섞여서도 허물없어라. 진현이여
진현이여, 나는 그대의 능히 검어질 수 있는 점을 벗하노라.
회계 사람 저 씨楮氏는 세상에서 선생이라 일컫는데 그 바탕이 좋은 옥처럼 깨끗하고, 그
정신이 가을 물처럼 맑아서 참으로 때를 따라 펴고 말지만 평소의 절개는 또한 바꾸지 않아
라. 저 선생이여 저 선생이여, 나는 그대의 능히 희어질 수 있는 점을 벗하노라.
성은 도이고 이름은 홍이니, 선조는 홍농 사람이라. 둔함으로써 몸을 삼아 스스로 갈리어
닳지 않나니 이미 후중하여 발설하지 않으며, 또 고요함으로써 오래오래 살도다. 도홍이여
도홍이여, 나는 그대의 능히 굳셀 수 있는 점을 벗하노라.
나로 말하자면 이 네 벗 사이에 끼어서 이 네 벗과 같은 능력이 없으니, 경계의 말이라도

해 줄 수 없다면 어떻게 오래도록 벗이 될 수 있으리오. 급히 달리면 거꾸러지기 쉽고, 빨리 걸으면 반드시 넘어지는 법.

아 모영이여, 그대의 날카로움을 경계하거라. 사람은 돈후함을 귀히 여기고, 세상에서는 순박함을 좋아하나니.

아 저 선생이여, 그대의 얇음을 경계하거라. 더러움에 섞임으로써 자신을 보전하고, 질박하기 때문에 잘못되는 일 없나니.

저 진현과 도홍은 내가 무엇으로써 경계할꼬. 날카롭고 얇은 것에 비하면 참으로 훌륭한 점이 있는 듯하지만 마침내는 모두가 하나로 융화되니, 나는 화인지 복인지 알지 못하겠구나.

이어서 이르노라 세 사람이 함께 가면 반드시 나의 스승이 있는 법. 하물며 이 네 벗에게서야. 서로 잘못을 바로잡지 않으리오. 그 무엇을 고칠 것인가, 그 무엇을 따를 것인가. 이는 나의 마음에 달렸으니, 다시 무슨 의심을 두리오. 용행사장의 도리를 나와 더불어 함께하도다.

曰余質之顚蒙, 藐與世而寡儔, 處陋巷而自靖, 期以企夫前修, 慨無人其知己, 憑文章而潛心, 朝翺翔乎藝苑, 夕棲息乎詞林, 托末契於四友, 綿日月而益深, 雖品質之有異, 羌意氣之相孚, 或在左而在右, 豈可離於須臾. 若夫管城毛穎, 號曰中書, 聰明強記, 一過五車, 爰不擇其所交, 亦巧拙之隨人, 穎兮穎兮, 吾友爾之能循也. 絳人陳玄, 是松滋侯, 磨頂放踵, 兼愛之流, 不屑屑於皦皦, 混滓濁而無譽, 玄兮玄兮, 吾友爾之能玄也. 會稽之楮, 世稱先生, 良玉其質, 秋水其精, 諒隨時而舒卷, 亦不改其素節. 楮兮楮兮, 吾友爾之能白也. 姓陶名泓, 系出弘農, 鈍以爲體, 不自磨礱, 旣厚重而不洩, 又以靜而永年. 泓兮泓兮, 吾友爾之能堅也. 若余者, 側乎四友之間, 而無四友之能, 又若無以相戒, 其何以爲耐久之朋乎. 促節易□, 疾行必蹶, 嗟哉穎乎, 戒爾銳也. 人貴敦厚, 俗宜淳朴, 嗟哉楮乎, 戒爾薄也. 汚以能全, 朴故無敗, 惟玄與泓, 吾何爲戒, 其視銳也, 薄也, 誠若似乎自得, 卒同歸於一化, 吾未知其禍福, 系之曰, 三人同行, 必有我師, 況於四友, 敢不相規, 何者改之, 何者從之, 只在我心, 夫復奚疑, 用行捨藏, 與我同之。

　　　　　　　　　　　　　　　　　　　　　　　　　- 이행李荇, 「문방사우부文房四友賦」

도홍(벼루)의 견고하고 단단함이여, 그 고요함을 체體로 하고 장수長壽함을 얻었고, 중산의 모 씨(붓)는 그 뛰어남으로써 실상을 말하며, 저 선생(종이)은 소박한 바탕으로 늠름함이 서리와 눈의 교결함을 지니니 두 분을 겸하여 셋을 이루었고, 진현(먹)까지 넷이 되었네. 문장으로써 서로 만나니 그 아름다움은 더 윤택해지었네. 그중에 하나라도 없으면 아니되니, 쓰이면 나아가고 버려지면 스스로를 감추니 참으로 그 출처도 서로 같도다.

彼陶泓之堅確, 體其靜而得壽。伊中山之毛氏, 含其英而吐實, 楮先生之素質, 凜霜雪之皎潔。兼兩君而成三, 旣陳玄而爲四, 文以會而麗澤。闕其一則不是, 用之行兮捨之藏, 信出處之相似。

- 하홍도河弘度, 「사우부四友賦」中

이상의 부들을 살펴보면 우선 공통으로 모두 벼루가 지니고 있는 덕성을 찬미하고 있는데, 이는 앞에서 연명 등을 통해 이미 지적한 바이다. 권오복權五福의 「동작연부銅雀硯賦」에서는 동작연이 원래 기와에서 벼루로 거듭났기 때문에 그것이 지니고 있는 이른바 '군자불기君子不器'의 덕을 찬미하고 있다. 다시 말해 군자는 한 가지의 재주와 능력에 사로잡혀 그 범위 내의 일밖에 못하는 한낱 기구적인 존재여서는 안 되고, 지덕인智德仁을 겸비한 조화롭고 전인적인 인격을 소유해야 함을 강조한 내용이다.[78]

심의沈義의 「석허중부石虛中賦」는 전술한 바가 있는 벼루가 지닌 소위 '불인불치不磷不緇'의 미덕과 소박하고 우둔함, 그리고 고요함과 단단함으로 양생의 도를 지키는 미덕을 칭송하고 있다. 또 당시 단양에 좋은 벼룻돌이 있었음도 말해준다. 그리고 이행李荇의 「문방사우부文房四友賦」와 하홍도河弘度의 「사우부四友賦」에서도 벼루가 지닌 견고하고 단단함과 고요함으로 장수長壽함을 예찬함은 물론 출사와 은둔의 지표가 되는 '용행사장用行捨藏'이라는 유가의 처세지도를 강조하고 있다. 이는 대개 중국의 연명을 통해 우리가 익혀 본 바이다. 특히 심의沈義의 「석허중부石虛中賦」는 연전硯傳인 당대唐代 문숭文嵩의 「즉묵후석허중전卽墨侯石虛中傳」과 소식蘇軾의 「만석군나문전萬石君羅文傳」의 내용을 많이 참고하고 있음도 알 수 있다. 이에 대해서는 이어 설명하는 연전 대목에서 다시 다루기로 하자.

---

78 유기옥, 「한시문에 수용된 벼루의 양상과 의미」, 『어문연구』 43, 2003, 12, 406쪽.

(5) 귀중한 역사적 기록의 보고寶庫 - 연기硯記와 연설硯說

기記는 사물에 대한 객관적인 사실이나 관찰 내용을 기술한 산문 형식의 글이다. 벼루에 관한 기록인 연기硯記는 중국에서는 매우 드물지만[79] 우리나라에는 비교적 많이 전해지고 있다. 현재 전해지는 대표적인 연기로는 정구鄭逑(1543-1620)의 「화연기畫硯記」, 윤근수尹根壽(1537-1616)의 「안평연기安平硯記」, 조현명趙顯命(1690-1752)의 「동작자연기銅雀紫硯記」, 박태순朴泰淳(1653-1704)의 「연기硯記」, 최흥벽崔興璧(1705-1786)의 「조씨자색연기趙氏紫色硯記」, 정범조丁範祖(1723년-1801)의 「유수오가장유연기兪秀五家藏鍮硯記」, 정종로鄭宗魯(1738-1816)의 「낙성군연기洛城君硯記」, 성해응成海應(1760-1839)의 「숙신석노연기肅慎石砮硯記」, 윤행임尹行恁(1762-1801)의 「벽요연기碧瑤硯記」, 이남규李南珪(1855-1907)의 「가장옥토조원연기家藏玉兎朝元硏記」, 이유원李裕元(1814-1888)의 『임하필기林下筆記』 내의 「주문연기主文硯記」를 비롯한 벼루에 관한 기록, 김택영金澤榮(1850-1927)의 「죽엽파초연기竹葉芭蕉硯記」 등이다. 따라서 연기는 16세기 조선 중기부터 20세기 조선 말기에 이르기까지 걸쳐 꾸준히 출현한 셈이다. 대개 기記의 내용은 재도론載道論적인 의미가 결여되어 있다고 하지만 연기 가운데에는 교훈적이고 처세의 경계가 될 내용도 적지 않다.

정구鄭逑(1543-1620)의 『한강집寒岡集』에 있는 「화연기畫硯記」는 벼루 위에 새겨진 조각 그림에 대한 이야기이다. '화연畫硯'은 당시 평안도에서만 생산되던 조각이 아름다운 위원석 계통의 벼루를 말한다.[80] 이 연기에서 정구는 자신이 소장하고 있는 '송죽포도일로조어문松竹葡萄一老釣魚紋' 벼루의 형상에 대해 자세히 설명하고 있는데, 비록 그 벼루는 지금 전해지고 있진 않겠지만 벼루조각에 대한 설명이 대단히 구체적이라 그 벼루의 형상이 충분히 머리에 그려진다. 정구가 살던 16세기 경 조선 위원석

---

79 중국에서는 이와 같은 글을 연사(硯事, 벼루에 관한 일화)라고 부르며, 현재 이런 연사에 관한 기록은 대단히 많다.
80 이에 대해서는 '한국 벼루의 산지' 장의 '위원연(渭原硯)' 장절을 참고 바란다.

벼루의 조각과 문양을 연구하는 중요한 자료로서의 가치가 있다. 그가 가진 벼루는 벼루조각에 대한 서술로 볼 때 조선 전기에 유행한 위원석 계통의 포도문일월연의 종류일 것으로 판단된다.

윤근수尹根壽(1537-1616)의 「안평연기安平硯記」는 옛날 안평대군이 생전에 살던 별장 터에서 한 농부가 밭을 갈다가 벼루를 발견하였는데, 그 형체와 격이 매우 뛰어나 중국의 단계연 하암에서 나온 벼루라고 여기며 안평대군이 생전에 소유한 것으로 판단하고 기이하게 여기며 소장자는 그것을 가보로 여기며 잘 간직하고 있다는 이야기이다.

조현명趙顯命(1690-1752)의 「동작자연기銅雀紫硯記」는 자신이 알고 지내는 한 무인이 북방에서 돌아와 어부가 두만강에서 건져 올렸다는 벼루 하나를 자신에게 선물하였는데 그 벼루는 다름 아닌 당나라 때 만들어진 동작 자석연이라는 이야기이다. 보통 동작연은 기와로 만들어졌는데 이 벼루는 마간석이라 당초 조조가 동작대를 지을 때, 기와가 아니라 돌로써 지은 것은 아닌가 하고 의구심이 들었다는 이야기이며, 말미엔 물건은 원래 각자 소유가 있다는 말을 하며 자신은 문인이기에 벼루를 얻게 되었고 답례로 그 무인에게는 등편籐鞭을 하나 주었다고 한다.

박태순朴泰淳(1653-1704)의 「연기硯記」는 일찍이 태학사太學士 양곡陽谷 소공蘇公이 소유한 벼루를 자신이 이러저러한 연유로 얻게 된 사연과 병란을 거치는 동안에도 잘 보존하여 가보로 간직하고 있다는 내용인데, 여기서 우리가 주목할 점은 이 벼루의 형태에 대한 작자의 묘사를 보면 분명 비교적 흔한 우리나라 위원석 포도문일월연 벼루인데도 불구하고, 박태순은 그것을 일본의 벼루라고 못 박고 있다. 아마도 당시 일반 문인들에게 위원석 일월포도문 벼루는 그리 흔한 벼루가 아니었음을 알 수 있는 재미있는 연기이다.

최흥벽崔興璧(1705-1786)의 「조씨자색연기趙氏紫色硯記」는 파산조공巴山趙公이한 아전으로부터 커다란 안동 자석연을 보리 서 말과 바꾸어 소중히 간직하던 중 집에 물난리를 맞아 가족들의 목숨만 겨우 지키고 벼루는 건지지 못했다가 9년이 지나 공의 큰아들이 우연히 개울가에서 그것을 발견하게 된 기이한 이야기를 기록하고 있다. 당시 안동 자석연의 기상과 가치를 알게 해주는 중요한 자료이다.

정종로鄭宗魯(1738-1816)의 「낙성군연기洛城君硯記」는 김선치라는 고려 말기의 한 문인이 어린 시절에 사용하던 벼루가 300년이 지나 폐허가 된 우물에서 발견되어 결국 후손들의 손에 들어가게 된 이야기를 전하며 선조에 대한 후손의 지극한 정성과 벼루의 신령스러움을 동시에 이야기하고 있다. 이 연기는 현재 상주박물관에 보관되어 있는 김선치 벼루에 대한 기록으로 벼루 뒷면에 "先治 12歲"란 명문이 있어 그 소유자와 연고를 찾게 된 사연을 기록하고 있다. '김선치의 벼루'는 고산석으로 소개되고 있지만 석질 등을 보면 위원석 계통의 벼루라고 판단된다.

성해응成海應(1760-1839)의 「숙신석노연기肅愼石砮硯記」는 여진족의 조상격인 숙신족이 사용하던 옛날 화살촉을 얻게 되어 그것을 잘 갈고 다듬어 벼루로 만든 이야기를 기록하고 있다. 앞에서도 성해응에 대해 언급하였듯이 그는 벼루에 관한 각별한 관심과 흥미를 지닌 벼루 연구가였다. 그는 이 연기를 통해 비록 숙신족은 이미 자취를 감췄지만 그들의 화살촉으로 만든 벼루는 앞으로 또 얼마나 오랫동안 세상에 전해질 것인지 모를 것임을 이야기하고 있다.

윤행임尹行恁(1762-1801)의 「벽요연기碧瑤硯記」는 작자가 인천 옹진군에 있는 대청도에서 밖은 푸르고 안은 노란 기와를 하나 발견해 석공에게 주어 그것으로 벼루를 만들게 된 이야기를 기록하고 있다. 그 지역은 원나라의 순제順帝가 이 섬에 머물던 옛터로 당시 고려에서는 궁실을 지어 그들을 받들었는데, 그 기와는 결코 한위대의 동작대의 기와에 뒤지지 않음을 이야기하고 있다.

이유원李裕元(1814-1888)의 『임하필기』 내의 「주문연기主文硯記」의 내용은 앞에서 언급한 대로 조선 시대 홍문관의 문형연에 관한 기록을 이야기하고 있다.

김택영金澤榮(1850-1927)의 「죽엽파초연기竹葉芭蕉硯記」는 경기도 파주의 봉서鳳棲에서 나는 아주 새까만 검은 벼룻돌인 죽엽파초문 벼루의 형제에 대해 구체적으로 설명하고 있는데, 이 벼루에 대한 연명을 짓기 전에 연기로써 그 대강을 기록한 내용이다. 경기도 파주가 오석 산지였음을 알 수 있는 기록이다.

마지막으로 이남규李南珪(1855-1907)의 「가장옥토조원연기家藏玉兎朝元研記」는 벼루에 대한 작자의 지극한 정이 매우 잘 드러나 있는 기록이다. 이상 소개한 많은 연기 가운데 가장 감동적인 문장이라고 할 수 있는 이남규 선생의 문장 하나를 보자.

원외員外 이응철李應喆 어른은 우리 종중宗中의 영걸英傑한 분인데, 집안에 많은 예스러운 물건들을 보장寶藏하고 있다. 그래서 내가 언젠가 찾아가서 보기를 청했더니, 원외는 벽장을 열고 벼루를 하나 꺼내어 보여주면서 말하기를, "이것은 청淸나라 고종高宗이 쓰던 것인데, 그 뒤 우리나라의 철종 임금이 갖고 사용하시던 것으로, 임금께서 일찍이 이를 익평공자益平公子[81]에게 내리셨는데, 내가 이를 다시 공자로부터 얻었다." 하였다.

벼루는 마간석馬肝石의 빛깔을 띤 듯했고 원만하고 광택이 났으며, 두께는 한 치 정도이고 둘레는 에둘러서 두 손안에 채 차지 않았으며, 평평하고 반듯한 모양에 아무런 조식雕飾도 없었다. 그 벼루의 허리에는 '송의 옥토조원연을 모방한 것이다.[倣宋玉兎朝元硯]'라는 일곱 글자를 새겼으며, 등에는 토끼 모양을 새기고 또 해의 형상도 새겼다. 그리고 가장자리를 빙 돌아가며 명시銘詩 42자를 새겼으며, 그 왼쪽에는 '건룡어명乾隆御銘'이라는 네 글자를 새겼고, 또 그 왼쪽에는 작은 도장을 새겨서 관지款識하였다. 대저 새겨놓은 형形과 상象, 볼록 글자와 도장의 오목글자 등의 제작이 매우 빼어났다. 나는 다 보고 나서 우뚝 몸을 일으키고는 숙연하여 한참 동안 말을 잃었다.

원외가 말하기를, "그대가 벼루를 살피는 품은 다른 사람들과는 다르다. 마치 무슨 생각하는 바가 있는 것 같다." 하기에, 나는 다음과 같이 대답하였다.

"그렇습니다. 생각하는 바가 있습니다. 가만히 생각해 보면 철종 임금께서 세상을 떠난 지가 이미 20년이 넘었건만, 아직도 나이 든 분들은 마치 자신들의 부모처럼 사모하고 있으

---

81 은언군(恩彦君)의 손자로 철종과 형제간이다.

니, 이는 곧 어렸을 때에 당시의 이야기를 듣고도 지금 몸소 이를 모시지 못하는 것이 한스러워서 그런 것입니다. 아, 융성隆盛하신 덕망과 지극하신 인자함이 아니었다면 능히 이럴 수가 있겠습니까. 저는 이 벼루를 보면서 그러한 이유에 대해 세 가지를 알게 되었습니다. 상국上國으로부터 이와 같은 물건을 받았으니 그 사대事大의 예절에 변함이 없었음을 알 수 있으며, 이것을 사용하여 글씨를 썼으니 할 일 없이 노는 것을 좋아하지 않았다는 것을 알 수 있으며, 이를 공자公子에게 내려주었으니 동기간에 베푼 은정恩情을 볼 수 있는 것입니다. 이처럼 사대事大를 한결같이 한 것은 예禮이며, 노는 것을 좋아하지 않았음은 근면이며, 동기간에 베푼 은정은 인仁인 것입니다. 이와 같이 예절이 바른 데다 근면하고 또 인자하여 한 개의 벼루에서 세 가지의 덕이 나타났으니, 그렇다면 그 나머지는 능히 추측할 수 있을 것입니다. 그러니 유민遺民들이 이처럼 그 덕화德化에 젖어서 오랜 시간이 흐르도록 여전히 이를 잊지 못하는 것이 당연한 일이라 하겠습니다. 그런데도 어찌 이 벼루에 대하여 느끼는 바가 없을 수 있겠습니까."

그러자 원외는 추연愀然히 얼굴빛을 고치고 말하기를,

"그대는 참으로 벼루를 잘 볼 줄 아는 사람이다. 나 같은 자로 하여금 마치 청묘淸廟 안에서 거문고 소리를 듣듯이 하여 나도 모르게 줄줄 눈물을 흘리게 하니, 내가 어찌 감히 선왕 先王의 유물을 사유물로 여기면서 그 성덕盛德을 선양宣揚하려는 생각을 하지 않을 수 있겠는가. 내 이 벼루를 그대에게 줄 테니, 그대는 이러한 사실들을 기록해서 선왕을 사모하는 나의 이 마음을 위로하고, 또한 후세의 사람들로 하여금 이 벼루를 보면서 서로 격려하여 선왕을 잊지 않을 수 있도록 하여 주기 바란다." 하였다. 나는 자리를 피하여 일어나서 두 번 절하고 말하였다.

"저는 글을 잘 못 하니, 어찌 이런 일을 할 수 있겠습니까. 그러나 다만 임금에 대한 사모하고 그리워하는 이 미천微賤한 정성은 사물을 접촉함을 따라 발출發出하여 이를 스스로 억제할 수가 없습니다. 그리고 또 이 벼루는 저 황제黃帝가 하늘로 올라갈 때 떨어뜨렸다는 오호궁烏號弓이나 곡부曲阜에 남아있다는 공자孔子의 신발과 더불어 모두 함께 영원히 아름답게 빛날 세상의 보배인 것입니다. 그런데도 공께서는 이를 조금도 아까워함이 없이 나에게 주시니, 이는 저를 위해 영광스러운 것이 아니라 바로 공의 그 자신의 것으로만 소유하려 하지 않는 막힘없는 달통함이 참으로 존경스럽다 하겠습니다. 이런 일은 후세의 사람들로 하여금 알지 못하게 할 수가 없습니다."

그래서 마침내 벼루를 싸 가지고 돌아와서 이를 전가傳家의 보물로 삼고, 삼가 이와 같이 연기硯記를 짓는다.

李員外喆應丈宗英也。其家多藏故物。余嘗造而請觀。員外啓其藏。出一硯以眎曰。此淸高宗所用。實經我睿陵御用。睿陵嘗以賜益平公子。余得之公子者也。硯如馬肝色。圓而澤。厚可寸。圍之劣二握。平正無雕餙。腰刻倣宋玉兔朝元硯七字。背刻爲兔形。又刻爲日象。圍其邊而刻銘詩四十二字。其左刻乾隆御銘四字。又其左刻小印以識。凡刻形與象凸。字與印凹。制作甚工。旣畢觀。余竦然而作。肅然無語者間。員外曰。子之觀斯硯異乎人。若有所思者然。曰有之。竊惟睿陵賓天餘二十年。至今耆艾慕思若厥父母。卽幼少。聞其時事。恨不以身親戴。嗚呼。非盛德至仁而能此乎。觀斯硯。有以識其所以然者三。於上國致物。足以見事大不替。於供用揮灑。足以見不喜燕逸。於宣賜公子。足以見展觀以恩。事大不替禮也。不喜燕逸勤也。展觀以恩仁也。旣禮而勤又仁矣。一硯而三德著。其餘可擧而推。宜遺民涵泳德化。久猶不敢忘也。顧安得無感於斯硯乎。員外愀然曰。子其善觀硯乎。使余一似夫聞瑟於淸廟之中。不自知涕泆泆承臉。吾安敢私先王遺物。不思所以揄揚盛德乎。以斯硯歸子。子其識之。以慰吾慕先王之心。亦使後之人覽斯硯。而相勖以不忘也。某避席再拜曰。不佞不文。其何能爲。但犬馬慕戀之忱。觸物而發。有不能自已。且硯之爲世寶。直可與烏號之弓。曲阜之履。幷嫩千載。而公擧而畀之。不少吝焉。是不爲某榮。公之通而不滯。不私己有。誠可欽也。是不可使後人不知。遂袖而還。爲傳家寶。謹爲之記。

　　여기서 우리는 평소 이남규 선생의 충직한 마음과 임금에 대한 충성심, 그리고 겸손하고 공경스러운 마음을 잘 알 수 있을 뿐 아니라 벼루를 대하는 그의 지극한 마음까지도 읽을 수가 있다. 실로 인과 예를 중시하는 유학자 선비로서의 그의 면모를 잘 보여주는 문장이다.

　　이상 언급한 연기들은 주로 벼루에 관한 일화들이나 자신이 소장한 벼루의 모양이나 내력에 관한 묘사와 서술 등의 기록이 대부분이다. 그러나 이런 연기에서도 옛사람들의 벼루에 대한 지극한 정성과 벼루를 통한 유가적 인예仁禮와 도덕을 이야기하는 성향도 여실히 읽을 수가 있다.

　　설說은 인물이나 사물의 속성 및 그 교훈성 등에 관하여 자유롭게 서술하는 한문 문체의 한 형태이다. 그 과정에서 자신의 의사를 보다 흥미롭고 인상적으로 전달하기 위해 우의적寓意的인 표현법을 사용하는 경향이 많은 것도 특색이다. 우리가 잘 아는 당나라 한유韓愈의 「잡설雜說」이나 유종원柳宗元의 「포사자설捕蛇者說」 등은 대표적인 설에 해당하는 작품이다. 우리나라 조선 시대에서도 설 작품이 많이 지어졌는데, 강희맹姜希孟의 「훈자오설訓子五說」, 권호문權好文의 「축묘설畜猫說」, 이식李植의 「교송설矯松說」, 김매순金邁淳의 「작치설鵲鴟說」, 이건창李建昌의 「응설鷹說」 등이 그 대표작품들이다.

설 가운데 벼루에 관한 작품인 연설은 중국에서는 잘 보이지 않고 주로 '연론硯論'이란 작품들이 있지만 우리나라에는 그래도 이런 연설이 몇 편 전해지고 있다. 현재 전해지는 우리나라의 연설은 성재醒齋 신익상申翼相(1634-1697)과 성호星湖 이익李瀷(1681-1763), 그리고 정일당靜一堂 강지덕姜至德(1772-1832)의 연설 작품들이 전하는데, 우의적인 문장이라기보다는 벼루에 관한 짤막한 이야기를 적은 연기에 가깝다고 할 수 있다.

신익상의 『성재유고醒齋遺稿』에 전하는 「연설」은 그 분량이 대단히 짧은데, 앞의 박태순朴泰淳의 「연기硯記」에 전하는 태학사太學士 양곡陽谷 소공蘇公의 벼루에 대한 이야기를 서문 형식으로 아주 짧게 다루고 있을 따름이다. 그 내용도 박태순이 이미 언급한 내용이다.

성호星湖 이익李瀷의 연설 역시 그의 문집 『성호사설星湖僿說』 속에 보이는 벼루에 관한 단편적인 잡론에 해당하며 특별한 우의성이나 문학성이 나타난 글은 아니다. 여기서 이익은 징니연澄泥硯의 제작법과 단계연의 석안石眼인 구욕안鴝鵒眼에 관한 자신의 견해를 약간 밝히고 있으며, 또 당시 벼루 제작법에 대한 자신의 견해도 좀 밝히고 있다. 특히 여기서 이익은 안동연이 남포연에 비해 품질이 많이 떨어짐을 얘기하고 있음도 우리가 주목할 만하다.

마지막으로 정일당靜一堂 강지덕姜至德의 연설은 벼루의 덕과 그것을 본받을 것을 충고하는 내용이다.

벼루는 세 가지 덕이 있다. 하나는 곧음이요, 하나는 고요함이요, 하나는 무거움이다. 곧기에 오래 가고, 고요하기에 오직 한 곳이며, 무겁기에 흔들리지 않는다. 그러므로 군자는 그것을 귀하게 여긴다. 하물며 선왕의 성스러운 덕과 선조의 남겨진 은덕들이 모두 거기에 있음에랴! 내가 듣자니 너의 돌아가신 할아버지 기원공은 교리로서 입조하실 때 조정에서 특별히 벼루 하나를 하사하시며 말씀하시길, 당신은 직재의 손이기에 청렴하고 깨끗하게 살라고 하셨다. 기원공은 언제나 이 벼루를 보배로이 사용하셨으며, 만년에 이르러 그것을 네게 주셨으니 어찌 감사하게 생각하지 않을 수 있겠는가. 네가 그 어른에게 학문을 배운 것도 이미 해가 넘었다. 그 어른은 근자에 회천을 가셨고, 또 관서 지역을 여행하셨는데, 나에게 너를 가르치라고 하셨다. 너는 나이도 어리고 집안도 빈곤하니 만약 뜻을 견고히 세우지 않고 함부로 자중하지 않는다면 선조의 뜻에 어긋남이 있을 뿐 아니라 선왕의 명도 저버리는 것이다. 너는 모름지기 한 마음으로 스스로 경계하여 조석으로 염두에 두어야 할 것이다. 반드시 세 가지 덕으로 가칙柯則으로 삼아 굳게 항상 지켜나가야 할 것이다. 벼루의 곧음으로 꼼꼼히 마음을 다잡고, 벼루의 고요함으로 단정히 스스로 지키며, 벼루의 무거움으로 이를 쫓아 나가며 중단함이 없어야 한다. 그러하면 벼루와 함께 수양하는 가운데 나날이 거기서 얻는 바를 취하리라.

硯有三德。一曰貞。二曰靜。三曰重。貞則久。靜則專。重則不撓。是以君子貴之。況於先王盛恩。先祖遺澤之所存乎。余聞汝祖考杞園公。以校理入侍時。正廟特賜一硯。且諭曰。爾是直齋之孫。淸寒之家。勉之勉之。杞園公常寶用此硯。洎晚年以付于汝。汝其可不敬歟。汝從學于夫子。旣有年矣。夫子近作懷川行。又遊關西。托余敎汝。汝年旣淺少。家又酷貧。若立志不堅。甘自暴棄。則非但有違先祖之意。亦將上負先王之命。汝須一念兢惕。昕夕孜孜。必以三德爲柯則。介然有常。如硯之貞。密然收斂。如硯之靜。凝然自持。如硯之重。從斯於是。進而不已。則庶幾硯田之中。日有穫焉。

-강지덕姜至德,「이동자 불억에게(示李童子弗億)」

조선 후기의 여류시인인 정일당 강지덕이 지은 위 연설은 벼루가 지닌 덕목을 통해 자신이 알고 있는 집안의 어린 동자에게 인격 수양에 힘쓸 것을 당부한 내용이다. 벼루가 지닌 정貞·정靜·중重의 덕은 앞의 연명 등을 통해 많은 사람들이 칭송한 내용과 유사한 것이기에 새로운 것은 아니다. 그러나 여류시인의 입을 통해 벼루가 지닌 유가적 덕목이 조명되고, 그것이 어린 아이를 훈계하는 내용으로 써진 점은 주목할 만하다.

(6) 벼루의 덕성을 찬송 - 연찬硯贊과 연송硯頌

연찬은 벼루에 대한 예찬을 담은 내용인데, 찬은 원래 중국의 동한 시대에 출현한 한문의 문체로 제사에 쓰던 송축사로 신에게 고하던 내용이었다. 중국 위진남북조시대의 문학평론 서적인 유협劉勰의『문심조룡文心雕龍 · 송찬頌贊』편에서는 찬을 송과 같이 묶어 시경에서 기원한 동일한 성격의 것으로 간주하고 있다.[82] 그런데 찬은 후대에 오면서 점차 그 성격이 달라져 신명에게 고하는 것은 도외시되고 인물의 덕을 찬미하는 데로 흐르게 된다. 찬 가운데 유명한 애찬哀贊은 남의 죽음을 애도하고 고인의 덕을 찬양하는 글이다. 또 찬은 원래 찬미하는 내용이지만 나중에는 평론의 성격을 띠기도 하였다. 중국의 대표적인 연찬은 위魏 번흠繁欽이 지은「연찬硯贊」이다. 그 내용을 보자.

> 벼루를 생각해 보면 이는 바로 한묵翰墨(붓과 먹)을 낳게 한 것이다. 옛날 창힐에서부터 그것이 전해짐이 무궁하도다. (벼루가) 어떤 것은 얇고 어떤 것은 두꺼우며, 어떤 것은 둥글고 어떤 것은 모가 나 있다. 모가 난 것은 땅과 같으며, 둥근 것은 하늘과 같다. 색채는 화려하고 붓 끝에 먹물이 묻혀 칠흑 같은 글자를 써내니 전장典章들이 찬란히 빛나도다. 베풀고도 공덕을 자처하지 않으며 은혜를 베풂이 무궁하도다. 묵액墨液에 잠겨 묵즙의 향기를 취하도다.
>
> 顧尋斯硯, 乃生翰墨。自昔頡皇, 傳之罔極。或薄或厚, 乃圓乃方。方如地象, 圓如天常。班采散色, 氳染豪芒。點黛文字, 耀明典章。施而不德, 吐惠無疆。浸漬甘液, 吸受流光。
>
> －번흠繁欽,「연찬硯贊」

위의 연찬을 보더라도 제사에 사용되는 송축사의 내용이 아니라 단지 인물의 덕을 찬미하는 내용으로 전환되었음을 말해주고 있다. 위의 연찬은 벼루의 공덕과 은혜를 높이 칭송하고 있는 내용이다. 현재 전하는 우리나라의 유명한 연찬은 임상덕林象德

---

82 "賦頌歌贊, 則『詩』立其本"(『文心雕龍 · 宗經』)－『文心雕龍注』,臺灣: 開明書店印行, 1958, 14쪽.

(1683-1719)의 연찬이다.

바탕이 무거운 고로 견고하고, 속이 빈 까닭에 능히 얻을 수가 있다. 언제나 사용되지만 스
스로 쓰는 것이 아니므로 오래 갈 수 있다. 일이 닥치면 응하고, 물이 차면 비로소 못이 된
다. 일에 응하면 문득 끝나니 구름이 걷히고 깊은 하늘이 드러나도다. 어찌하여 그런가 물
어보면 고요함을 주체로 하는 공이로다.
質重。所以能固。中虛。所以能受。常用而不自用。所以能久。事至而應。水盈方塘。事應旣
己。雲卷玄空。問何以然。主靜之功。

－임상덕林象德, 「연찬硯贊」

위의 연찬도 벼루의 견고함과 겸허함 등의 공덕을 칭송하고 있다. 이처럼 연찬은 짧
은 형식의 4언체로 된 문장으로 벼루의 덕성을 칭송하는 것이 특징이다.

송도 전술한 찬과 같이 원래 시경에서 비롯된 한문 문체이다. 이른바 시경의 육의六
義인 풍風·아雅·송頌·부賦·비比·흥興에는 송頌이 있다. 송은 원래 종묘의 음악
으로 성대한 덕을 신에게 고하는 형식이었으므로[83] 전아하고 장중한 문체에다 존경하
는 의미를 지니고 있었으며, 대개가 제왕의 성대한 덕을 칭송하는 내용이 대부분이었
다.[84] 중국 연송의 대표적인 문장은 앞에서 언급한 연찬의 작가이기도 한 위대魏代 번
흠繁欽의 작품이다.

---

83 「詩·大序」에는 말하길, "송이란 성덕을 찬미하는 내용으로 그 이룬 바의 공덕을 신명에게 고하는 것이다. (頌者,
美盛德之形容, 以其成功告於神明者也)"라고 하고 있다.－ 毛詩序, 『十三經注疏2 詩經』, 臺灣: 藝文印書館, 18쪽.

84 이를테면 한대 왕포(王褒)의 「성주득현신송(聖主得賢臣頌)」이나 반고(班固)의 「고조송(高祖頌)」, 그리고 양웅(揚雄)
의 「조충국송(趙充國頌)」 등등이 모두 4언의 압운체 형식으로 제왕 제후들의 공덕이나 산천(山川)·궁실(宮室)·기
물(器物) 등을 찬미하는 내용이다. 그러나 그 후 송은 신명에게 고한다는 목적이 점점 사라지고 단순히 칭송만을
목적으로 바뀌는데, 그 대표적인 문장이 당나라 한유의 「백이송(伯夷頌)」으로, 이 작품은 문체에 있어서도 완전한
산문체로 되어있다.

공수반公輸般과 순신수舜臣倕와 같은 교묘한 장인들이 먼 도읍에서 기이한 일을 벌이네.
산천의 신이 모여 상스러우니 옥이 모여 있음을 알도다. 법도에 맞춰 제작하니 변 씨卞氏
의 유풍을 따르도다. 뭇 신령들을 모아 제작하니 희화羲和의 무너진 모서리를 본받도다. 하
대夏代의 정鼎과 같은 세 다리가 있으니 마치 별들이 서로 어우러진 듯하네. 무궁한 효험을
제공하니 제사상이 여유롭네.

有般倕之妙匠兮。詭異於遐都。稽山川之神瑞兮。識璠之內敷。遂縈繩於規矩兮。假卞氏之遺
模。擬渾靈之肇制兮。效羲和之毀隅。銘三趾於夏鼎兮。象辰宿之相扶。供無窮之妙用兮。樂
幾筵而優遊。

-위魏, 번흠繁欽,「연송硯頌」

위의 연송은 연찬과 같이 시경 특유의 4언체를 벗어나 자유스러운 초사체의 형식으
로 지어져 있음을 알 수가 있다. 그리고 마지막 구문 "제사상이 여유롭네"라는 부분에
서는 연송이 원래 신명에게 제사 지내는 내용임을 알 수가 있으며, 위진시대의 신전에
는 벼루가 신전의 제사상에 진열되었음을 짐작할 수가 있다.

우리나라의 연송은 조선 후기의 문신 해악海嶽 이명환李明煥(1718-1764)이 지은
다음의 작품이 전하고 있는데, 4언체로 지어진 짤막한 문장이다.

일월이 하늘을 두르고, 물이 그 사이를 지나가네. 빛이 나고 윤택이 있으며, 바깥이 큰 것은
명 황실과의 화합이로다. 월나라(단계연의 고향 중국 광동성)에 이 모습이 있나니 백 세의
후라도 어찌 이 시조를 잊으리오. 모시는 신하는 이름이 명明인데 형상은 문형文形으로 하
였네. 파인 묵지는 아득히 물이 흘러 젊은 유민에게 향하도다. 숭정 135년 해악 유민

日月周天。水行其中。光斯澤斯。外大是同。於皇我朱。粤有斯容。百世之後。敢忘攸宗。陪臣
名明。象以文形。鑿爲墨池。邈汗遺青。崇禎百三十五年。海嶽 遺民。

-이명환李明煥,「대명연송大明硯頌」

(7) 벼루를 의인화한 가전체 문학 - 연전硯傳

연전은 벼루에 대한 전傳으로 이른바 가전체 문학에 속한다. 벼루를 사람으로 비유하여 그의 일대기를 전傳의 형식으로 서술한 것이다. 이런 가전체 문장은 중국은 물론 고려, 조선 시대에서도 매우 유행하였는데, 붓·동전·술 등 주변의 많은 물건들을 의인화한 작품들이 많았다. 앞에서도 잠시 언급한 바가 있는 당唐의 문숭文嵩이 지은 「즉묵후석허중전卽墨侯石虛中傳」과 송宋의 소식蘇軾이 지은 「만석군나문전萬石君羅文傳」 등이 대표적인 연전으로 각각 단계연과 흡주연의 일대기를 의인화하여 기술하고 있다. 「즉묵후석허중전卽墨侯石虛中傳」과 「만석군나문전萬石君羅文傳」의 내용을 하나하나 살펴보기로 하자.

石虛中(마음을 비운 돌이란 뜻)은 자가 居黙(말없이 살아간다는 뜻)인데, 越나라 남쪽의 高要 사람이었다. 본성이 산수를 좋아하고 은둔하며 벼슬을 맡지 않았다. 채방사가 그를 端溪에서 만나 말했다. "그대는 소박한 자질과 무겁고 두터운 덕에다 기이한 모습을 하고 있으며 모양에 자주색 빛이 나며 입김을 내뱉으면 촉촉이 물이 생기니 자못 재질이 있다고 하겠소. 다만 멋진 장인을 만나 깎아 다듬지 못했을 따름이오. 『禮』에도 옥이 다듬어지지 못하면 기이한 물건이 되지 못하고, 사람이 배우지 못하면 도를 알지 못한다고 하지 않았소! 아마 그대를 말하는 것이오. 이제 현명한 천자가 四海를 다스리니 六合 이내에 쓰이지 못하는 인재가 없고 이루지 못하는 재질이 없소. 내가 이제 명을 받들어 천하의 풍속을 순찰하며 나라 안의 버려진 인재를 찾고 있으니, 어찌 감히 그 직책을 태만히 하여 어진 자를 추천하지 않으리오! 그대는 이제 계곡에 파묻혀 스스로 沈淪하여 버림을 당하게 내버려 두지 마시오."

허중이 말했다. "저는 이 남쪽의 땅에서 자라 멀리 협곡 구석에 있어 스스로 재질이 그다지 쓰임이 있음을 알지 못하였소. 기왕에 황공하게도 저를 돌봐주시고자 하니 어찌 감히 명에 따르지 않겠소!"

채방사는 이에 博士 김점지에게 명해 잘 자르고 갈게 하여 기한을 두지 않으니 과연 바라던 바가 이루어졌다. 허중은 그 그릇됨이 방정하고 원만하고 엄정하며 성격도 과묵한 데다 속마음은 진솔하여 마치 만경의 큰 바다와 같은 도량이었다. 채방사는 상부에다 그 사실을 알리고 그를 시험하여 쓰도록 하였다. (그는) 연나라 땅의 易元光(먹을 말함)과 같이 연구하며 道가 맞아 雲水之交를 맺었다. 관청에서는 그를 황제에게 추천하니 황제는 文史를 맡겨 臺省에 오르게 하고 右職에 처하게 하였다. 황제는 그의 그릇이 쓰임에 이로움을 알고 그의 근엄하고 과묵함을 가상히 여겨 명을 내려 항상 황제의 책상 곁에 두어 시중토록 하여 먹물에 젖게 하였다. 누차 공훈도 세워 그를 즉묵후에 봉하였다.

허중은 상시관이 된 후로 宣城의 모원예(붓을 말함)·燕의 역운광(먹을 말함)·華陰의 저지백(종이를 말함)과 더불어 언제나 황제의 좌우에서 시중을 드니 모두가 함께 출처가 있었다. 세인들은 그들을 相須之交(서로 꼭 필요한 만남)로 칭했다. 사신이 말하길, "衛 땅에는 대부 석작이 있는데 그 선조는 顓帝의 후예이다. 靖伯에게서 나온 후손이 甫인데, 보는 석중을 낳고, 석중의 후손이 석작으로 춘추시대 衛에서 벼슬을 하였는데 누대에 걸쳐 대부가 되었다. 즉묵후 석 씨는 위대부 작과 달랐다. 아마도 오행의 정기와 八音(여덟 가지 악기 또는 그 소리)의 영혼에서 나온 것이라. 큰 산이 모여 생겨나 그 뛰어난 자질로 명성을 얻어 보배로움은 옥과 같고 기를 토하면 구름이 되며 숫돌에 갈면 이로운 칼날이 되어 천지와 더불어 언제나 함께하는 자이다.

石虛中, 字居默, 南越高要人也。性好山水, 隱遁不仕。因采訪使遇之於端溪, 謂曰："子有樸質沈厚之德, 兼有奇相, 體貌紫光, 噓呵潤澈, 頗負材器, 但未遇哲匠琢磨耳。《禮》不云乎：'玉不琢, 不成器；人不學, 不知道'。子其謂矣。今明天子㝩四海, 六合之內無不用之材, 無不成之器。吾今奉命巡察天下風俗, 采訪海內遺逸, 安敢輒怠厥職, 見賢不薦者歟？子無戀溪泉自取沈棄耳。"虛中曰："仆生此南土, 遠在峽隅, 自不知材堪器用。既辱采顧, 敢不唯命是從。"采訪使遂命博士金漸之規矩磨礱, 不日不月, 果然業就。虛中器度方員；皆有邊岸, 性格謹默, 中心坦然, 若汪汪萬頃之量也。采訪使以聞於省司, 考試之。與燕人易元光研核合道, 遂爲雲水之交。有司以薦於上, 上授之文史, 登台省, 處右職。上利其器用, 嘉其謹默, 詔命常侍禦案之右, 以備濡染。因累勳績, 封之即墨侯。虛中自曆位常, 與宣城毛元銳, 燕人易元光, 華陰楮知白, 常侍上左右, 皆同出處, 時人號爲相須之友。史臣曰：衛有大夫石碏, 其先顓帝之苗裔也。出靖伯之後曰甫, 甫生石仲, 仲之後曰碏, 春秋時仕衛, 世爲大夫焉。即墨侯石氏與衛大夫碏不同也。蓋出五行之精, 八音之靈, 嶽結而生, 稟質而名, 懷寶爲玉, 吐氣爲雲, 發硎利刃, 與天地常存者也。

　　　　　　　－당唐, 문숭文嵩, 「즉묵후석허중전即墨侯石虛中傳」

나문은 흡 땅 사람이다. 그의 선대는 항상 용미산에 은거하여 일찍이 세상 밖에 나와 쓰인 일이 없었다. 진나라가 시서를 버리고부터는 유학을 쓰지 않았으며, 한나라가 일어나면서 소하의 무리는 다시금 도필리(서기 등과 같은 낮은 벼슬아치)로써 장상을 기용하였다. 이에 온 천하가 그쪽으로 쏠려 도필(죽간용 붓 또는 잘못된 글자를 깎아내는 칼)로써 진출하고자 다투니, 비록 뛰어난 출신이 있다 해도 따로 가려 뽑을 여지가 없었다. 그런 까닭에 나 씨 중에는 현달한 사람이 없었다. 나문에 와서야 그 바탕이 온화롭고 세밀하니 고와서 애호할 만하였다. 하지만 그는 은거 중에 스스로를 감추면서 일생을 마칠 뜻이 있었다.

마을에 석공이 있었다. 용미산에서 사냥을 하다가 굴을 따라 들어가게 되었는데, 거기서 그 사이에 홀로 있는 나문을 보게 되었다. 자세히 들여다보더니 웃으면서 하는 말이, "이는 이른바 나라 안의 현사일세. 어찌 바위 동굴 사이에서 스스로를 버려 돌아보지 않는단 말인가!"하고는 함께 교문을 맺었다. 연마시켜 나아가게 하였으며, 제생들을 쫓아서 배우게도 시켰다. 그로 인해 사대부들과 교유할 수 있게 되니, 그를 보는 사람마다 모두 사랑하고 소중히 생각했다.

무제가 바야흐로 학문을 지향할 제 문필을 좋아하여 모영의 후예인 모순으로 중서사인을 시켰다. 모순이 하루는 임금께 아뢰었다. "신이 다행히도 수록의 일을 할 수 있어서 맡겨 부리심에 대비하고 있사오나, 신의 어리석음으로 혼자서는 큰일을 해낼 수 없사옵니다. 지금 저와 함께 일하는 이들도 한결 그릇들이 작을뿐더러 완활해서 좌우에 두기에 부족함이 있아온즉, 바라옵건대 신과 우인의 관계에 있는 나문을 부르시어 상조케 하소서." 이리하여 계리를 시켜서 따라서 입공토록 하매 그 부르심을 입어 문덕전에서 알현하였다. 임금이 바라다보고는 기이하다 여기었고 그로 인하여 어루만지며 말씀하셨다. "경은 오래도록 거친 흙더미에서 지내었구려!" 누천(군주의 은택)의 은택을 입어서 적시우고 배어들고 하기 오래에 스스로 메마른 기운이 없어졌다. 임금이 다시금 도닥그려 보니 그 탱탱한 소리의 울림이 듣기 좋았다. 임금은 만족하여 말했다. "옛말에 이른바 '아름다운 자질에 징 같은 소리'라 하는 것은 진실로 그대에게 맞는 말이구려!" 중서의 대조를 시키더니 이윽고 중서사인의 벼슬을 제수하였다.

이 무렵, 묵경과 저 선생도 한결같이 글을 잘해서 총애를 얻었으니, 이 네 사람이 한 마음으로 서로 어울리는 즐거움이 대단하였다. 이때, 이들은 문원의 네 귀인이 되어 조명과 전책이 있을 때마다 넷에서 함께 의논하였다. 큰 핵심이야 임금의 생각에서 나오는 것이긴 하였어도, 나문으로 하여금 윤색하게 하고, 다음으론 묵경으로 탁마케 하고, 모순으로 하여금 획을 짜도록 하며, 저 선생의 손길을 받아 완성토록 하였다. 그들은 멀리 사방의 오랑캐 땅에게까지 사절로 다니면서 이르지 않는 곳이 없었다.

임금은 감탄한 나머지 이렇게 말한 적이 있었다. "이 네 사람은 다 나라의 보배로다. 그러하되 중후하고 굳세며 곧아서 그 행실에 아무런 하자가 없기로 말하면, 이천석 고관으로부터 일백석 낮은 관리에 걸쳐 그 누구도 나문만 한 이가 없느니라!" 하고는 상방에 명하여 황금의 집을 짓고 촉문금으로 깔개를 만들어서 하사토록 하였다. 그 뒤 우전(한나라 때 서역에 있던 나라)에서 미옥을 진상했는데, 임금은 그 옥으로 자그마한 병풍을 만들도록 하여 그에게 내려주었고, 아울러 고려에서 바친 구리병을 내려 음수의 도구로 삼도록 해 주었다. 가까이 사랑함이 날로 두터워지니 모순 같은 무리들은 감히 바라지도 못할 일이었다. 임금은 여러 사람들의 재주를 파악하여 부리어 썼다. 그리하여 안으로는 제도를 고치고 율력을 개정하며 교사를 꾀하고 형벌을 다스렸으며, 밖으로는 사방의 오랑캐들을 정벌하였으되, 이때 조서와 부격·예문 등 업무들을 다 나문 등이 관여하였다.

임금은 그 공로를 생각하여 승상과 어사에게 조서를 내렸다. "대개 듣건대, 법을 논의하는 자는 언제든 너무 심각한 데서 과오가 생기고, 공로를 논하는 자는 항상 지나치게 박한 데서 과실이 생기는 법이니, 공로가 있는데도 그 상이 거기 따르지 못하면 비록 요순이라 할지라도 힘쓰도록 권해 볼 도리는 없을 것이오. 중서사인 나문이 오래도록 서적을 맡아보면서 문치를 도와 이룩하였으니, 그 공훈이야말로 두드러진 것이오. 따라서 흡의 기문 삼백 호를 그에게 봉함과 동시에 만석군으로 칭호하려니, 대대로 끊어짐이 없도록 하오."

나문은 됨됨이가 꿋꿋하여 남들이 함부로 하지 못하였으나, 치고 때리는 일은 그의 일이 아니었다. 노성하여 글을 아는 이와 교유하기를 즐겼으나, 언제든 이렇게 말하였다. "내가 젊은 아이들과 함께 있으면 늘 흠이 생길까 걱정이오." 그가 자신을 아끼는 정도가 이러하였다. 이 때문에 소인들은 대부분 그를 은근히 미워하였거니, 누군가 임금에게 참소하는 말이 있었다. "나문의 성질이 탐묵(욕심 많고 더러움)해서 결백하다는 일컬음이 없나이다." 임금은 이렇게 응대하였다. "내가 그를 기용해서 서한을 맡김은 그의 일 처리 방편을 취하는 따름이니라. 비록 탐묵하다 하나 이와 같지 않을진대 또한 무슨 수로 그 재질을 나타낼 수 있을는지 내 잘 알고 있소." 이로부터 다시는 주위에서 감히 말하지 않았다.

나문의 몸에는 한질이 있었다. 겨울만 되면 임금을 뫼시고 글 쏠 때마다 느닷없이 얼굴이 얼어서 붓을 놀릴 수가 없었다. 그러면 임금이 술을 내려준 다음에야 글을 옮겨 볼 수가 있었다. 원수 연간에 현량과와 방정과를 실시하였을 때, 회남왕 유안이 단자(단계연을 말함)를 천거하였더니 그는 대책을 써서 높이 급제하였다. 한림원의 대조에서 일약 상서복야의 벼슬로 뛰어서는 나문과 함께 권한을 행사하게 되었다. 임금이 감천궁에 행차하여 하동에 제사를 지내고 북방을 순행할 때 단자는 언제나 곁에 붙어 따랐으되, 나문은 장안성 중에 남아 지키었다.

임금은 돌아와서 나문의 먼지 때가 끼인 얼굴을 보고는 자못 가련하게 생각하였다. 그때 그는 임금 앞에 나아가 아뢰었다. "폐하께옵서 인물을 쓰심은 참으로 급암의 말과 같이, 나중에 온 자가 윗자리에 있사옵니다." "내가 그대를 생각지 않음이 아니요, 그대가 이제 연로한 까닭으로 조금의 원결(처음에 멀쩡함이 나중에는 결함이 됨)이 없을 수 없는 까닭이지." 좌우가 그 말을 듣고 임금의 심사가 달갑지 않은 것이라 여기었다. 그리하여 다시는 돌보아 살피지 않게 되었으니 나문은 물러나게 해 줄 것을 엎드려 청원하였다.

임금은 부마도위 김일제에게 그를 부축하라고 전교하였다. 본시 일제는 오랑캐 출신으로 애당초 글을 알지 못하였고, 평소 나문이 하는 일을 미워했던 차에 이때를 타서 그를 전 아래로 내밀치매 이에 나문은 엎드려 죽고 말았다. 임금은 민망히 여기고서 환관들로 하여금 남산 밑에 묻어주도록 하였다. 아들인 견이 그의 뒤를 이었는데, 견은 자질 성품의 온화함과 문채의 진밀함이 그 아버지 문만 못하지 않았으나 기국(그릇됨)에서 약간 떨어졌다. 집안을 일으켜 문림랑과 동궁의 시서가 되었고, 소제가 즉위하매 지난날 은덕의 인연으로 임금의 총애를 받았다. 황제의 춘추가 더욱 왕성해지면서 관대하고 후박한 이를 좋아하더니 견의 그릇이 작은 것을 살피고는 저버려 쓰지 않았다. 견 역시 소활해서 세상에 섞이지 못하였으매 스스로를 기왓장과 같이 보았다.

소제가 세상을 떠나자 대장군 곽광이 황제의 평생에 애완하였던 물건들 및 후궁의 미희들을 평릉에 옮겨놓았다. 견은 옛날의 은혜가 있음을 들어서 능을 지키게 해달라 애원하여 결국 능침랑의 자리를 받았더니, 뒷날은 죽어서 평릉에 묻히었다. 나문이 생존했던 당시부터 그 종족은 사방에 흩어져있었다. 그 가운데 재주 높고 특별한 자들은 왕공이며 귀인들이 황금과 비단의 예물로써 불러다가 종사나 사인으로 삼았다. 그 아래는 역시 무격·의원·서법·산술을 하는 사람들과 교제하였거니와 한결같이 그 방면 사업에 이바지함이 있었으니 혹은 그로써 치부하기도 했다. 찬을 하노라. '나 씨의 선대는 나타난 바가 없되, 어쩌면 좌씨의 일컫는 바 나국인가 하노라. 그 나라의 도읍은 강수와 한수 사이에 있었는데, 초에 의해 멸망되매 그 자손들 가운데 아마도 치와 흡의 어간에 흩어져 살던 자도 있었던가 보다. 아아, 나라는 깨어져 없어졌어도 후세에 오히려 글을 아는 이의 쓰이는 바가 되어 오늘날까지 끊어지지 않았으니, 사람이 어찌 학술을 없이할 수가 있겠는가!'

羅文, 歙人也。其上世常隱龍尾山, 未嘗出爲世用。自秦棄詩書, 不用儒學。漢興, 蕭何筆又以刀筆吏取將相, 天下靡然效之, 爭以刀筆進, 雖有奇産, 不暇推擇也。以故羅氏未有顯人。及文, 資質溫潤, 縝密可喜, 隱居自晦, 有終焉之志。里人石工獵龍尾山, 因窟入, 見文塊然居其間, 熟視之, 笑曰：此所謂邦之彥也, 豈得自棄於岩穴耶？乃相與定交, 磨礱成就之, 使從諸生學, 因得與士大夫遊, 見者鹹愛重焉。武帝方向學, 喜文翰, 得毛穎之後毛純爲中書舍人, 純一日奏曰：臣幸得收錄, 以備任使, 然以臣之愚, 不能獨大用, 今臣同事皆小器頑滑, 不足以置左右, 願得召臣友人羅文以相助。詔使隨計吏入貢, 蒙召見文德殿, 上望見異焉, 因弄玩之, 曰：卿久居荒土, 得被漏泉之澤, 涵濡浸漬久矣, 不自枯槁也。上復扣擊之, 其音鏗鏗可聽。上喜曰：古所謂玉質而金聲者, 子真是也。使待詔中書, 久之, 拜舍人。是時, 墨卿, 楮先生皆以能文得幸而, 四人同心, 相得歡甚, 時人以爲文苑四貴。每有詔命典策, 皆四人謀之, 其大約雖出上意, 必使文潤色之, 然後琢磨以墨卿, 謀畫以毛純, 成以授楮先生, 使行之, 四方遠裔無不達焉。上嘗歎曰：是四人者, 皆國寶也, 然厚重堅貞, 行無瑕玷, 自二千石至百石, 吏皆無如文者。命尚方以金作室, 以蜀文錦爲薦褥賜之。並賜高麗所獻銅瓶爲飲器, 親愛日厚, 如純輩不敢望也。上得群才用之, 遂內更制度, 修律曆, 講郊祀, 治刑獄, 外征伐四裔, 詔書符檄禮文之事, 皆文等預焉。上思其功, 制詔丞相御史, 曰：蓋聞議法者, 常失於太深, 論功者, 常失於太薄, 有功而賞不及, 雖唐虞不能以相勸, 中書舍人羅紋, 久典書籍, 助成文治, 厥功茂焉, 其以歙之祈門三百戶封文, 號萬石君, 世世勿絕。文爲人有廉隅, 不可犯, 然搏擊非其任。喜與老成知書者遊, 常曰：吾與兒輩處, 每慮有玷缺之患。其自愛如此, 以是小人多輕疾之, 或讒於上曰：文性貪墨, 無潔白稱。上曰：吾用文掌書翰, 取其便事耳, 雖貪墨, 吾固知, 不如是, 亦何以見其才。自是, 左右不敢復言。文體有寒疾, 每冬月侍書, 輒面冰不可運筆, 上時賜之酒, 然後能書。元狩中, 詔擧賢良方正, 淮南王安擧端紫, 以對策高第, 待詔翰林, 超拜尚書仆射, 與文並用事。紫雖乏文采, 而令色可喜, 以故常在左右, 文浸不用。上幸甘泉, 祠河東, 巡朔方, 紫常扈從, 而文留守長安禁中。上還, 見文塵垢面目, 頗憐之。文因進曰：陛下用人, 誠如汲黯之言, “後來者居上”耳。上曰：吾非不念爾, 以爾年老, 不能無少圓缺故也。左右聞之, 以爲上意不悅, 因不復顧省。文乞骸骨, 伏地, 上詔使駙馬都尉金日磾翼起之。日磾, 裔人, 初不知書, 素惡文所爲, 因擠之殿下, 顛仆而卒。上憫之, 令宦者瘞於南山下。子堅嗣。堅資性溫潤, 文采縝密, 不減文, 而器局差小。起家爲文林郎, 侍書東宮。昭帝立, 以舊恩見寵。帝春秋益壯, 喜寬大博厚者, 顧堅器小, 斥不用。堅亦以落落難合於世, 自視與瓦礫同。昭帝崩, 大將軍霍光以帝平生玩好器用, 後宮美人, 置之平陵, 堅自以有舊恩, 乞守陵, 拜陵寢郎。後死, 葬平陵。自文生時, 宗族分散四方, 高才奇特者, 王公貴人以金帛聘取爲從事舍人, 其亦與巫醫書算之人遊, 皆有益於其業, 或因以致富焉。贊曰：羅氏之先無所見, 豈左氏所稱羅國哉？考其國邑, 在江漢之間, 爲楚所滅, 子孫疑有散居黔歙間者。嗚呼！國既破亡, 而後世猶以知書見用, 至今不絕, 人豈可以無學術哉！

— 송宋, 소식蘇軾, 「만석군나문전萬石君羅文傳」

위 연전 작품들의 내용은 과묵하고 온유돈후한 품성을 지닌 단계연과 흡주연 벼루들을 인품과 재능이 뛰어난 인재人才에 비유해 처음에는 산야에 묻혀 있다가 나중에는 결국 사람들의 눈에 띄어 발탁되어 이내 조정에 진출하여 임금을 모시고 공을 세웠다가 최후에는 처연히 생을 마감하게 되는 일생을 그려내고 있다. 특히 소식의 「만석군나문전」은 흡주연이 처음에는 임금의 총애를 받다가 나중에는 단계연의 출현으로 인해 임금의 총애를 잃게 되는 상황을 서술하면서 세태와 인정의 박정함과 삶의 흥망성쇠를 비유적으로 잘 표현하고 있다. 이런 연전 작품들은 우리나라에도 크게 영향을 미쳐 고려와 조선 시대의 많은 가전체 문학의 탄생에 영향을 끼쳤을 뿐 아니라 전술한 바가 있는 심의沈義의 「석허중부石虛中賦」를 비롯한 많은 연부에도 적지 않은 영향을 주었다. 그러나 현재까지 우리나라에 전해지는 연전 작품은 보이지 않는다.

이상 벼루에 관한 여러 문체의 시문들을 살펴보았다. 사실 이 외에도 연곡硯曲 · 연발硯跋 · 연상硯狀 등의 종류가 있지만 우리나라의 문헌에서는 전혀 보이지 않아 설명을 생략한다.

3. 벼루의 기타 문화적 의의

(1) 벼루와 민속학

벼루는 조상들이 남긴 유산으로서 우리가 살아온 역사를 보여주는 귀중한 유산이다. 일반적으로 문화재는 유형문화재와 무형문화재, 그리고 기념물과 민속문화재로 나뉘는데, 벼루는 그중에서 무형문화재이자 민속문화재에 해당한다. 민속문화재는 대개 의식주에 관한 것, 생업生業에 관한 것, 교통 · 운수 · 통신에 관한 것, 교역에 관한 것, 사회생활에 관한 것, 민속예능 · 오락 · 유희에 관한 것 등 8개 분야로 나뉘어 지정되는데, 벼루는 민속공예품으로 분류되어 민예품에 속한다. 문화재청의 분류에 의하면 민속문화재는 우리만의 생활사가 갖는 특징을 잘 보여주고 전통적인 생활사의 추이를 이해함에 있어서 그 가치와 의미가 인정되는 것이라고 정의하고 있지만, 사실 벼루는 문방 도구로서 단순한 생활사의 범위를 뛰어넘어 유교의식이 반영된 민예품으로 선비 문인들의 정신문화를 반영한 것이라 그 가치는 더욱 높이 평가되어야 할 것이다.

민예품에 속하는 벼루는 문인들의 선비정신과 문학을 담고 있는 인문학적 가치 외에도 민속과 전통공예품으로서의 가치 또한 간과할 수가 없다. 민속적으로 볼 때 벼루는 우리 민족의 풍속과 전통을 많이 반영하고 있는 귀중한 민속학적 자료이다. 중국과 마찬가지로 우리나라 민간에서도 벼루는 예로부터 길상과 행운의 의미를 담고 있었다. 과거의 급제와 벼슬이 목표였던 우리나라 옛사람들에게 벼루는 가문에 복록福祿과 행운을 전해 주는 의미를 가졌을 뿐 아니라 상대방에게 존경의 의미나 학업이나 심신 수양을 장려하는 의미에서도 벼루를 선물하기도 하였다. 앞에서도 언급한 바와 같이 고려·조선 시대의 문인들은 우정의 표시로 서로 벼루를 곧잘 선물하였으며, 조선 시대 홍문관에서는 문단의 영수라고 할 수 있는 홍문관 대제학에게 존경의 의미로 대대로 주문연을 전하였던 것도 이런 의미에서 비롯된 것이다. 옛 선비들이 벼루를 연전硯田이라고 부른 것도 농부가 밭을 가는 것처럼 선비는 항상 벼루를 통해 문장을 지으며 입신양명을 위해 자신의 앞날을 경작하였기에 "연전에는 흉년이 없다(硯田無惡歲[85])"라는 말도 있다. 또 아이가 태어나 돌이 되면 갖는 돌잡이에서도 전통적으로 언제나 벼루가 맨 앞 중심에 놓였고, 이것을 집으면 아이는 학운이 뛰어나 출세를 하는 것으로 믿었다. 벼루가 지닌 이런 길상과 행운, 그리고 복록을 전해 주는 뜻 때문에 옛사람들은 벼루를 매우 귀하고 소중히 여겼다. 이른바 뼈대 있는 가문에서는 선조가 사용하던 벼루를 자자손손 전하며 가보로 삼는 관습도 있었다. 또 우리나라에서는 근래

---

85 원래 이 말은 중국 북송시대 문인 당경(唐庚)의 시에서 비롯된 말이나 우리나라 옛 문인들도 자주 이용하였다.

까지만 해도 결혼하는 한 쌍의 젊은이에게 종종 벼루를 선물하기도 하였으며, 정년퇴직하는 공무원이나 무슨 기념식의 선물로 가장 흔한 것 중의 하나가 벼루였으며, 그외에도 벼루는 종종 남에게 주는 선물로서 가장 귀하면서도 흔한 물건에 속하였다. 벼루의 이런 길상적 의미 때문에 심지어 꿈에 벼루와 붓 등을 보면 행운이 따르는 길몽으로 여겨져 먼 곳에서 소식이 오거나 오래 못 만났던 상대의 안부를 듣게 될 것을 알리는 꿈으로 해석되었다.

벼루가 지닌 이런 길상과 복록의 의미는 벼루에 조각된 문양에서도 여실히 드러난다. 보통 벼루에 새겨진 무늬는 십장생(해 · 산 · 물 · 돌 · 소나무 · 달 또는 구름 · 불로초 · 거북 · 학 · 사슴)을 비롯하여 용, 봉황, 호랑이, 물고기, 박쥐, 개구리(혹은 두꺼비), 매미, 거미, 포도, 매화, 국화, 대나무, 태극문, 아자亞字 문양 등등인데 이런 문양의 이면에는 모두 민간에서의 자연물 경외사상, 과거급제, 다산, 기복, 벽사, 수호, 부귀, 장수, 절개, 음양의 조화 등의 다양한 길상의 문화적 의미를 지니고 있었다.

그 외에도 벼루에 표현된 다양한 조각과 문양은 우리의 전통문양과 민화의 보고寶庫일 뿐 아니라 종종 그 자체가 당시의 풍속과 민속을 말해주는 풍속도의 역할을 하였다. 이를테면 조선 시대 초기에 많이 제작된 극사실적 풍격의 위원석渭原石 '풍속도風俗圖 일월연日月硯'에는 6백 년 전 우리 조상들이 밭 갈고 씨 뿌리고 모심고 낚시하고 차를 끓이고 시집가고 장가가는 삶의 모습이 극히 사실적으로 생생하게 새겨져 있어 당시의 생활사와 풍습을 이해하는 중요한 자료가 될 수 있다. 또 벼루들에 새겨진 여러 가지 다양한 문자나 문양들을 통해서도 우리의 전통적 민간사상이나 민간신앙 등을 엿볼 수가 있다. 이를테면 칠성문七星紋 벼루에는 한민족에게 중요한 의미를 갖는 칠성 신앙을 말해주고, 일월문日月紋 벼루에서는 한민족의 전통사상인 일월숭배 사상이 드러나며, 고대 신화에 나오는 태양 안에서 산다는 세 발 달린 상상의 까마귀가 조각된 일중삼족오日中三足烏 벼루에서는 태양에 까마귀가 산다는 우리 민족의 삼족오

신앙을 말해주기도 한다.

전설 속의 벼루는 종종 영성靈性을 지녀 사람들과 교감을 나누는 신령함을 지니고 있었다. 최흥벽崔興璧(1705-1786)의 「조씨자색연기趙氏紫色硯記」에는 벼루에 관한 다음과 같은 매우 신기한 전설 같은 이야기를 기록하고 있다.

파산 조공은 젊어서 초서와 예서에 능해 이름이 알려졌다. 나이가 여든에 가까웠지만 여전히 정신이 왕성하고 몸이 건강하였으며 필력도 조금도 손색이 없었다. 공公은 옛날 성城의 서쪽에 살았는데, 때는 신미년 7월이었다. 당시 백성들의 생활이 매우 어려웠을 때, 백기환이라는 한 아전이 커다란 벼루 하나를 가져와 팔았는데, 벼루는 바로 세상에 알려진 영가永嘉(안동의 옛 이름) 자색연紫色硯이었다. 돌결이 매끈하고 기름지며 고와 보통 벼루들과 같지 않았다. 길이는 한 척(약 30센티)에 가까웠고, 넓이는 3분지 1을 감한 길이(즉 20센티 가량)였다. 공은 그것을 보고 좋아하여 보리 서 말과 바꾸었으며, 언제나 그것과 함께하며 잠시라도 떨어지지 않았다. 그 후 공은 산 아래에 살았는데 임자년 가을에 물난리가 나 야밤에 물이 밀려들어 집이 잠겨 떠내려가고 울타리도 내려앉았다. 식구들은 겨우 몸을 건졌지만 벼루는 지키지 못했다. 그때를 당해 사람의 목숨도 부지하기 어려웠는데 하물며 다른 물건이랴! (그리고) 7월 3일로 기억하는데 경신년 여름에 또 홍수가 났다. 그리고 7월에 물이 빠진 다음 공의 큰아들이 마침 산언덕을 따라가는데 산골짜기 아래 모래 가에서 물건 한 모서리가 훤히 드러났는데 곧장 파보니 바로 잃어버린 그 벼루였다. 몸체는 조금도 결함이 없어 옛 모습 그대로였다. 벼루는 공이 사용한 지가 42년이었고, 물난리로 잃은 지가 9년이었는데 다시 얻게 된 것이다. 위험한 급류와 큰 비에도 부서지지 않았고, 돌무더기와 자갈더미 속에서도 다치지 않아 그 난리와 고난을 겪은 후에도 온전하게 몸을 지켜 옛 주인에게 그렇게 돌아간 것이다. 세 번 모습을 드러낸 것이 모두 7월이었으니 참으로 신기하고 기이하였다. 음의 도움이 없었다면 어찌 그러하겠는가!

巴山趙公。少以善草隷聞。年近八䑇。尚神王體康。筆力不稍損。公舊居府之城西。辛未七月。民食新甚艱。有營吏白箕煥者。賷一大硯來貨。硯卽世所稱永嘉紫色硯。石理滑膩縝緻。不與常品並。長近尺。廣減三之一。公見而愛之。易以麥三斗。有動輒自隨。不肯暫舍。後儵居公山下。值壬子秋大水。夜半水暴至。漂室廬淹柴落。家口僅獲身免。而硯則不能保。當是時。性命且不閱。况餘物。時七月念三日。庚申夏又水。七月水落後。公之仲男。適緣崎岸行。見澗底沙際。有物瀅然露一角。卽掘而得是硯。全體無一玷缺。宛如昔日狀。硯爲公用至四十二年。而失於水。失之九年。而又復得。危湍急瀧不能泐。亂磧堆礫不能觸。能完全於滄桑惆後。

還舊主如幾。三度現跡。皆必以七月。其事誠奇且異。不有陰相者存。烏能然。

-「조씨자색연기趙氏紫色硯記」中

조공이 벼루를 얻은 날과 홍수로 잃어버린 날, 그리고 9년 만에 다시 찾은 날이 모두 7월이었다는 기이한 사연과 우여곡절 끝에 다시 주인에게로 돌아온 안동벼루의 사연은 벼루가 지닌 이런 신령스러움은 그것을 대하는 문인들의 정성으로 인한 상호 교감의 결과라고 할 수가 있다.[86] 그런 까닭에 문인들은 벼루를 인격체인 동반자로 생각하여 그것의 생명이 다하면 묻어주기도 하였으니 이는 비단 중국의 문인에만 국한된 것이 아니었던 것이다. 우리나라 조선 시대 신경준申景濬과 이유원李裕元이 지은 「예연명(瘞硯銘(벼루를 묻어주며 지은 연명)」도 이 점을 잘 말해주고 있다.

그 외에도 우리나라 전설이나 전래동화 등에도 벼루가 가끔 출현하는데, 벼루는 언제나 비싸고 귀한 물건으로 간주되었으며, 그러기에 어쩌다 잘못되어 깨지는 경우가 많이 묘사되어 극적인 상황을 만든 것도 한 특징이었다. 알려진 몇 개의 전설을 소개하면 다음과 같다.

의성 김씨 운천 종가의 삼보 중의 하나인 매화연은 이조 선조 때 승지 김백암이 명나라 사신으로 갔다가 명나라 신종황제로부터 기념품으로 하사받았다고 한다. 이것이 의성 김씨댁으로 넘어 오게 된 데는 다음과 같은 이야기가 있다. 김백암의 외손 되는 김경와(烋) 공이 어릴 때 외가에 놀러 갔다가 그 벼루가 탐이 났다. 그래서 외조부에게 달라고 졸랐다. 김백암이 이르기를 나는 열심히 공부하여 입신양명해서 그 대가로 얻은 것인데 너는 아직 이룬

---

86 벼루가 지닌 이런 신령함은 중국에서 더욱 유명하다. 이를테면 남당의 후주 이욱(李煜)이 지닌 벼루는 밤이 되면 벼루 위에 조각된 개구리가 우는 소리를 내어 시를 읊고 그림을 그리는 이욱과 함께 밤을 보냈다는 말이 있고, 또 포청천이 단계연의 고장 단수에서 3년간 일을 마치고 배를 타고 돌아올 때 풍랑이 너무 거세져 알고 보니 자신의 부하가 포공에게 바치는 벼루 하나를 받아 둔 사실을 알았고, 그것을 뇌물로 생각한 포증은 사정 없이 벼루를 강물에 던지자 그 곳에서 물섬이 하나 생겼는데, 그것이 바로 현재 단주에 있는 연주도(硯洲島)라고 한다.

것 없이 그냥 얻으려 하느냐 친손이나 외손이나 간에 먼저 과거에 급제하는 사람에게 주겠다고 약속했다. 경와공은 그로부터 열심히 학문에 정진하여 14세에 초시에 급제했다. 과거 급제의 소식을 듣고 그는 집에도 들리지 않고 바로 외조부 댁에 찾아가서 벼루를 얻었던 것이다. 이 벼루는 중국의 단계석으로 세로 30cm 가로 22cm의 장방형에 매화, 대, 구름, 해, 산, 사슴 등이 교묘하고 아름답게 새겨져 있어 보는 사람으로 하여금 절로 감탄케 하는 훌륭한 것이다.

-「의성 김씨 운천 종가의 삼보」, 안동관광정보센터: 문화유산

옛날 한양에 있는 재상집에서 진천의 한 선비에게 진천의 명물로 알려진 상산 벼루를 구해 달라고 부탁하였다. 이에 진천의 선비는 얼마 후 좋은 벼루 한 개를 값을 많이 주고 구한 뒤에, 걸음이 잽싼 이웃 사람에게 노자를 후히 주고 서울의 재상집에 갖다 주라고 부탁하였다. 그런데 부탁을 받은 사람은 가라는 한양은 가지 않고 며칠 동안 투전판과 술집에 다니며 노잣돈을 다 써 버렸다. 집에서는 아이들이 어찌나 짓궂던지 장난을 하다가 벼루 잔등이를 부러뜨려 버렸다. 그런데도 이 사람은 태연히 있다가 겨울이 지나고 새 봄이 되어 부러진 벼루를 잘 맞추어 보자기에 싸 가지고 한양으로 길을 떠났다. 벼루를 가진 나그네가 광나루에 도착하였을 때는 배가 건너편에 가 있었다. 이 사람은 건너편에 있는 배를 향하여 "이 사공 놈아!" 하고 호통을 쳐댔다. 사공이 건너다 보니 하찮은 놈이 호통을 치는지라 화가 잔뜩 났다. 사공이 건너와서 벼루를 가진 나그네를 둘러쳐 버렸다. 벼루를 가진 나그네는 실색을 하면서, "아이고, 이놈 때문에 벼루가 부러졌다."라고 호들갑을 떨며 벼루 보자기를 풀었다. 아니나 다를까, 벼루는 부러지고 쪽지에는 한양에 있는 재상집 주소가 적혀있었다. 벼루를 가진 나그네는 이때다 하고, 사공한테 재상집에 보낼 선물을 깨뜨렸으니 이제 어떡할 거냐고 꾸중을 하였다. 사공이 생각해도 보통 일이 아니었다. 이에 "여보시오, 나그네 양반. 돈을 줄 테니 용서해 주시오." 하고 사정을 하였다. 그런데 나그네는 쌀 한 섬 값을 준다고 하여도 안 된다고 하고, 두 섬 값을 준다고 사정을 하여도 안 된다고 하더니, 쌀 석 섬 값을 받아 챙겨 가지고 돈은 주막집에 맡겨 두고, 사공한테 맞아 피투성이가 된 옷을 입고 부러진 벼루를 보에 싸 가지고 재상집을 찾아갔다. 그러고는 광주 어느 산골에서 도적떼를 만나 매를 맞고 벼루까지 부러뜨렸다고 사죄하였다. 재상은 고생이 많았다고 나그네를 위로하며 이튿날 노자를 후히 주었다. 그런 식으로 해서 나그네는 이곳저곳에서 돈을 우려 먹었다는 이야기가 떠돈다.

-「상산 벼루 전설」, 한국학중앙연구원-향토문화전자대전

옛날, 산속에 큰 절이 있었습니다. 이 절에는 늙은 스님이 있었는데, 맛있는 곶감을 벽장 속에 감추어 놓고 혼자만 몰래 꺼내 먹곤 했어요. 그러다가 나이 어린 중한테 들키면 이렇게 말하곤 했지요.

"너희들이 이 곶감을 먹으면 배가 아파 죽는다."

그런데 아주 영리한 동자승 한 명이 스님이 볼일 보러 간 사이에 벽장 속의 곶감을 꺼내 먹었어요. 한 개를 먹고 나니 맛이 좋아 하나하나 먹다 보니 남은 곶감도 마저 다 먹어 버리게 되었습니다. 다 먹고 난 후에야 큰일이라고 생각한 동자승은 한 가지 꾀를 생각해 냈지요. 그러고는 스님이 무척 아끼는 벼루를 뜰 앞에 냅다 던져 깨뜨려 버리고는 이불을 뒤집어쓰고 누워 끙끙 앓는 척을 하였습니다. 저녁 때가 되어, 스님이 돌아와 이불을 뒤집어쓰고 누워 끙끙거리는 나이 어린 중을 보고는 "얘, 어디 아프냐?"하고 물었습니다. 그러자 어린 중은 울먹이며 대답했어요.

"스님, 제가 죽을죄를 지었습니다. 잘못하여 스님께서 가장 아끼시는 벼루를 깨뜨렸어요. 그래서 죽기를 작정하고 벽장 속에 있는 곶감을 먹어버렸습니다."

이 말을 들은 스님은 어이가 없었어요. 스님은 공연한 거짓말을 한 대가로 결국 아끼는 벼루와 맛있는 곶감을 모두 잃어버렸지요.

-「벼루와 곶감」, 전래동화, 이영호

한말 개화기에 애월리에서 훈학을 했던 창암菖岩 박형순朴亨淳은 이 마을에 상당한 학문적 업적을 남겼다. 그러나 4형제 중 막내인 그는 노상 붓과 벼루와만 씨름을 하고 있었기 때문에 형수들로부터 빈축을 살 때가 많았다.

"우리 아지방은 벼루와만 씨름을 하는디 벼루에서 먹을 게 나는가?"

생각다 못한 창암은 맷돌로 한쪽은 벼루, 또 엎어놓으면 한쪽은 덩드렁(짚을 두드릴 때의 밑돌)이 되게 해서 형수들의 눈을 피했다.

-「박훈장朴訓長의 벼루」, 제주 애월리 애월읍

단북면 소재지에서 앞쪽으로 개울을 건너면 산협도 아닌 들판에 도로를 옆으로 끼고 커다란 못이 있다. 언제부터 생겨난 못인지는 자세히 모르나 어처구니없는 전설을 안고 연면히 내려왔다. 옛날 옛적 그 어느 날 이 못의 자리에는 민가가 있었다. 그 집에서는 옥동자를 분만하였는데 태어난 아이는 그 몸집이 아주 컸고 골상이 비범하였다. 날 때부터 보통 아이들과는 너무나도 다르게 자라났다. 이 소문은 삽시간에 멀리까지 퍼지게 되었다. 행여나 역적이 되려는 징조가 아닌지 수군거리는 사람도 많았다. 한없이 가난하게 살아가는 그의 부모들은 어처구니없는 걱정으로 일관하며 지내게 되었다. 예나 지금이나 남의 행운을 시샘하는 풍조는 마찬가지였다. 어리석은 그의 부모들에게 그 아이를 없애버리는 것이 후환을 면하는 길일 것으로 귀뜸 하는 사람들이 늘어만 갔다.

자나 깨나 고심하던 그의 부모는 드디어 그의 아들을 없애려는 어처구니없는 마음을 먹게 되었다. 처절한 심정으로 생명을 끊으려는 순간에 기적의 천변이 일어났다. 마른하늘에서 뇌성이 치고 벼락이 떨어졌다. 그의 집은 흔적 없이 파였고 용마龍馬가 울면서 안장을 버린 채 하늘로 날아갔다. 벼락이 떨어진 곳은 커다란 못이 되었고 세상 사람들은 벼락못(雷池)이라 하였는데 세월이 오래되니 벼루못(硯池)이라 변음이 되고 의미도 바뀌어 버렸다. 용마가 버리고 간 안장을 주어다가 이실梨室 마을에서는 원혼寃魂을 위로하는 신당을 짓고 화상도 그려 동신洞神으로 모신다. 오랜 세월에 여러 가지로 영험이 나타나는 신당이라고 아직껏 해마다 제사를 정성 들여 지낸다. 물을 공급하여 오면서 태공들의 놀이터로 제공되기도 한다. 먼 먼 옛날의 전설과 낚시꾼들의 형형색색 옷차림들은 지극히 대조적이고 푸른 하늘의 흰 구름은 옛날과 오늘의 변화를 아무 말 없이 내려다보고 있다.

-「벼루못(硯池)」, 의성 단북면

(2) 벼루와 공예미술

전술하다시피 우리나라에서 벼루는 현재 민속품이자 공예미술품으로 간주되고 있다. 그러기에 벼루의 문양에 나타난 회화성과 조각미, 그리고 문자로 새겨진 서예의 격과 전각의 예술성 등도 벼루의 가치를 가늠하는 중요한 잣대가 되며, 이런 제반 사항이 예술적 높은 단계에 이르면 좋은 벼루로서 가치를 발하게 된다. 물론 그 외에도 벼루의 석질과 제작연대와 사용자, 그리고 연명의 여부와 그것의 진위는 별도로 벼루의 가치의 중요한 척도이다. 따라서 우리나라 벼루에 나타난 회화, 조각, 서예, 전각, 민화 등은 우리나라 전통미술의 중요한 부분이 아닐 수 없다.

우리나라의 전통미술 특히 조선 시대 미술의 주요 영역을 대개 건축, 조각, 회화, 서예, 공예, 민화 등으로 분리할 때, 벼루는 건축을 제외한 모든 요소가 다 포함된다고 할 수가 있다. 조선 시대 초기에 많이 제작된 매죽문을 비롯한 사실적 조각의 위원석 계통의 일월연들은 조선 미술의 꽃이라고 할 정도로 미술성이 높다. 그러기에 국내 저명 벼루 수장가이자 원로시인인 이근배도 말하길,

오죽했으면 일본의 서예가이며 벼루 연구가인 요시다 긴슈(吉田金壽)가 "조선의 위원화초석 벼루의 조각은 신의 경지에 이르렀다"라고 했을까? 나는 중국이 자랑하는 벼루들을 많이 알고 있고 나도 그런 것들을 여러 점 구했지만 아무리 따져보아도 「조선 초기 풍속도 일월연」이 보여주고 있는 회화의 선과 신의 솜씨라고 밖에 할 수 없는 조각의 정교함과 섬세함을 넘어서는 예술품을 어디서도 찾을 수 없는 것이다. …… 청자나 백자가 중국에서 왔다 하나 고려청자와 조선백자의 독창적 예술성이 월등하게 앞서 있듯이 비록 중국에서 나는 단계端溪, 흡주, 송화강석松花江石에는 미치지 못하나 우리의 위원화초석, 남포석藍浦石 등으로 이룬 벼루 예술은 결코 저들에게 뒤지지 않고 있음은 널리 알려지지 않았다. 참으로 안타까운 일이다. 벼루는 밥그릇이나 술병 등 생활 용구와는 달리 큰 선비들이 나라를 경영하고 학문과 시문을 경작한 위대한 유산이다. 그 위에 도자기나 목공예 등 어느 예술세계에서도 만날 수 없는 한국인이 만들어낸 절정의 아름다움이 새겨져 있다면 맨 앞에 내놓아야 할 문화재가 아닌가.

－ 이근배, 「신의 솜씨가 담긴 벼루, '조선 초기 풍속도 일월연」,
『월간문화재 사랑』, 문화재청

이는 사실 평소 벼루라는 귀신에 홀려서 40년 가깝게 살아왔다는 이근배 시인만의 주장이 아니다. 벼루 수집가 권도홍도 중국이나 일본의 고연들을 두루 살펴보았지만 우리나라 위원석 '포도문일월연'만 한 벼루는 없다[87]고 하였다. 우리나라 조선 시대 벼루의 회화성과 조각미에 대해 옛사람들도 이미 탄복하여 그것에 관해 언급한 바가 있다. 조선 중기의 문인 정구鄭逑(1543-1620)의 「화연기畫硯記」에는 다음과 같은 기록이 있다.

---

87 권도홍, 『벼루』, 대원사, 1989, 46쪽.

나는 평소에 그림을 모르지만 그래도 좋아하는데 이는 맛이 없는 속에 맛이 있다는 것을 알고 취미 아닌 취미가 되어 버린 것이다. 일찍이 그림이 조각된 벼루 한 개를 얻어 이것도 좋아하여 잘 간수하였다. 그러나 그 화법畫法이나 의미는 역시 이해하지 못했다. 그래서 나는 또 이것을 좋아하는 것이 무슨 심사일까 하는 생각에 스스로 쓴웃음을 지으면서도 이따금 한 번씩 매만지며 감상하다 보니 자연 손에서 놓아 버릴 수 없었다. 요즘 수재秀才 이의윤李宜潤이 나를 찾아와 어울리며 글을 배우는 중인데, 내가 또 이것을 꺼내어 구경하고 있노라니 이생李生이 하나하나 가리키며 말해주었다.

우거진 모습으로 꼿꼿하게 서 있는 것은 소나무이고 길고 가냘픈 것들이 빽빽하게 어우러진 것은 대나무이며, 점점이 외롭게 날고 있는 것은 구름인데 둥근 달이 그 사이에 자리 잡고 있다. 결이 잔잔하게 일렁이며 무늬를 이룬 것은 물이고 그 위에 울퉁불퉁한 것은 바위였다. 거기에 또 두세 줄기의 산포도가 한쪽 귀퉁이에서 덩굴져 뻗어 나가 소나무 뿌리를 휘감았고, 그 아래쪽에는 혼자 바위틈에서 비탈을 타고 올라가는 사람이 있는가 하면 한쪽에 그를 마주 보고 서서 고개를 들어 포도를 잡아 따는 사람이 있는데, 이들은 다 초산楚山의 미치광이 도사들로 아직 신선이 되지 못한 자들이었다. 풀잎 사이에서 뛰거나 달리는 것들도 있는데 이들은 풀벌레 따위로서 이름이 각기 다른 것들이었고, 윗몸을 일으켜 다리를 반쯤 구부린 채 벌레를 노려보고 있는 것은 작은 종자의 청개구리였다.

바위 위에 작은 탁자를 놓고 술 한 동이를 열어두었는데, 그 앞에서 술잔을 들고 달과 서로 문답하고 있는 자는 그가 진짜 적선謫仙(이태백)인지 알 수 없으나 긴 수염에 고고한 모습으로 홀로 산중에 앉아 있으므로 속세를 훌훌 벗어난 사람이라는 느낌을 풍겼다. 물가의 높은 바위에 걸터앉아 긴 낚싯대를 드리우고 있으나 고기를 잡으려는 마음은 없고 속세를 벗어나 한가로운 시간을 즐기는 사람은 내가 보기에도 위수渭水가 강태공姜太公의 기풍이 어렴풋이 깃든 것을 느꼈다.

나의 이 벼루는 길이는 한 자가 채 되지 않고 폭은 겨우 그 절반 정도이지만, 사람과 사물을 대강 갖추었으며 한적하고 말끔한 풍경이 둥근 벼루 바닥을 에워싸고서 하나의 별천지를 이루었다. 도화원桃花源 외에도 과연 이와 같은 세계가 있으며, 무릉武陵 어부漁夫의 발길도 이런 곳에는 들어가지 못했는지 모를 일이다. 과거에는 무슨 그림인지 모르면서도 오히려 좋아했는데, 더구나 지금은 이미 그 설명을 들어 하나하나 다 알게 되매 또 고상한 흥취가 서로 부합되는 것이 아니겠는가.

또 상상하건대, 이 그림을 그린 화가가 칼을 잡고 생각을 구사할 적에 정신은 흥취와 서로 어우러지고 손은 마음과 서로 호응한 상태에서 온종일 똑바로 앉아 작업을 하면서도 수고

스럽다고 여기지 않았을 것이니, 과연 양숙養叔의 활 솜씨와 포정庖丁의 소 잡는 기술과 같은 기예가 어찌 겉으로 좋아하는 정도만으로 습득할 일이겠는가. 그런 다음에야 이처럼 정밀하고 능숙해질 수 있으며 남들이 이해할 수 없는 오묘한 경지를 이룩할 것이다. 그 남달리 고충을 겪었을 속마음에 내가 어찌 감동하지 않을 수 있겠는가. 아, 그렇게 하지 않았다면 이 벼루를 만들어내지 못했을 것이다.

구름과 산, 물과 바위 사이에서 옛사람을 한번 만나 보았으면 하는 것은 이 또한 인정상 누구나 원하면서도 이루지 못하는 일이며, 나도 이 점에 대해 감히 소홀히 생각하지 못한다. 마을 앞 시내에서 낚시를 마치고 돌아오는데 소나무 위에 걸린 달이 밝은 빛을 뿌릴 때나 어울리는 사람 없이 홀로 술잔을 기울이는데 찌르륵찌르륵 풀벌레가 울어 댈 때 이 벼루를 열고 마주 대하면 반드시 세속의 잡념이 말끔히 사라져 외물과 나 자신의 존재를 다 잊는 경지로 들어갈 것이다. 그러니 내가 문방文房의 벗으로 삼는 이유가 어찌 먹을 가는 벼루의 용도로 쓰는 데에만 있겠는가. 이생은 과연 이런 의미를 이해하는지 모르겠다. 이생은 회재晦齋 선생의 적통을 이은 맏손자이다. 부디 각고의 노력을 다하여 가정의 학문을 저버리지 말기를 바란다. 기축년(1589, 선조22) 6월 일에 연상옹淵上翁은 쓴다.[88]

余平生不知畵而猶愛之。其爲無味之味。而且付之不癖之癖矣。嘗得一畵硯。亦愛而藏之。然其畵法筆意。則亦不曉也。余又自哂其愛之者何心。而時一摩挲而奇賞之。自然不可捨也。近李秀才宜潤來。相從問學之暇。又出而觀之。李能一一指點。其鬱乎偃蹇者曰松也。森乎其疎瘦者曰竹也。片片孤飛者曰雲也。而月則團團乎其間。波浪鄰鄰而成文者曰水也。而鑿鑿乎其上者則石也。又有數莖山葡萄。蔓延於一遇。而交絡蒼髯古根。就其下。有獨從巖隙。緣崖而上者。有相對而立。仰而攀鉤其實者。皆楚山狂道士之未化者也。有跳騰於葉間者。草蟲之類。而名各不同。挺身半蹲。睨而有所視者。兩部之小種以青衣者也。置小卓於巖上。開一樽而擧杯問月者。未知其眞謫仙與否。而長鬚古貌。獨坐山中。飄然有出世之意。踞水邊之危磯。而竹竿籊籊。無心得魚。物外雍容。余亦猶覺其依俙有渭上風度也。吾硯長不滿尺。廣僅其半。而人物略備。幽閑瀟洒。環一圍墨場。成一別區。不知桃源之外。果有此一面世界。而武陵漁父之足迹。亦不能到得否。昔不知而猶愛之。況今旣聞而一一辨認。更與幽情相契哉。且想其秉刀運思。而神與趣會。手與心應。兀然窮日。而不自以爲勞。信乎養叔之射。庖丁之牛。豈外慕之可徒哉。然後能精且熱如是。而有人不與知之妙。其獨苦胷襟。則余又不能無感焉。噫。不如是。不足以成此硯矣。雲山水石之間。得見古之人。亦人情之所欲而不得者。余於此宜不敢忽焉。釣罷前溪。松月婆娑。獨酌無與。蟲鳴唧唧。開硯相對。其必有泯然而兩忘者矣。吾

---

88 한국고전번역원, 송기채(2001, 번역)를 바탕으로 다소 수정, 윤색함.

所以爲文房之友者。夫豈獨爾硯之爲用哉。李生更會得此意思否。生。晦齋先生之嗣孫也。勉
矣哉。專心刻苦。其不負家學云。己丑季夏日。淵上翁書。

－정구, 『한강집寒岡集 · 화연기畫硯記』

　위의 연기는 조선 시대 전기 무렵에 만들어진 사실풍의 조각이 빼어난 일월연 벼루
의 회화미와 그 예술성에 대한 조선 시대 학자의 느낌을 기록한 문장으로 조선 시대
벼루의 뛰어난 공예 미술성을 잘 말해주고 있다. 벼루에 나타난 회화는 민화풍의 단순
하고 고졸한 풍격에서부터 이른바 조선회화의 정통이라고 할 수 있는 구체적이고 사
실적인 풍격에 이르기까지 모두 존재한다. 권도홍이 언급한 "아름다운 한국 벼루의 본
보기"라고 칭한 위원화초석포도문일월연이 정통회화의 기풍을 지녔다면 기타 더 많
은 수량의 민화풍의 일월연 벼루들은 조선 민화의 전형적인 기풍을 지녔다고 할 수 있
다. 이우환李禹煥이 지적하였듯이 이조李朝 미술의 특징이 "생활애生活愛의 예술"[89]
이라고 한다면 민화는 조선 시대 예술의 한 중요한 축으로 더욱 조명되어야 하고, 그
렇다면 벼루는 민화의 보고로서 우리가 더욱 주목해야 될 대상이 아닐 수 없다. 왜냐
하면 벼루에는 여러 가지 민속회화와 전통문양이 넘쳐나기 때문이다. 그러나 현재 우
리나라 공예미술계에는 벼루를 전문적으로 연구하는 사람이 없다고 해도 과언이 아니
다. 우리나라 조선 시대 벼루 산지와 벼루 종류에 대한 논의도 전공 학자가 아닌 원로
벼루 수집가들이 도록을 통해 비로소 진행한 것이다. 그리고 전술한 바와 같이 벼루는
다른 옛 공예품들에 비해 많은 개인 소장자들의 귀중한 유물들이 적극적으로 공개되
지 않아 연구자들이 벼루를 연구하는 데에도 애로가 많다.

　벼루에 나타난 공예 미술성은 회화와 조각뿐만 아니라 서예와 전각을 통해서도 나
타나고 있다. 고연에 새겨진 멋진 필체의 연명은 전술하였듯이 벼루의 가치를 높여주
고 벼루의 진위와 품격, 그리고 연대를 알게 해주는 증거일 뿐 아니라 그 자체가 문학 ·

89　이우환, 『이조의 민화-구조로서의 회화』, 열화당, 1995, 9-12쪽 참고.

서예 · 전각의 결합체라고 할 수 있다. 그러나 반대로 벼루의 조각과 석질이 좋아도 연명의 필체가 조잡하면 벼루의 가치도 함께 떨어진다. 그런데 아쉽게도 현재 전해지는 우리나라의 고연들 가운데 연명이 새겨진 벼루는 매우 드물다.

2

한국 벼루의
역사와 발전과정

1. 우리나라 벼루의 발전사

　우리나라 벼루의 역사에 대해서는 이미 출판된 한국 벼루 관련 서적들[1]에서 이미 자세히 밝힌 바가 있기 때문에 본 장에서는 중복을 피하고 다만 한국 벼루의 발전과정을 벼루의 형태적 특성에 초점을 두어 개괄적으로 설명하고자 한다.

　한국 벼루의 역사를 논하기에 앞서 먼저 중국벼루의 역사를 살펴볼 필요가 있다. 중국 동한 시대의 허신許愼이 지은 『설문해자說文解字』에서 "벼루는 미끄러운 돌이다.(硯, 石滑也)"라고 하였는데, 본래 벼루의 의미는 매끈한 돌을 뜻하였다. 그리고 한대漢代 이전에는 먹을 가는 벼루인 '硯(벼루 연)' 자를 '研(연마할 연)'으로 표시하고 불렀으며, 벼루를 뜻하는 '硯' 자가 따로 없었다. 이는 그 전까지만 해도 벼루라는 것이 '연마기'에서 비롯됐음을 말한다. 따라서 벼루의 역사는 원래 신석기 시대 연마기에서 비롯되었다는 것이 정설이며, 당시 연마기로 곡식을 빻기도 하고 안료를 갈기도 하였

1　이를테면 『벼루 600선』, 단국대학교 석주선기념박물관(2009), 손환일의 『한국의 벼루』에서 이미 자세히 밝히고 있다.

는데, 이런 세월이 매우 오랫동안 지속된 셈이다. 그러다가 오늘날 우리가 보기에 먹을 가는 벼루라고 볼 수 있는 비교적 정교한 형태의 벼루가 중국에서 출현한 것은 서한 후기의 돌벼루로 보고 있으며, 동한 시기에 이르면 더욱 정교하고 멋진 덮개도 있는 돌벼루들이 생겨 나게 되고, 그 외에도 도연陶硯이나 동연銅硯 등도 생겨났다. 그러나 한대 당시 가장 보편적인 형태의 벼루는 장방형의 평판연(판연 혹은 민패 벼루를 말한다)이었으며, 그 외에도 정사각형과 원형, 그리고 사람이나 동물류의 형상을 한 벼루들도 있었으며 대개 세 개의 다리를 가진 삼족연이 많았다. 그 후 삼국시대와 위진남북조 시기에 이르면 도자기 산업이 발전하면서 자연瓷硯이 성행하게 되는데, 현재 발견된 자연은 삼국시대부터 비롯된다. 그 형제形制는 동한 시기의 원형삼족석연과 일맥상통한데, 대개 원형에다 아래에는 삼족으로 동물의 다리 모양을 하고 있다.

이어 우리나라 벼루의 발전사에 대해 알아보면, 한漢문화의 유품이라고는 하지만 우리나라에서 발견된 가장 오래된 벼루는 평양 석암리 9호 고분에서 출토된 낙랑원형판연 벼루로 기원전 1세기경인 서한 때의 유물이다. 그 모양을 보면 중국 동한 시대 벼루의 전형이라고 할 수 있는 원형삼족석연과 유사하지만 시기적으로 보면 우리나라에서 발견된 이 벼루가 더 이르다.

그 후 우리나라 벼루는 세월이 지나 삼국시대(4세기-7세기)에 이르면 중국 삼국위진남북조 시기에 많이 출현한 다족원형벼루들이 많이 출현하게 되는데, 중국에 비하면 1-2세기가량 늦게 출현했을 따름이다. 이런 벼루들은 대개 진흙으로 만들어진 원형의 토제원형벼루로 다리도 있는데, 처음에는 삼족으로 시작하여 점점 다족으로 많아지게 된다. 다리의 모양도 점점 구체화 되어 곰, 사자, 코끼리 등 다양한 동물의 다리 형상으로 만들어졌다. 그 가운데서도 가장 대표적인 아름다운 벼루라면 6, 7세기경에 만들어진 백제토제원형상족연과 일본 나라현 가시하라 박물관에 소장된 백제삼채원

면연百濟三彩圓面硯²이라고 할 수 있을 것이다.

삼국시대를 거쳐 국립경주박물관에 소장된 통일신라 시기에 해당하는 8-9세기경에 발견된 벼루들을 보면 대개 높이가 높고 상하가 원형인 벼루들이 많이 보여 호방함과 안정성은 있지만 섬세하고 세련된 아름다움은 별로 찾아보기 힘들다.³ 이상 고려 시대 이전의 벼루들은 거의 원형의 토제벼루가 대부분이었다고 판단되지만 그 가운데에는 현재 경주 박물관에 소장되어 있는 직사각형의 토제벼루도 있었음을 알 수가 있다.

그 후 한국의 벼루는 세월이 흘러 원형의 벼루에서 사각 형태의 벼루들도 많이 등장 하게 되고 흙으로 만든 벼루에서 돌로 만든 벼루가 더 많아지게 된다. 삼국시대 백제 와 통일신라 시대의 벼루 가운데에도 돌로 만든 벼루가 발견되기도 하였지만⁴ 돌벼루 가 일반화된 것은 고려 시대로 판단된다.⁵

고려 시대 벼루의 특징이라면 앞에서도 언급하였듯이 돌벼루가 많아진 것 외에도 벼루가 작아지면서 얇고 평평하며 벼루 모양이 직사각형이 아니라 아래 부분의 길이 가 다소 긴 이른바 '풍風' 자형인 것이 특징이다. 이는 벼루가 점차 보편화되면서 휴대 성과 실용성을 고려한 때문으로 생각된다. 회청색의 작은 고려벼루로는 인천시 강화 군 선원면 신정리 572-29번지 고려 시대 대형 적심 건물지 배수로에서 출토된 벼루들 이 있다. 이런 형태의 벼루들은 대부분 회청색의 풍자형 벼루들로서 거의 같은 석질의 벼루들인데, 고려 시대 벼루 가운데 최근에 비교적 많이 발견되고 있는 것들이다. 이런 풍자형 벼루의 뒷면을 보면 편평한 것과 손으로 들거나 무릎 위에 올려놓기 좋도록 아

---

2 권도홍, 『벼루』, 10쪽 사진 참고.

3 이에 대해서는 손환일의 『한국의 벼루』 18-23쪽 참고.

4 이에 대해서는 손환일의 『한국의 벼루』 16쪽 "백제 남포 오석목탁행연"과 25쪽 "통일신라자석풍자행연" 사진 참고.

5 중국에서도 당나라 중기 때만 하더라도 도자기로 만든 벼루가 더 일반석이었다. 이는 한유가 지은 〈예연명(瘞硯銘)〉 에서 깨어진 도자기 벼루를 묻어주는 문장을 통해서도 추측할 수가 있다. 그러다가 당나라 말기에 사대명연이 유명 해지면서 점점 돌벼루로 대체되었다.

래가 푹 들어간 이른바 초수식抄手式(혹은 揷手式) 형태도 있다. 또 고려 시대 벼루 가운데에는 고려청자상감신축(辛丑)명 국화모란문 벼루처럼 청자로 만들어진 벼루들도 최근에 발견되어 한국 벼루의 또 다른 아름다움을 뽐내기도 하였다.

그 외에도 고려 시대 말기에는 석연 가운데 자석연紫石硯이 많이 보이는데 고려 말기의 벼루로 확인된 김선치金先致(1318-1398)의 벼루는 돌결이 일반 자석연과는 달리 매우 단단하고 매끈한 것으로 보아 고산석이 아니라 우리나라 관서關西 지역 위원석 계통의 자석연으로 봄이 더욱 타당하다. 이 벼루는 크기가 비교적 작고 두께도 얇으며 연당의 모양이 타원형이고 연순이 매우 좁은 전형적인 고려 후기 벼루의 형태이다. 이런 형태의 벼루는 고려 시대의 자석연 가운데 출토연으로 자주 발견되고 있어 당시 매우 보편적으로 많이 제작된 모양임을 추측할 수가 있다.

현재 고려 시대 벼루의 산지에 대해서는 아직 명확하게 알려진 바가 없다. 고려 시대에 널리 사용된 풍자형 회청색 벼루는 조선 시대 남포석을 중심으로 한 회청색 벼루와 석질이 근본적으로 달라 정확한 산지를 알 수가 없고, 고려 후기에 주로 사용된 자석연은 관서 지역의 자석연으로 추정되지만 여러 석질의 고려 자석들이 보이고, 또 기존의 회청색 고려 출토연들도 발견됨에 따라 고려 시대에는 여러 지역에서 돌벼루들이 제작된 듯하다.[6]

이런 고려 시대의 석연들은 김선치의 벼루도 그러하지만 대부분 벼루가 작고 얇아 볼품이 없는 것이 많지만, 고려 말기에서 조선 초기에 이르면 문인들의 벼루에 대한 관심과 수요가 더욱 깊어짐에 따라 우리에게 잘 알려진 소위 위원석 계통의 일월연日月硯 벼루가 제작되기 시작되면서 가장 아름다운 한국 벼루의 전형이 탄생하게 된다.

---

6 현재 고려벼루로 추정되는 출토연들이 꽤 많이 발견되고 있다. 이를테면 경북 안동시 정하동 유적지의 고려벼루, 경북 구미 출토 고려자석연, 고려장출토명문벼루 등이 그 예이다. 그 가운데 안동 정하동의 고려벼루는 돌의 색깔이 회청색이다. 그러나 이들 벼루의 모양은 모두 김선치의 벼루와 거의 흡사한 형태인데, 비교적 작고 얇은 장방형에 타원형의 연당, 그리고 연당 주변인 연순이 매우 좁은 고려벼루의 공통점을 드러내고 있다.

즉 고려 말기의 장방연長方硯 형태의 타원형 연당(이를 옥당 벼루라고 칭함)에서 일월이 겹치는 원형의 연당으로 변화하면서 크기와 문양도 더욱 웅장하고 화려해진 셈이다. 주로 포도문이나 매죽문이 새겨져 포도문일월연 혹은 매죽문일월연 등으로 불리는 이런 벼루들은 대개 고려 말기에서 시작하여 조선 전기에 왕성하게 제작되었는데, 당시 중국 원나라에도 가끔 이런 양식의 벼루가 있었으며[7] 또 명나라 때에도 이런 벼루들이 많이 제작된 것을 보면[8] 당시 한중 양국에서 매우 유행하던 형태의 벼루라고 생각된다. 이런 일월연들은 전술하였듯이 조각이 극히 사실적이라 놀랄 만하며, 또 같은 포도문일월연이라 하더라도 벼루마다 그 조각과 문양이 조금씩 달랐다. 특히 우리나라에서 만들어진 포도문일월연은 당시 중국의 그것에 비해 조각이 더욱 사실적이고 생동감이 느껴진다. 포도 잎 하나하나에 벌레가 먹은 흔적까지도 상세하게 조각되어 있다. 포도문일월연의 원조가 어딘지는 확실하지 않지만 우리나라의 그것이 훨씬 예술성이 높고 조각도 정교한 것은 누구나가 인정하는 사실이다.

조선 전기에 유행한 이런 포도문일월연 벼루들은 그 후 세월이 흐름에 따라 매죽문이나 송학문 등이 첨가되어 꽤 다양한 문양들이 서로 복합적으로 어우러진 복잡한 문양의 벼루들로 제작되었으며, 동시에 그 문양들도 구체적이고 사실적인 민화풍의 문양도 있었지만 그 후에는 추상적이고 단순화된 문양으로 변화하였다. 이는 조선 중기로 들어올수록 성리학적 이념이 강화되면서 벼루에 대한 문인들의 생각이 '완물상지玩物喪志'를 경계하여 소박함과 단순성을 추구한 것이기 때문으로 보인다. 이런 점은 조선 전기와 중기에 해당하는 김종직이나 이퇴계, 이율곡 선생들이 평소 사용한 벼루들의 모습에서 확인될 수가 있다.

---

7 王靑路, 『古硯品錄』, 北京: 人民美術出版社, 2006, 108쪽 〈元 日月花鳥白石硯 24.5×14×3〉 참고. 또 중국 원대의 기양석(祁陽石)일월연 벼루도 이런 형태의 벼루가 있다.

8 곽재우가 부친과 함께 명나라에 들어갔을 때 명나라 황제로부터 하사받았다고 전하는 곽재우 벼루도 전형적인 일월연의 형태이다.

조선 초기 화연畵硯 포도문일월연(33.4×21.2×2.5),
한창기 소장

조선 전기만 해도 고려 시대에 이어 벼루의 산지도 다양해졌고, 특히 자석연 산지들
이 본격적으로 개발되면서 문인들이 우리나라 산지의 벼루들을 구체적으로 칭송하는
문장도 나타나기 시작하는데, 이는 우리가 특히 주목해야 할 사항이다. 고려 시대에도
문인들이 벼루를 칭송한 문장들이 있었지만 모두 일본의 벼루에 대한 찬미이며, 우리
나라 벼루에 대한 구체적인 언급이 없었다. 이를테면 앞에서도 언급한 정몽주와 이숭
인이 찬미한 자석연은 모두 일본의 벼루였지 고려의 벼루가 아니다. 그런데 조선 시대
전기에 이르면 눌재訥齋 양성지梁誠之(1415-1482)의 「선천자석연가宣川紫石硯歌」,
김종직의 「사악이 바로 전에 의주에서 와서 선천 돌벼루를 겸선에게 주려고 하거늘 내
가 앗아 가지고 시로써 겸선에게 사례하다(士諤新自義州來以宣川石硯將贈兼善兼善予

奪得之詩以射兼善)」, 성현의 「자석산 아래를 지나며(過紫石山下)」 등 우리나라 조선의 자석벼루 산지에 대해 찬미하는 내용의 시가 등장하게 된다. 그 구체적인 지역은 평안 북도 선성宣城(즉 宣川)과 강원도 평창이었다. 따라서 자석연 가운데 이 두 곳의 벼루 가 문헌상으로 볼 때 가장 일찍 출현한 것으로 생각된다. 그 가운데 가장 대표적인 시가 바로 조선 초기의 문신 김종직金宗直(1431-1492)의 「사악이 바로 전에 의주에서 와서 선천 돌벼루를 겸선에게 주려고 하거늘 내가 앗아 가지고 시로써 겸선에게 사례 하다(士諤新自義州來以宣川石硯將贈兼善兼善予奪得之詩以射兼善)」라는 내용의 다음 시이다.

선성의 자주색 벼루는 동방의 기물이라 宣城紫硯東方奇
바람 물결 머금은 녹석보다 훨씬 낫다오 大勝綠石含風漪
문방에 하루라도 없어서는 안 되거니와 文房不可一日無
옥의 덕과 쇠의 소리를 내가 본받는 바로세 玉德金聲我所師
허 군이 이걸 얻어 겹겹이 싸 가지고 와서 許君得之十襲來
그대에게 주려 했으나 그대는 몰랐었지 持欲贈君君不知
내가 어제 허 군의 집을 찾아가서 我昨剝啄叩其門
이 익우益友를 보고 마음이 갑자기 기뻐져서 睨此益友神忽怡
웃고 농하는 틈을 타서 품 안에 넣었더니 輒因笑謔入懷抱
허 군이 꾸짖었지만 어찌 그것에 아랑곳하리오 許君詬怒胡恤之
집에 돌아와 조용히 필가筆架 곁에 놓아두니 還家靜置筆格傍
붉은 못에 현묘한 구름이 드리운 듯하네 紫潭疑有玄雲垂
문 닫고 앉아 학문을 연구하기에 꼭 알맞으니 正當閉戶註蟲魚
이젠 벽돌이나 기와벼루들은 곁에 두지도 말아야지 斷塼片瓦休相隨
중국 옥돌을 바치어 사죄에 갈음하노니 爲投燕石代肉袒
후일의 벌주야 어찌 감히 사양하리오 他日罰籌安敢辭

이 시는 벼루에 관한 기록이 거의 알려지지 않은 조선 시대 초기의 벼루에 관한 산지 및 벼루 색을 알려주는 극히 보기 드문 귀한 자료이다.[9] 김종직의 이 시를 보면 당시 선성(선천)의 자주색 벼루는 조선 최고의 보물 벼루였음을 알 수가 있으며, 당시 조선 시대의 벼루가 고려 시대에 비해 대단히 발전했음도 미루어 짐작할 수가 있다. 고려 시대부터 자석연이 적지 않게 사용되었기에 이 선천의 자석연은 평창의 자석연과 함께 고려 시대에도 아마 사용되었을 것으로 추측된다. 그리고 당시에는 선천자석보다는 좀 못한 녹석연도 사용되었음을 알 수가 있는데, 이 녹석연은 바람 물결(風漪)을 머금은 것이라고 하였으니 아마도 바닷가에서 나는 해주석이나 장연석 정도의 녹석연 쯤으로 추측해 볼 수가 있다. 김종직이 칭송한 이 자석연이 현재 전해지는 바로 그의 유품 자석 매죽연인지는 알 수가 없지만 그럴 가능성도 높다.

조선 초기에는 세종과 성종까지의 문예 부흥 시기의 영향으로 벼루가 많이 제작되었는데, 특히 자석연이 많이 제작되어 외국 사신에게 주는 선물로도 빠지지 않는 필수 품목이 되기도 하였다. 이는 조선왕조실록의 기록을 통해서도 확인될 수가 있다.[10] 특히 단종 3년에는 승정원에서 교지를 받들어 강원도 관찰사에게 치서하여 자석연을 진상하게 해 명나라에 바치기도 하였으니, 조선 시대에는 고려 시대에 비해 벼루제작 기술이 매우 향상된[11] 듯하며, 조선 초기의 주요 자석 산지는 평창과 선천이었음도 알 수 있다.

조선 초기에 이어 조선 시대 중기에 이르면 한국 벼루의 산지가 더욱 활성화되면서 여러 지역에서 벼룻돌이 산출되었는데, 이는 당시 문인들이 읊은 벼루에 관한 시들을

---

9 김삼대자 등, 『조선 시대 문방 제구』, 국립중앙박물관, 1992, 194쪽 참고.

10 이에 대해서는 손환일 『한국의 벼루』 284-290쪽 참조.

11 고려 시대에도 비록 돌 벼루를 사용하였으나 그 품질은 썩 좋지는 않았던 것 같다. 중국 송나라와의 국교에 품질이 우수한 물품들이 예물로 사용되었는데, 선화 6년(1124) 9월에 송에 간 사신 일행의 개인적인 예물에는 종이 · 붓 · 먹을 비롯하여 나전연갑 · 나전필갑 등이 있었으나 벼루는 없었다는 것으로 알 수 있다. -김삼대자 등, 같은 책, 193쪽.

통해 확인할 수가 있다. 이를테면 이행李荇(1478-1534)의 「정주 목사定州牧使 정웅鄭熊이 푸른 벼루를 선물한 데 사례하다」라든지 이응희李應禧(1579-1651)의 「화연에 매화·대나무·구름·학·산·물을 새겨 놓다(畫硯刻梅竹雲鶴山水)」, 또 이식李植(1584-1647)의 「안동安東의 박사군朴使君에게 사례하며 대석연가大石硯歌를 지어 부치다」와 남구만南九萬(1629-1711)의 「진천鎭川의 두타산頭陀山에서 나는 붉은 벼루가 작으면서도 매우 아름다웠다」 등이 그러하다. 이런 문장들은 조선 시대 선천녹석, 위원석, 안동석, 상산석 등의 벼루들의 역사를 고찰하는 데 매우 중요한 자료가 된다. 이에 대해서는 산지별 벼루를 논할 때 다시 자세히 설명하기로 하자.

조선 전기 이후에는 여러 지역의 벼루 산지에서 나는 다양한 돌로 다양한 형태의 벼루들이 제작되었을 뿐 아니라 벼루의 형태와 문양도 다양한 양식으로 제작되었다. 그리고 조선 후기 숙종부터 영조, 정조에 이르는 시기는 조선 시대 문예 부흥기일 뿐 아니라 실학파 문인들의 벼루에 대한 많은 관심으로 인해 벼루에 관한 많은 연구 서적들도 출현하였다.

특히 조선 전기부터 '화연'이라는 아름다운 조각의 벼루들이 본격적으로 출현하게 된다. 허봉許篈(1551-1588)의 「조천기朝天記」에 의하면 갑술년 만력萬曆 2년(1574, 선조 7) 6월 24일(정묘)에 그가 중국의 지인에게 준 예물에 인삼 등과 함께 꽃벼루(花硯) 10방方이 포함되었으니[12] 당시 우리나라 조선 벼루가 꽤 괜찮았던 모양이다.

그리고 조선 후기에도 조선 벼루의 질이 높은 수준을 유지하였다. 이의현李宜顯(1669-1745)의 「경자연행잡지庚子燕行雜識」에는 경자년(1720, 숙종 46년)에 북경에 간 기록과 다음과 같은 내용이 있다.

---

12 "송대춘(宋大春)이 별인정(別人情) 인삼 40근, 꽃벼루 10방(方), 백미(白米) 10자루, 백포(白布) 4필, 황포(黃布) 2필, 유둔(油芚) 6부, 활 2장, 편전(片箭) 30근(根), 동아(筒兒) 2개[凉], 자리[凉席] 2엽(葉), 백첩선(白貼扇) 20자루, 유선(油扇) 50자루, 붓 20자루, 먹 10정 등물과 아울러 전에 보냈던 단필(段疋)을 가지고 진언(陳言)의 집에 갔었는데…"-「조천기」 상, 갑술년 만력(萬曆) 2년 (1574, 선조 7) 6월.

"문방구의 진기함은 우리나라에 미치지 못한다. 붓은 토끼털로 묶었는데 너무 부드러워서 글씨 쓸 때에 맘대로 되지 않고, 또 오래 쓰지 않아 해진다. 수숫대로 자루를 만드는데 역시 우리나라에서 대로 만든 것만 못하다. 먹은 여러 가지가 있는데 대개 우리나라의 송묵松墨과 같다. 그중에 좋은 것은 극히 드물다. 종이는 이른바 태사련지太史練紙라는 것이 곧 우리나라 백지白紙다. 그 밖에 분당지粉唐紙, 은면지銀面紙, 모면지毛綿紙 따위가 또한 많지만, 모두 연하고 얇아서 우리나라 것이 질긴 것만 못하다. 벼루도 역시 좋은 것이 없다. 예전에 들으니 청석령靑石嶺 돌이 벼루로 쓸 만하다기에 돌아올 때 얻어 가지고 와서 공인工人에게 보였더니, 못 쓴다고 한다. 먹을 갈아 보았더니 역시 단단해서 잘 갈아지지 않는다.[13]"

이런 기록들은 조선 후기까지도 우리나라 문인들이 사용하던 벼루의 수준이 결코 중국에 뒤지지 않았음을 방증하고 있다.

이런 상황은 19세기 조선 후기에도 마찬가지였던 모양이다. 이유원李裕元(1814-1888)의 『임하필기林下筆記』「춘명일사春明逸史」에는 다음과 같은 기록이 전하는데, 이는 조선 중후기 우리나라의 벼루가 이미 상당한 수준에 이르렀음을 잘 말해준다.

"내가 연경燕京에 들어가자 조사朝士들이 앞다투어 남포석을 찾으면서 '도연陶硯(즉 자기瓷器로 만든 벼루)에 비할 바가 아니다.'라고 한 것을 보면, 남포석이 중국의 흡주歙州에서 산출되는 벼룻돌과 비교해 손색이 없다는 것을 알 수 있다.[14]"

그런데 조선 말기와 일제강점기에 이르면 한국의 벼루가 일본벼루의 영향과 필기도구의 변화로 인해 벼루의 형태가 많이 변하게 된다. 그 가장 큰 변화라면 벼루에 뚜껑이 생기고 벼루 연당에 먹과 붓을 둘 수 있는 형태가 생겨난 것이라 하겠다. 이런 벼루들은 대개 일본연의 영향으로 수형연隨形硯(즉 벼루의 형태가 사각형이나 원형으로 다듬어진 것이 아니라 원석의 모양 그대로 만들어진 벼루를 말함.)으로 문양도 도식화

---

13 도곡집(陶谷集), 『경자연행잡지(庚子燕行雜識)』 下
14 『임하필기』 제25권

되고 정교하지 못해 벼루의 격이 다소 떨어진다고 할 수 있다. 이런 형태의 벼루는 종성연과 위원연에서 특히 많이 나타나고 있다. 일제가 조선과 만주를 경략하면서 지리적으로 편리한 한반도 북부 함경도와 평안북도 지역의 우수한 벼룻돌을 많이 활용한 까닭이다. 이처럼 한국의 벼루는 조선 전기 최고조의 예술성을 지니다가 조선 말기와 일제강점기에 이르면 마치 조선이 망하듯 벼루도 옛날에 비해 격과 정성이 떨어진 단순한 필기도구로 전락한 셈이다. 일제강점기인 1930년대 일본민예협회日本民藝協會가 간행한 『월간공예』에는 당시 조선 벼루의 수준이 낮아 도대체 감명을 주는 것이 없다는 일본인들의 비평이 있는 것을 보면[15] 조선 말기 이후 석공예 기술의 쇠퇴와 함께 당시 조선 벼루는 완전히 몰락했음을 잘 말해준다.

현대 한국에 이르면 조선 시대 다양한 산지에서 산출되던 벼루들이 모두 사라져버리고 겨우 명맥을 유지하던 남한의 벼루로 남포연·단양연·상산연·고령연 등만이 남았다. 그 가운데 현재 미약하나마 생산을 하는 벼루는 남포연과 단양연뿐이며, 고령연은 이미 생산이 중단된 지가 30, 40년이 지났고, 상산연도 몇몇 장인에 의해 겨우 명맥만 유지하고 있을 뿐 그 벼룻돌 이름을 아는 사람도 극히 드물다. 현대 한국 벼루는 모양에 있어서도 몇몇 장인에 의해 간혹 창작성을 띤 예술적인 작품들이 제작되기도 하였지만 대개 일제강점기 벼루 형태를 그대로 답습하여 남포연이나 단양연을 막론하고 모두 화려한 벼루 뚜껑에 조각도 획일화된 용 문양 위주의 단순한 형태가 많은 것이 특징이다. 심지어 염가의 상품은 대량생산이라 벼루 뚜껑이 원석이 아니고 돌가루에 화학 재료를 섞어 틀로 찍어 내기도 한다.

이상 한국 벼루의 발전사와 시대별 벼루의 형태적 특성 등을 개괄적으로 설명하였다. 요컨대 우리나라의 벼루는 삼국시대부터 꽤 정교한 모양의 벼루들이 만들어졌으

---

15 柳宗悅 外, 沈雨晟 譯, 『朝鮮工藝槪觀』, 東文選, 1997, 187쪽. - "조선 공예가 성행했을 무렵에는 그 만듦새에 있어서 가히 볼 만한 것이 많다. 그러나 지금의 것(벼루)은 도대체 감명을 주는 것이 없다."

며, 당시 벼루 재질은 흙으로 만든 토제 벼루가 주였다가 그 후 고려 시대부터 석제 벼루가 본격적으로 사용되었다. 그리고 고려 시대부터는 청자로 만들어진 벼루도 생산되었다. 형태로 보면 우리나라의 벼루는 처음에는 주로 원형의 벼루를 사용하다가 고려 시대부터 타원형에 가까운 연당의 장방형 벼루가 많이 사용되었으며, 조선 초기와 전기에는 자석紫石으로 된 일월연이 많이 제작되어 한국 벼루의 황금 시기를 열었다. 당시의 벼루는 고려 시대에 비해 연순이 넓어지고 벼루도 커졌으며 또 화려하고 정교해졌다. 그리고 조선 중후기에 이르면 여러 지역의 벼룻돌들이 속속 생산되면서 다양한 산지의 다양한 형태의 벼루들이 본격적으로 제작되면서 우리나라의 다채로운 벼루들이 탄생하게 되었다. 그러나 조선 말기에 이르면 국운이 쇠퇴해지면서 우리나라의 벼루도 전통적인 고유의 형태를 유지하지 못하고 일본벼루의 영향을 받아 벼루의 형태와 문양이 변하게 된다. 즉 우리나라 고유의 무늬나 민화와 같은 전통적인 문양들은 사라지고 벼루에 난데없이 뚜껑이 생기고 조각도 도식화되면서 생기 없는 모양으로 전락하였다. 그리고 현대에 이르면 필기도구의 변화와 벼루 인구의 감소로 말미암아 우리나라의 벼루는 더욱 침체되어 벼루는 이제 몇몇 소수의 뜻있는 사람을 제외하면 사람들의 관심에서 멀어져 버리고 말았다.

2. 고문헌에 나타난 우리나라 벼루의 역사와 산지

그간 우리나라의 벼루연구는 거의 벼루의 조형적, 공예적 미에 대한 학위 논문 위주였으며, 벼루의 제작연대나 산지에 대한 연구는 거의 찾아보기가 힘들다.[16] 이에 필

---

16 우리나라 최초의 벼루 학위 논문은 1976년 이임순의 『조선 시대 벼루에 나타난 문양의 조형적 분석』(숙명여자대학교 응용미술학과 공예 전공 석사학위 논문)이며, 이어 1978년에는 박귀향의 『조선조 벼루의 의장적 분석연구』

자는 고문헌에 나타난 고려, 조선 시기 벼루에 대한 기록을 통해 우리나라 벼루의 정확한 역사와 산지에 대해 알아보고자 한다. 이는 유사한 빛깔의 돌로 제작되어 연대는 물론 산지 측정이 어려운 옛 벼루들에 대한 우리나라 문헌상의 고찰을 통해 우리나라 벼루의 산지와 제작연대에 대한 보다 객관적이고 정확한 자료를 제시하고자 함이다. 사실 벼루의 산지와 연대 측정은 함께 출토된 부속 유물들의 시대와 벼루 자체의 조각 양식 그리고 그 외 여러 가지 측면에서 대략적인 고찰이 가능하다. 그러나 고문헌에서 직접 언급한 우리나라 벼루의 역사와 산지에 대한 구체적인 정보는 제작연대와 산지 측정이 힘든 실물 벼루들의 연대와 산지를 보다 정확하게 규명하는 데 도움을 줄 것이다. 이를테면 우리는 벼루를 감정할 때 벼루의 외형적인 모습을 보고 그것이 '조선 시대 안동 자석연' 내지는 '고려 시대 단양 자석연'이라고 판단을 내릴 수도 있지만 만약 고문헌에서 안동 자석연이 고려 시대에도 있었다든가 고려 시대에는 단양 자석연에 대한 기록이 없다면 위와 같은 판단은 섣불리 내릴 수가 없게 된다. 따라서 고문헌을 통해 본 우리나라 벼루의 역사와 산지에 대한 조명은 우리나라 벼루의 역사와 산지에 대한 명확한 근거가 되는 기본적인 자료를 제공하게 된다.

　우리나라의 벼루는 근래에 출토된 유물들을 통해 볼 때 삼국시대 이전부터 이미 존

(효성여자대학교 석사학위 논문), 그 후 1982년에는 엄샛별의 「벼루의 형태분석 및 조형미에 대한 연구」(성신여대 석사학위 논문)이다. 한참 후 1995년에는 이은영의 「한국 벼루 문양에 대한 고찰」(인천대학교 석사학위 논문)이 나왔다. 그 후 10여 년이 훨씬 지나 2007년에는 이나나의 「한국 벼루 문양의 상징성과 예술성에 관한 연구」(인천대학교 석사학위 논문)가 출현하였으며, 또 10년 후 2017년에는 도라지의 「삼국시대 벼루(硯) 연구」(고려대학교 석사학위 논문)가 등장했다. 이처럼 그간 진행된 한국의 벼루연구는 거의 벼루 문양의 조형성에 관한 연구 위주였음을 알 수 있다. 물론 그 동안 깊이 있는 학술논문도 있는데, 이를테면 2002년 이희선 「利川 雪峰山城出土 咸通銘 벼루 研究」(『문화사학』18)라든지 2009년 김성범의 「羅州伏岩里 유적출토 백제 목간과 기타 문자 관련 유물」(『목간과 문자』3) 등을 꼽을 수가 있다. 그러나 제목에서도 그러하듯 이희선과 김성범의 논문은 고고학의 관점에서 한국 고대 출토벼루의 연원을 고증한 논문으로, 고려 시대와 조선 시대를 중심축으로 하는 우리나라 벼루연구와는 다소 동떨어진 느낌이다.

재했음이 밝혀졌다.[17] 그러나 우리나라 벼루에 대해 구체적으로 언급한 고려 시대나 그 이전의 고문헌의 기록은 찾기가 어렵다. 이는 아마도 고려 시대 당시 우리나라 돌벼루의 품질이 그리 우수하지 않았기 때문으로 볼 수 있다. 이를 뒷받침하는 학설로 북송의 미불米芾(1051-1107)이 지은 『연사硯史』에서 고려벼루의 주종인 고려 회청색 벼루를 말하고 있다.[18] 다시 말해 미불이 활동한 고려 전기에는 우리나라 벼루의 대종이 회청색 벼루였으며, 자석연紫石硯은 그리 보편화되지 않았음을 알 수 있다. 미불의 말대로 회청석 고려벼루는 얼핏 보면 석문이 흡주연처럼 보이지만 매우 거칠고 메마른 볼품없는 벼루였다.[19] 그 외에도 송나라(960-1279)에 수출되는 고려의 문방사우 가운데 특히 고려의 종이나 먹은 질이 뛰어나 송대 문인들이 귀하게 여겼다고 하지만 벼루는 송에 수출되지 않았다. 고려의 대송 무역품에 벼루가 없었다는 점은 당시 고려 벼루의 품질이 그리 우수하지 못했음을 말한다.[20] 또 고려 중기 인종 1123년에 간행된

---

17 현재 우리나라 여러 박물관에는 고려 시대 고분이나 유물들과 함께 발견된 고려벼루들이 적지 않다. 고려 시대 벼루로 가장 확실하고 대표적이라고 할 수 있는 벼루는 벼루 뒷면에 김선치의 명문과 함께 벼루에 대한 구구절절한 사연이 기록된 고려 말의 무신 김선치(1318-1398)가 소년 시절 사용한 벼루이다. 이 벼루는 석질이 매우 단단하고 매끈한 점으로 보아 고산석 계통의 자석연이 아니라 위연석 계통의 자석연으로 생각된다.

18 "고려연(高麗硯)은 벼루의 결이 단단하면서도 치밀하며, 소리가 난다. 먹을 갈면 색깔이 푸르게 되며, 간간이 흰색의 금성(金星)이 있어서 돌의 가로무늬를 따라서 촘촘하게 줄을 이루고 있는데, 오래 쓰면 무늬가 없어진다. (理密堅有聲, 發墨, 色青間白, 有金星, 隨橫文密成列, 用久乏."-米芾, 『硯史』, 高麗硯) - 한치윤, 『해동역사(海東繹史)』, 제27권, 물산지(物産志) 2, 문방류

19 인천시 강화군 선원면 신정리 572-29번지 고려 시대 대형 적심 건물지 배수로에서 출토된 벼루들이 지금까지 비교적 많이 발견되고 있는 전형적인 고려 전기 벼루들이다. 이런 형태의 벼루들은 대부분 회청색의 풍자형 벼루들로서 미불이 말한 쇳소리 나고 금성이 있는 볼품없는 작은 벼루들이다.

20 고려 시대에도 비록 돌벼루를 사용하였으나 그 품질은 썩 좋지는 않았던 것 같다. 중국 송나라와의 국교에 품질이 우수한 물품들이 예물로 사용되었는데, 선화 6년(1124) 9월에 송에 간 사신 일행의 개인적인 예물에는 종이 · 붓 · 먹을 비롯하여 나전연갑 · 나전필갑 등이 있었으나 벼루는 없었다는 것으로 알 수 있다. -김삼대자 등, 『조선 시대 문방 제구』, 국립중앙박물관, 1992, 193쪽. 또 "고려의 대외 무역품은 송에는 동그릇, 놋그릇, 유황, 약제, 모피, 종이와 먹이 수출되었고, 거란에는 동그릇, 등석, 등나무 그릇, 종이, 먹이 수출되었으며, 몽고에는 철, 놋쇠, 각종 동물 가죽, 매, 황칠, 종이, 서적, 화문석, 그림, 그림 부채 등이 수출되었다. 이처럼 공통으로 종이와 먹이 수출되었다."-

『고려도경高麗圖經』을 지은 송나라의 학자 서긍徐兢(1091-1153)도 이 저서에서 당시의 고려벼루에 대해 언급하지 않았다. 혹자들은 "『고려도경』에 따르면 "연왈피로硯曰皮盧"라 하여 이미 고려 때부터 벼루라고 불렀음을 알 수 있다."라고 하지만 이는 낭설이다. 『고려도경』에는 벼루에 대해 언급도 그런 말을 거론 하지도 않았다.[21] 서긍은 고려의 문방구에 대해 따로 문방구 조항을 지어 기술하지 않고 "雜俗[二] 土産" 조에서 간략하게 피력하였을 따름인데[22], 그 가운데 유독 벼루에 대해서는 언급하지 않았다. 이는 당시 송나라 수준으로 볼 때 고려의 벼루는 그리 수준작이 아니었음을 방증해준다.[23]

강글온,「고려 시대 대외무역에 관한 연구」, 2009, 창원대학교 석사학위 논문.

21 검증되지도 않은 이런 낭설이 수십 년간 우리나라 고미술 학계에 전전하였다는 점은 우리나라 벼루 연구의 실정을 잘 말해준다. "연왈피로(硯曰皮盧)"란 말은 송나라의 손목이 고려의 조제(朝制)·풍속·구선(口宣) 등과 함께 고려야 약 360 어휘를 채록하여 편찬한 견문록인 계림유사(鷄林類事)에 나오는 말이다. 계림유사 전문은 실전되었지만 이에 대한 내용은『임하필기』제19권 문헌지장편(文獻指掌編) 계림유사(鷄林類事)의 방언(方言) 조와 정조 때 한치윤(韓致奫)이 지은『해동역사(海東繹史)』에 기록되어 있다. 따라서 벼루를 고려인들은 '皮盧'의 중국어 발음인 '피루'로 불렀음은 사실이지만 서긍이 고려도경에서 언급한 바는 없다.

22 "송연묵(松煙墨)은 맹주(猛州 평안북도 맹산(孟山)) 것을 귀히 여기나 색이 흐리고 아교가 적으며 모래가 많다. 황호필(黃毫筆 족제비의 털로 만든 붓)은 연약해서 쓸 수가 없다. 예부터 이르기를 성성(猩猩 원숭이의 일종)의 털이라고 하나 반드시 그렇지 않다. 종이는 전혀 닥나무만을 써서 만들지 않고 등나무를 간간이 섞어 만들되, 다듬이질을 하여 다 매끈하며, 좋고 낮은 것의 몇 등급이 있다."(松煙墨。貴猛州者。然色昏而膠少。仍多沙石。黃毫筆。軟弱不可書。舊傳爲猩猩毛。未必然也。紙不全用楮。間以藤造。搗搗皆滑膩。高下數(等)。)(『宣和奉使高麗圖經』, 卷第二十三, 雜俗[二], 土産)

23 『고려도경』 말미에 붙은 張孝伯이 지은 서긍의 행장(宋故尙書刑部員外郎徐公行狀) 기록을 보면 서긍은 서화가로 문방사우에 대한 관심과 조예가 깊음을 알 수 있는데, 그가 당시 고려의 벼루에 대해 전혀 언급하지 않았음은 벼루의 질이 그리 좋지 못했음을 단적으로 보여준다. - "공의 집안에는 전부터 기성(騎省 송초의 전·예(篆隸)의 대가 서현(徐鉉), 서긍의 조상)의 유물이 많았다. 세부 중 광록대부(光祿大夫) 시중(侍中)이 벼루 한 개를 진보(珍寶)로 여겼는데, 그 벼루 곁에 '정신(鼎臣 삼공 등 지위 높은 대신을 말함)' 두 글자가 새겨져 있었다. 한번은 여러 아이들에게 말하기를 '세업(世業 서법(書法)을 말한 것임)'을 계승하는 자가 나오면 이것을 주어야겠다' 하였다. 공은 그때 갓 성년이 되었었으나 분별할 줄 알아서 전주에 전념하여 세부는 그 벼루를 들어 공에게 주었다. (公家。舊多騎省遺物。世父贈光祿大夫時中。寶一硯。旁著鼎臣二字。嘗謂群兒曰。有能紹素業者。當以是與之。時公始結髮。能知憤激。刻意篆擂。世父擧以授公。)"

현재 고문헌을 통한 우리나라 벼루의 역사에 대한 고찰은 고려 문인들이 벼루에 대해 노래한 연시나 연명에서부터 그 연원을 찾을 수 있다.[24] 우리나라의 연시와 연명은 당시 남송(1127-1276)의 영향으로 고려 시대 중기 이규보(1168-1241)와 고려 후기 이제현(1287-1367)을 필두로 12, 13세기에 비로소 처음으로 창작되었으며, 14세기 고려 말기에 이르면 원천석元天錫·박익朴翊·정몽주鄭夢周·김구용金九容·이숭인 李崇仁·이첨李詹 등 적지 않은 문인들에 의해 본격적으로 지어지게 된다. 이는 고려 시대 문인들의 벼루에 대한 특별한 관심과 애착이 고려 말기부터 비롯됐음을 말해준다. 고려 중기 이인로의 파한집에서도 문방구에 대해서는 먹에 대한 이야기만 있지 벼루에 대한 언급은 없다. 또 고려 말기 이곡의 문집인『가정집稼亭集』속 돌의 여러 가지 쓰임과 덕성을 노래한 '石問[25]'이란 문장에도 돌벼루는 언급하지 않았다. 이런 여러 상황들을 보면 고려 전기에는 문인들이 벼루를 완상품이 아닌 실용적 필기구로만 생각하거나[26] 당시는 돌벼루만 있었던 것이 아니라 석연과 도연이 함께 사용되었을 가능성이 있으며, 그 후 도연은 점점 도태되고 석연이 벼루의 중심이 되면서 고려 말기부

---

24 연시에 비해 연명의 수량은 많이 적지만 역시 고려 시대부터 등장하였다.

25 『稼亭先生文集』, 卷之一, 雜著.

26 "북송대에 형성되고 남송대를 통해 사대부의 한적한 여가 생활의 습속으로 확립된 문방청완의 고동 서화 취미가 우리나라에 알려지기 시작한 것은 북송과의 활발한 문화 교류로 여가적인 문인 화가가 출현하고 감상물 그림이 대두되는 고려 중기 무렵으로 생각된다. …… 1123년에 북송 사절단의 제할관(提轄官)으로 개성에 온 문인 서화가 서긍(徐兢)이 전하였을 가능성이 높다. 서긍 등이 김부식을 비롯한 접반관(接伴官)들을 숙소로 초빙하여 중국에서 가지고 온 옛 기물, 법서, 명화, 색다른 냄새가 나는 향, 진기한 차를 좌석에 늘어놓자 참석한 이들이 진귀하고 정채로움에 모두 감탄하므로 좋아하는 것에 따라 원하는 대로 집어 주었다고 한다. 고려의 문사들이 분향 음다(焚香飮茶)와 고동 서화의 문방청완 취향을 접하고 찬탄한 최초의 사례가 아닌가 싶다. …… (그리하여) 문사들의 문방 취미는 무신 집권기에 이르러 발생한 것으로 생각된다. 고려 후기는 그림이 사대부의 취향과 밀착되어 중세적인 감상물로서 본격적으로 전개되기 시작한 때로, 최초의 서화 감평가로 이름을 남긴 이규보와 수장가 이담지(李湛之, 1190년 전후 활동)가 나오기도 하였다." (홍선표, 「고려 시대의 일반 회화」, 『한국 미술사』, 예술원, 1984; 홍선표, 「고려 시대 전기의 서화」, 『한국사』 17, 국사편찬위원회, 1994 참조) 이상의 내용이 그러하듯 고려 전기 문인들에게 벼루는 아직 문방청완의 대상이 아니었음을 알 수 있다.

터 석연은 문인들 문방청완의 애장품이 되었던 것으로 보인다.

혹자는 고문헌을 인용해 우리나라 고려 시대부터 자석연이 많이 유명했다는 점을 애기하면서 이숭인의 『도은집陶隱集』 제3권의 "일본의 천우 상인이 적성의 자석연을 선물했기에 시로 감사의 뜻을 표하다〔日本有天祐上人饋赤城紫石硯以詩爲謝〕[27]"라는 제목의 시詩를 인용하는데, 여기서 말하는 적성赤城은 혹자는 우리나라 단양을 지칭한다고 하지만 사실 적간관연赤間關硯의 고향인 일본의 적간관(적성이라고도 했는데 지금의 下關, 즉 시모노세키 부근이다)을 지칭한다. 문헌에는 고려 말기부터 일본인들이 우리에게 벼루를 선물했다는 기록이 많은데,[28] 위 이숭인의 시도 그중 하나이다. 그 내용은 일본 자석연의 품질이 대단히 월등함을 칭송하거나 그것을 친구들에게 선물하는 내용인데, 이는 당시 고려 자석연의 품질이 그리 좋지 못했음도 방증한다.[29] 이른바 자석연이라 함은 우리나라 석연의 대종을 이루는 자주색의 돌벼루를 일컫는 말인데, 예로부터 벼룻돌 가운데서도 자석연은 검은색이나 다른 색의 벼루들보다 특별히 귀한 대접을 받았다.[30] 그러나 자석연이란 명칭에 대한 우리들의 인식은 아직 확실하게 정

---

27 시의 원문은 다음과 같다. "적성은 바로 해안의 신선이 사는 산, 산중 보물의 기운은 하늘을 밝게 비추네. 일본의 스님이 양간석을 캐어 깎아, 동한의 한묵생에게 특별히 선물하였다네. 살결이 비계와 같아서 숫돌도 필요 없고, 못가의 석안에는 화성이 점으로 박혔다오. 붓을 적셔 감히 조충의 문자를 지을까나, 능가경(楞伽經) 한 부나 정서해 볼까 하네. (海岸神山是赤城, 山中寶氣燭天明, 上人斲得羊肝石, 特贈東韓翰墨生, 肌理如脂不假硎, 池邊石眼點華星, 染毫敢作雕蟲字, 擬寫楞伽一部經.)"

28 고려 말기 대표적인 시는 다음과 같다. *이숭인, 『도은집』, 제3권 시(詩), 일본의 천우 상인이 적성의 자석연을 선물했기에 시로 감사의 뜻을 표하다〔日本有天祐上人饋赤城紫石硯以詩爲謝〕*이승소(李承召), 『삼탄집(三灘集)』, 제7권, 시(詩), 일본의 자석연을 성 부윤 임에게 주다〔日本紫石硯贈成府尹任〕 *정몽주, 『포은집(圃隱集)』, 『동문선(東文選)』 제16권 칠언율시, 일본 중 영무(永茂)의 돌 벼루 선사에 사례한다〔謝日東僧永茂惠石硯〕

29 조선 시대 후기의 문헌에는 갈색(혹은 자색)의 벼루인 일본의 적간관연은 석질이 미끈거려 먹이 잘 갈리지 않아 우리나라 벼루만 못하다고 한 기록도 있는데, 고려 시대에는 조선 시대에 비해 아직 좋은 석질의 벼루들이 많이 생산되지 않았음을 알 수 있다.

30 예로부터 동방에서는 자주색의 격이 높았다. 벼루에서도 그러하였는데, 소식의 「손신로기묵(孫莘老寄墨)」 시에 "계석 벼루는 마간석을 쪼아 놓은 듯하고, 섬계의 등지는 옥판을 펴 놓은 듯하네. 〔谿石琢馬肝 剡藤開玉版〕"라고

립되어 있지 않을 뿐 아니라 학계에서도 이에 대해 전문적으로 연구한 논문도 없는 실정이라[31] 이에 대한 연구가 시급하다.

고려 시대 고문헌에서 일본의 자석연이 아닌 우리나라의 벼루 그중에서도 자석연을 최초로 언급한 것은 고려 말 박익(1332-1398)이 지은 「포은의 자석연 벼루에 운을 띄우며(和圃隱紫硯韻[32])」라는 다음의 시이다.

> 본래 다정한 물건인데 本是多情物,
> 어찌 마음을 두는 곳을 택하지 않으리! 胡無擇處心。
> 맑고 탁한 곳을 응당 알거늘 應知淸濁地,
> 더러움에 가까이 하여 침륜하지 말지라. 莫作近汚沈。
>
> － 「포은의 자석연 벼루에 운을 띄우며(和圃隱紫硯韻)」

위 박익이 지은 「포은의 자석연 벼루에 운을 띄우며」 연시는 제목에서도 알 수 있듯

하였는데, 그 주석에 "단주 심계의 돌은 그 색이 마치 말의 간처럼 자줏빛 나는 것을 상품으로 여겼다. 〔端州深溪之石 其色紫如馬肝者爲上〕"라고 하였다. 『蘇東坡詩集』, 卷25.

31 이를테면 위원연, 자석연 등과 같이 병렬적으로 사용되기도 하는데, 이는 잘못이다. 위원연 가운데에도 자석연이 있다. 자석연은 위원석처럼 어느 특정 지역에서만 생산되는 벼루의 명칭이 아니라 한반도 자석 산지에서 산출되는 벼루의 통칭이다. 민화연구가 김호연은 자석연에 대해 "붉은 자석은 안동에서 의성까지 백 리 사이가 온통 붉은 돌산이며 그중에서 고산서원 부근 川底의 돌이 硯材에 알맞다. 이번 전시에는 출품되지 않았지만 김완섭 씨 소장 桃形硯에 고산 수석의 표시가 명기되어 있으며 현지에서는 고산돌로 통칭되고 있으므로 이런 석질의 돌을 통틀어서 高山石으로 지칭하기로 했다. 물론 자석의 산지는 북쪽으로는 단양에 이르고 남쪽은 언양까지 뻗쳤으나 그 사이에 다소의 변조는 있다 하더라도 벼루를 보고 자석의 산지를 세분하기는 불가능한 노릇이다. 따라서 고산석으로 일괄하지 않을 수 없었다."(『古硯百選』, 월간문화재, 1973, 69-70쪽.)라고 하였고, 벼루 수장가이자 전문가인 권도홍은 "사실 강원도 평창에서 경북의 고령에 이르는 수많은 자석 산지를 벼룻돌로 가늠하기는 불가능하다. 고산석이라는 돌 이름은 옛 기록에는 보이지 않고 안동의 옛날 향토지인 永嘉誌에도 '안동 남쪽 이십 리에 있는 독천에서 자줏빛 벼룻돌(紫硯石)이 난다.'라고 적혀있을 뿐이다. 옛날 자석벼루에 산지명이 새겨져 있지 않는 이상 세분화해서 명명하기는 어려우므로 편의상 김호연 씨의 제의대로 고산석으로 일괄할 수밖에 없다."(권도홍, 『벼루』, 대원사, 1989, 58-59쪽.)라고 하였다. 따라서 '고산석'이라는 이름은 이로부터 자석연을 통칭하는 말이 되기도 하였다.

32 『松隱先生文集』, 卷一, 詩.

이 포은이 지은 원시에 대해 차운을 한 화답시인데, 그의 문집 『송은집松隱集』에는 포은의 원시와 또 이에 먼저 차운한 목은 이색의 화답시도 기록되어 있다. 우선 포은의 작품을 보자.

> 네게 묻나니 어느 산의 물건이기에 問爾何山物,
> 내 마음을 자줏빛으로 만드는가? 能爲紫我心。
> 갈면 형태는 자연 변하겠지만 磨來形自變,
> 뜻을 잃게 되길 부끄러워하노라. 愧作意沈沈。
>
> －포은의 원시

위 포은의 원시를 보면 자신이 소지한 자석연에 대한 감회를 노래하였는데, 벼루와 함께 영원히 자기 뜻을 잃지 않으리라는 심정을 읊고 있다. 여기서 자줏빛은 자주색 벼루와 임금을 뜻하는 자주색의 의미가 서로 어우러진 쌍관어雙關語로 고려 말기 임금을 따르려고 하는 정몽주의 충성심이 잘 나타나 있다.[33] 여하튼 자석연에 대해 읊은 포은 정몽주의 이 시는 일본의 자석연이 아닌 우리나라의 자석연일 가능성이 매우 높다. 왜냐하면 일본 자석연일 경우엔 그가 산지를 알면서도 "네게 묻나니 어느 산의 물건이기에"라고 읊진 않았을 것이다. 따라서 포은이 읊은 이 자석연은 한반도 어딘가에서 생산된 자석연일 가능성이 농후하다. 한때 정몽주는 「일본 중 영무永茂의 돌벼루

---

33 그의 이 작품에 대한 이색의 차운시는 다음과 같다. "물을 이고 문방에 누우니/ 열사의 마음도 흐르도다/ 천추토록 자줏빛 기운을 따랐는데/ 뜻을 먼저 잃게 될까 두렵도다(戴水文房臥。能流烈士心。千秋由紫氣。或恐意先沈。)" 이색의 차운시는 정몽주가 행여나 자기 뜻을 잃을까 두려워하는 마음을 읊은 내용인데, 고려 말기 복잡한 정치 상황을 엿보게 하는 내용이다. 여기서 "자줏빛 기운을 따름"은 바로 임금에 대한 변하지 않는 충성심을 비유하고 있다. 그렇다면 마지막으로 박익의 연시를 보아도 그 뜻이 계속 이어짐을 알 수 있는데, 정몽주의 마음이 더러움에 물들지 않고 자신 본래의 맑음(내지는 충성심)을 계속 유지할 것을 당부하고 있음을 알 수 있다. 벼루라는 물건을 사이에 두고 고려 말기의 세 위인들이 자신들의 청렴하고 결백한 뜻과 의지를 밝히고 있음을 알 수 있다.

선사에 사례한다(謝日東僧永茂惠石硯)」라는 제목의 칠언율시도 있듯이[34] 벼루에 대한 애착이 대단하였음을 알 수가 있다. 특히 앞서 소개한 고려 말기 김구용金九容(1338-1384)이 지은 두 편의 연시硯詩 가운데 한 편은 정몽주에 관한 내용인데, 정몽주의 벼루에 대한 열정은 물론 고려 시대 우리나라의 벼루 그 가운데 자석연의 역사를 추측하게 하는 자료이다.

이 시는 제목이 「포은 대감이 벼루를 요구해 시와 함께 보내다(圃隱相公求硯歌以贈之)」라고 하였듯이 정몽주의 요구에 응해 김구용이 영월의 돌을 손수 깎아 벼루로 만들어 선물했다는 내용이다. 두 사람의 정과 의리는 물론 정몽주의 호방한 인품이 잘 드러나 있다. 그런데 영월은 단양, 평창, 정선 부근이며, 평창석 붉은 벼룻돌의 산지인 평창군 남쪽에 위치한 미탄면은 단양군의 벼루 산지인 북쪽의 가곡면·영춘면과 비록 영월군을 사이에 두고 있지만 대단히 근접해있어 이 지역의 돌들이 사실상 거의 같은 계통인 것임을 짐작할 수가 있다. 따라서 영춘면과 미탄면, 그리고 영월寧越로 이어지는 이 지역은 자주색 돌벼루의 산지로 모두 평창계 자석연 벼루의 산지였다고 볼 수 있는데, 고려 시대부터 이 지역의 벼룻돌이 알려지기 시작했음을 짐작하게 한다. 고려 시대 단양 부근에 자석의 돌이 풍부하였음은 고려 시대 목은 이색李穡(1328-1396)이 단양을 여행하며 지은 「신축년 겨울 단산丹山 가는 길에 있었던 일을 기억하다(記辛丑年冬丹山途中)」 시에서 "새벽엔 단양 길을 향해 가노라니, 자석의 병풍에 구름이 활

---

34 시의 내용은 이러하다. "바다 돌을 교묘히 다듬고 갈아서 / 스님이 멀리 가져다가 내게 선사하네 / 호호 입김 부니 벼루의 면에 가득히 찬 구름 일고 / 물이 연지 안에 차니 조각달이 비끼누나 / 만지면 정금인 양 쨍그랑 소리를 내고 / 씻으면 동그란 구슬처럼 매끈하고 티가 없네 / 첫새벽 가을 창 밑에서 붓에 먹을 찍으니 / 불현듯 시정이 열 배 더해짐을 느끼네. (海石曾經巧琢磨 / 上人持贈自天涯 / 噓呵滿面寒雲起 / 涓滴盈池片月斜 / 觸處精金鏘有響 / 洗來團璧滑無瑕 / 淸晨點筆秋總下 / 頓覺詩情十倍加)". 여기서 일본의 중이 정몽주에게 준 벼루는 아마도 우리에게 가장 잘 알려진 일본의 명연 적간관연(赤間關硯)과 같은 벼루일 것이다. 이 벼루는 시모노세키에서 나는 유서 깊은 일본의 명연으로, 조선 시대에도 수많은 문인들이 그것을 매우 선호한 기록이 있다.

짝 걷히었네. (曉向丹陽路, 雲開紫石屛)"라는 구절을 통해서도 짐작할 수가 있다. 고려 말기 김구용이 지은 두 편의 연시硯詩 가운데 위의 시를 제외하고 또 다른 한 편의 시 "강릉 염사 숙부께 벼루와 문어를 보내 주신 데 대해 감사하면서(寄江陵廉使叔謝石硯, 文魚)"도 우리나라 돌벼루의 역사에 대해 언급하고 있는데, 그 내용은 다음과 같다.

천 리 밖에서 향기로운 書筒이 왔는데 千里芳緘至,
푸른 바닷가에서 왔네 來從碧海涯。
열어보기도 전에 부끄럽기만 한데 未開先有愧,
읽고 또 읽고 어찌 회포가 없으랴 重讀豈無懷。
푸른 벼루 광채 나고 靑石光還潤,
문어는 더욱 맛나네 文魚味更佳。
그날의 일 생각해 보니 因思當日事,
곳곳에서 금비녀 여인에게 둘러 싸였네 隨處擁金釵。
옛날부터 풍악이 울리던 곳이 自古絃歌地,
지금은 전쟁터가 되었네 于今劍戟間。
강산은 응당 한이 있지만 江山應有恨,
인물은 한가롭지 못하네 人物不能閑。
봉화는 대궐에 전해지고 烽火傳金闕,
군대의 위용은 철관을 진동시켰네 軍容振鐵關。
멀리서도 알겠지, 좀도둑 잡은걸 遙知擒草竊,
서쪽으로 웃으며 임금님 뵙겠네. 西笑覲天顔。

-『惕若齋先生學吟集』, 卷之下, 詩

이 시는 숙부에 대한 김구용의 정과 지난날에 대한 감회가 잘 나타나 있다. 그런데 여기서 김구용이 강릉의 숙부로부터 선물로 받은 벼루는 자석연이 아니고 청석연이 다.[35] 요컨대 고려 시대 문헌에서는 한반도의 구체적인 벼루 산지에 대한 확실한 언급

---

35 강릉의 숙부가 보낸 이 청석연은 강릉 대도호부 소속 정선에서 나는 청석 벼룻돌일 가능성이 높다.

을 찾을 수가 없으며, 고문헌 시가의 기록에 따르면 당시에는 자석과 청석이 모두 사용되었을 것으로 생각된다. 따라서 우리나라 고문헌에 나타난 구체적인 벼루 산지에 대한 언급은 고려 시대가 아니라 조선 시대 전기부터 비롯된다고 할 수 있다. 단종 2년 1454년 조선 초기에 완성된 『세종실록지리지』를 보면 당시 한반도 팔도의 토산으로 벼루가 기록된 곳은 정선과 평창 단 2곳에 불과한데, 그 기록은 다음과 같다.

* 세종실록 153권, 지리지 강원도 강릉 대도호부 정선군 지리지
◎ 정선군旌善郡
푸른 돌[靑石]이 군郡 서쪽 20리쯤 되는 벽파산골[碧波山洞]에서 나며,【벼루를 만든다.】

* 세종실록 153권, 지리지 강원도 강릉 대도호부 평창군 지리지
◎ 평창군平昌郡
토산土産은 흰돌[白石]이 군郡 동쪽 6리 은탄촌동狄呑村洞 동향봉東向峯에서 나는데, 석등잔石燈盞을 만들며, 붉은 돌[紫石]이 군郡의 동쪽 18리 북곡리北谷里의 동구 도주道周 남향봉南向峯에서 난다.【벼루를 만든다.】

따라서 현재 고문헌을 통해 추적 가능한 한반도 최고最古의 벼루 산지는 강원도의 정선과 평창이며, 『세종실록지리지』가 조선 초기에 제작된 것임을 고려하면 고려 시대 한반도에서 생산된 벼루들도 정선과 평창에서 산출되었을 가능성이 매우 크다. 위 고려 시대 김구용의 시에서 그가 영월의 돌로 벼루를 만들어 정몽주에게 선사한 사실과 그가 강릉의 숙부에게서 청석의 벼루를 선물받은 내용과 『세종실록지리지』 강릉 대도호부에 기록된 정선군의 청석 벼룻돌과 평창군의 붉은 석연 산지 기록들을 대조해보면 강원도 정선과 평창 부근의 벼룻돌이 고려 시대에까지 거슬러 올라갈 가능성이 높다. 왜냐하면 영월, 평창, 정선은 서로 하나로 연결된 지역이며, 위 이색의 시에서 자석 병풍산이 펼쳐지는 충북 단양 특히 현재 단양 자석연의 산지인 단양군 영춘면 역시 강

원도 영월과 인접하고 있다.[36] 그런데 16세기에 나온『신증동국여지승람』[37]을 보면 영월은 벼룻돌에 대한 기록이 없고, 정선은 벽파산에서 청석이 난다고만 하였지 벼루석이란 말은 아예 없다.[38] 그리고 단양군은『세종실록지리지』와 같이 벼루에 대한 언급은 없고 좋은 먹의 산지라고만 되어있다. 반면 평창은 벼룻돌 산지에 대해 다음과 같이 비교적 자세한 기록이 있다.

신증동국여지승람 제46권 / 강원도江原道
평창군平昌郡
【토산】옥석玉石: 군의 서쪽 적암리赤巖里와 군의 동쪽 성마령星磨嶺에서 난다. 자연석紫硯石: 미탄현味呑峴에서 나는데 그 품질이 가장 좋다.

이상의 내용을 토대로 한반도 자석연 산지의 위치는 단양 북쪽 지역 영춘면에서 시작하여 영월을 거쳐 평창군의 남쪽 지구인 미탄면으로 이어지는 지역으로 파악될 수가 있다. 지도상에서 보듯 평창석 붉은 벼룻돌의 산지인 평창군 남쪽에 위치한 미탄면은 단양군의 벼루 산지인 북쪽의 가곡면·영춘면과 비록 영월군을 사이에 두고 있지만 대단히 근접해있어 이 지역의 돌들이 사실상 평창석과 거의 같은 계통인 동종동계同種同系임을 짐작할 수가 있다.

이 밖에도 한반도 자석연의 역사는 강원도의 평창 자석연이 그 시초라고 할 수 있는 문헌상의 기록도 있다. 일찍이 15세기에 해당하는〈조선왕조실록 단종 3년 을해

---

36 단양연은 남포연과 더불어 오늘날 남한을 대표하는 벼루로 현재 단양군 영춘면 산골에서 단양벼루장인 석천(石泉) 신명식(申明植, 1952-)과 그의 아들에 의해 4대째 명맥이 유지되고 있다.

37 『신증동국여지승람』은 조선 시대 1530(중종25)년에 왕명에 의하여 이행(李荇), 윤은보(尹殷輔) 등이 펴낸 인문 지리서로 전국을 도, 군별로 조복에 따라 서술하였으며, 지방 사회의 연혁, 성씨, 묘사(廟社), 풍속, 관부(官府), 토산, 인물 등 모든 면에 걸쳐 수록한 백과사전식의 서적이다.

38 평창의 자석벼루 산지는 더 개발되고, 정선 벼룻돌 청석 산지는 조선 중기 이후로 점점 퇴화하였음을 알 수 있다.

(1455) 윤 6월 2일〉의 기록에 의하면 "강원도 관찰사에게 중국 조정에 진헌할 자석연을 진상하게 하다"라는 기록이 있는데,[39] 여기서 말하는 자석연은 강원도 유일의 자석산지 평창석을 지칭하며, 이는 한반도 자석연의 구체적인 산지를 언급한 최초의 기록일 뿐 아니라 한반도에서 생산되는 벼루의 산지에 대한 최초의 언급이다. 이런 우수한 품질의 평창석에 대한 기록으로 성현成俔(1439-1504)의 「자석산 아래를 지나며(過紫石山下)」라는 귀중한 시도 있다. 이 시는 조선 초기 김종직金宗直(1431-1492)이 선천의 자석연을 찬미한 시와 함께 조선 초기 우리나라 벼루와 자석연의 역사에 관한 자료를 제공하는 매우 진귀한 기록이다.

그대는 보지 않았는가, 단계의 삼종이 모두 신품이어서 君不見端溪三種皆神品,
구욕새 눈(단계석에 있는 천연 돌 눈)이 번들번들 비단처럼 빛나는 것을 鴝眼晶熒爛如錦.
또 보지 않았는가, 청주의 소산(홍사석)이 가장 예쁘장하여 又不見靑州所産最多姿,
붉은 실 같은 돌결에 잔 물살이 이는 듯함을 紅絲理作含風漪.
금지와 흡령(중국의 벼룻돌들임)은 허랑한 이름뿐 金池歙嶺浪得名,
용미연·봉주연은 천하의 귀물 龍尾鳳咮誰重輕.
천금으로 사려고 해도 손에 넣기 어려운 것을 千金購求未易得,
기이한 것 자랑하느라 각기 야단이지만 誇奇衒異紛縱橫.
무엇보다 최고는 이 무릉도원 내성 백 리 사이에 宣如桃源榛城百里間,
공중에 솟은 산빛이 푸르고 가파른데 倚空山色靑巉岏.
산 위의 옥 같은 돌이 자색으로 엉기어 山頭玉骨正凝紫,
기름진 무리가 얼른얼른 말의 간 같은 것 腴紋隱暎如馬肝.
갈아내니 붉은빛이 되강오리의 피 같고 研磨幻出鸞鵜血,
찬란한 샛별처럼 빛이 방에 환하네 明星粲爛光照室.
해마다 공물로 상감님께 받들어 年年充貢奉至尊,
남은 것은 난파(옥당)의 붓을 적시네 餘波亦潤鑾坡筆.
산중의 조각조각한 건 까치런가 山中片片可抵鵲,

39 "승정원에서 교지를 받들어 강원도 관찰사에게 치서(馳書)하여 자석연(紫石硯)을 진상하게 하였으니, 이것은 대개 중국 조정에 진헌하려고 함이었다."-한국고전번역원 인터넷 자료.

흩어져 장안의 천만 집으로 散入長安千萬落.
문방의 애호가 여의주 같건만 文房護愛如藏珠,
농부들이 보면 자갈과 같네 農夫視之等沙礫.
누가 알리, 완고한 이 돌덩이(평창석)가 誰知頑然磅礴質,
도홍[40](벼루의 별칭)과 즉묵후[41](벼루의 별칭)의 일가인 것을 派接陶泓侯卽墨.
충량일동의 천만 가지 말들이 充梁溢棟千萬言,
이 덕택에 일일이 후세에 전하네 賴此一一垂無極.

　　　　　　　　　　　 － 성현, 「자석산 아래를 지나며(過紫石山下)」

단양군 지도와 자석연 산지 영춘면

40　도홍은 당나라 한유의 「모영전」에서 벼루를 칭한 말이다. 당시의 벼루들은 대개 와연(瓦硯)이 많았기에 붙여진 이
　　름이다. 나중에는 벼루의 별칭이 된다.

41　즉묵후는 당나라 문숭(文嵩)의 「즉묵후석허중전」에서 벼루를 사람으로 비유해 한 말이다. 문숭은 이 문장에서 벼
　　룻돌인 석허중을 높은 덕을 지녔다고 하여 즉묵대부로 추대한 것이다. 이로부터 사람들은 벼루를 즉묵후로 부른
　　것이다. 송나라 왕매(王邁)의 「제야세연시」에서도 즉묵후란 말이 나온다.

이 시는 평창 자석이 공물로 조정에 받쳐졌을 정도로 당시 품질이 매우 우수했음을 잘 말해주는데, 시 속에서 성현이 말하는 '무릉도원 내성楳城 백 리 사이'는 강원도 평창군 동쪽 17리에 있는 미탄현味呑峴을 말한다. 전술한 바대로『신증동국여지승람 · 평창군』에 의하면 평창군의 미탄현은 자연석紫硯石이 유명하다고 하였으며,『한국학대백과사전』국토지리고고國土地理考古에 의하면 평창군은 신라 때에 백오白鳥로 고쳐서 내성군奈城郡의 영현領縣으로 하였다고 하였으니 내성은 바로 평창의 옛 이름인 셈이다. 여기서 성현이 이곳의 자석연이 임금님에게 진상되었다고 극찬하고 있음은 평창연이 이미 전부터 상당히 유명하였음을 증명하고 있다. 비록 선천의 자석연도 조선 전기의 학자 김종직에 의해 찬미되었지만 김종직의 시가 위 조선왕조실록 단종 3년 을해년(1455) 이전에 지어졌을 가능성은 거의 희박하므로,[42] 강원도 평창의 자석연은 실록의 기록은 물론 시문의 기록으로 보더라도 한반도 최고의 역사를 지닌 벼루라고 결론지어도 무리가 없을 것이다. 그리하여 조선 전기 성종 때가 되면 성종대왕 본인이 한반도의 자석연이 중국 단계연보다도 그 품질이 더욱 우수하다는 시를 지으면서 우리나라 자석연은 크게 발전하는 국면을 맞이하였다.[43]

---

42 단종 3년인 1455년에 김종직은 불과 24세인데, 점필제 집 속의 그의 연시가 24세 전에 지어졌을 가능성은 거의 없다. 왜냐하면 김종직은 세조와 성종 때 관료로 세조 5년(기묘 1459년, 29세)에 비로소 방에 급제하여 승문원 권지부정자(承文院權知副正字)가 되었다. 또 시 속의 인물 겸선 홍귀달(1438-1504)도 1460년에 비로소 문과에 급제하였기에 위 시는 당연히 그 이후의 작품으로 생각된다. 홍귀달의 연보인 "허백정집속집허백정연보(虛白亭集續集虛白亭年譜)"를 보아도 그는 세조 8년 나이 25세에 승문박사(承文博士)가 되었다고 하며, 당시 김점필재(金佔畢齋), 조매계(曹梅溪), 성용재(成傭齋) 등과 친해 사군자(四君子)로 칭해졌다고 하는데, 허사악(許士諤)이 선주의 석연을 그에게 주려고 한 것을 점필재가 그것을 가로챈 것도 이때의 일이라고 하니, 이 시는 적어도 1463년 이후에 지어진 것이 확실하다.

43 조선 역대 국왕의 시문집인『열성어제(列聖御製)』성종대왕 편에는 다음과 같은 시가 있다. "자색 벼루가 단계 벼루보다 좋은데 / 옥골에 쇳소리가 나네 / 돈을 줘도 살 수가 없고 / 다 갖추어 형용하기 어렵네 / 물 부으면 노을처럼 깨끗하고 / 붓 놀리면 달빛처럼 선명하네 / 보배로 역사에 빛나서 / 천년토록 좋은 이름 진동하리. (紫硯勝端石, 金聲玉骨生. 費錢沽不得, 求備妙難形. 吐水霞光淨, 揮毫月影明. 稱珍照簡册, 千載動佳名.)"-『열성어제(列聖御製)』, 제5권 성종대왕(成宗大王).

따라서 고문헌에 나타난 우리나라 최초의 벼루는 평창자석연임에는 이견의 여지가 없다. 평창자석연 다음으로 오랜 역사를 지닌 우리나라의 벼루는 역시 자석연인 선천 자석연이다. 앞에서 언급한 바와 같이 김종직이 선천자석연을 노래한 시「사악이 바로 전에 의주에서 와서 선천 돌벼루를 겸선에게 주려고 하거늘 내가 앗아 가지고 시로써 겸선에게 사례하다」는 1462년 이후에 지어졌다고 볼 수 있어 1455년에 이미 진상품으로 지정된 평창자석연에 비하면 다소 늦지만 거의 동시대인 셈이다. 여기서 김종직이 칭송한 선천자석연은 '쇳소리(金聲)'가 나는 점이라든지 '녹석보다 훨씬 나아(大勝綠石)'라는 시구로 미루어보아 이는 아마도 우리가 잘 아는 관서 지역의 위원석 계통의 벼루로 생각된다. 위원석은 자석과 녹석이 모두 있을 뿐 아니라 석질이 단단해 만지면 쇳소리가 느껴지기 때문이다. 그리고 평안북도의 강남산맥, 적유령산맥은 동서로 펼쳐져 위원과 희천, 선천과 곽산이 사실상 같은 산맥 지대에 있어 이곳의 벼룻돌들은 거의 동종동계로 생각된다. 이를 증명이라도 하듯 조선 전기의 문신 박상朴祥(1474-1530)의 「선천자석연가宣川紫石硯歌」(『눌재선생집訥齋先生集』 권2, 칠언고시)는 김종직 이후 선천자석연에 대한 고문헌상의 두 번째의 기록이자 선천자석연이 바로 우리가 잘 아는 위원자석연과 같은 계통임을 짐작하게 한다. 왜냐하면 이 시에서 박상은 선천자석연을 "압록강"의 "옥 같은 위수(渭水, 즉 渭原江)의 골격"을 지니고 있다고 하였으니,[44] 이는 바로 조선 후기에 본격적으로 등장하는 '위원연'의 등장을 예고하는 말이다. 즉 선천자석은 위원자석의 원조였음을 뜻한다. 또 위의 시 서문에는 김성지金成之(1492-1551, 이름은 就成)가 의주義州를 떠나면서 선천의 자석연을 얻었는데, 거기에는 매화와 대나무가 서로 어우러진 조각이 아름다웠다[45]고 한 것으로 보아 선천자

---

44 "鴨江晝昏無日車(압록강은 낮에도 어두워 해가 사라지네)", "琅玗淸骨補精彩(옥 같은 위수의 골격은 정채롭고)" 등의 시구가 그러하다.

45 서문의 내용은 다음과 같다. "김성지가 의주에 출진했다가 선천의 자줏빛 벼루를 얻었다. 벼루에는 매화와 대가 섞여 새겨졌는데 만든 기술이 아주 세련되었다. 이로 인해 성균관 학유 南赾가 시와 함께 부쳐 보냈다. 그때에는 상중

석연은 매죽문으로 대표되는 그 유명한 '매죽문위원일월연' 계통의 벼루일 가능성이
크다.

　고문헌상으로 선천자석연 다음으로 오랜 역사를 자랑하는 벼루는 안동자석연이다.
안동자석연에 대한 기록은 비교적 많은데, 그 가운데 최고의 기록은 조선 중기의 문인
송인宋寅(1517-1584)이 『이암유고頤庵遺稿』에서 친구에게 주자의 글 "學求聖賢, 鳶
飛魚躍"과 안동자석연을 선물받고 그 여덟 글자에 운을 맞춰 사례한 내용의 시이다.[46]
그 후에도 곽진郭嶱(1568-1633)의 『단곡집丹谷集』에 "이제미의 마간석 벼루 선사를
감사하면서(謝李濟美送馬肝石硯)"라는 시가 있고, 이식李植(1584-1647)의 『택당집
澤堂集』에도 "안동의 박사군에게 사례하며 대석연가를 지어 부치다(謝安東朴使君寄
大石硯歌)", 권극중權克中(1585-1659)의 『청하집青霞集』에도 "안동자석연가安東紫
石硯歌"가 있다. 이 밖에도 이민성李民宬(1570-1629)의 『경정집敬亭集』에는 "연공
황영청이 내가 얻은 연재가 화산에서 가장 뛰어난 양간석이라고 칭하며 몇 점을 제작
하여 손수 석품을 품하니 모두가 대단히 절묘하다고 하여 이를 시부로 지어 줌(硯工黃
永淸稱, 余所得硏材, 甲於花山之羊肝石, 遂製數面手品石品, 俱爲奇絶, 賦此以贈之.)"이
라는 시가 있고, 이안눌李安訥(1571-1637)의 『동악집東岳集』 「단주록端州錄」에도 당
시 홍문관에 있던 벼루가 왜란 때에 소실되어 안동부사 홍리상이 안동의 큰 돌벼루로
대체했다는 내용도 있다. 따라서 안동 자석연은 조선 중기부터 후기까지 꾸준히 우리

이라 시를 짓지 못해 보답하는 시를 주지 못했다. 상을 치르고 조정에 돌아오니 김성지가 또 진남의 수령이 되었다.
(金成之出鎭義州, 得宜川紫石硯, 梅竹交根, 制極工, 因南學諭趑, 并詩以寄. 當時在艱棘, 不可吟韻, 不果報, 卒喪還朝,
則成之又按鎭南.)"- 한국고전번역원.

46 『頤庵先生遺稿』, 권2, "李僉正楨剛而以朱晦庵先生書學求聖賢鳶飛魚躍八大字及花山紫石硯見乃以其八字, 分韻作
詩. - 澡身如雪白, 立志如石確. 斯人世無多, 不負爲己學. 任滿歸貨渠, 曾見此倅不. 君淸畏人知, 矧肯從彼求. 矮屋陋
不堪, 公退猶諷詠. 誰知方寸地, 對越前後聖. 晦庵百世師, 筆迹存儼然. 伊誰壽諸梓, 惓惓篤懷賢. 堂堂八大字, 奎璧光
屬聯. 丁寧際學者, 妙趣求魚鳶. 熒熒紫玉硯, 几案生光輝. 只嫌下筆拙, 欠却雲煙飛. 珍重荷相贈, 匪報以瓊琚. 還忍懷
璧災, 況兼熊掌魚. 一室滿圖書, 此中有餘樂. 但爲薄技使, 何殊冶金躍."

158　벼루 - 벼루의 인문가치와 한국 벼루의 수집과 연구

나라 자석연 벼루의 중심이 되었음을 알 수가 있다.[47]

안동자석연 다음으로 고문헌에 등장하는 자석연은 오늘날 우리나라에서 가장 아름다운 벼루로 간주되는 위원자석연이다. 전술한 바대로 위원자석연의 전신은 조선 전기부터 유명하였던 선천자석연이다. 그러나 고문헌에서 가장 먼저 등장하는 '위원자석연'이란 명칭은 조선 중후기 신익성申翊聖(1588-1644)의 『낙전당집樂全堂集』속의 기록이다. 여기서 신익성은 임금의 사위인 부마로서 당시 유명한 공물 벼룻돌을 눈여겨보았는데, 그 가운데 명품으로 안동, 고원, 희천, 위원, 풍천, 남포 산지의 벼루들을 꼽았다.[48] 여기에는 선천의 자석연이 없고 그 자리에 위원석이 끼어들었다. 이는 위원연이 당시 관서 지역의 최고 품질의 벼루로 부상하였음을 말해준다. 그 후에도 위원연에 대한 찬사는 계속 이어져 이인상李麟祥(1710-1760)의 「윤자목의 위원자반석연명(尹子穆渭原紫斑石硯銘)」, 이인행李仁行(1758-1833)의 『신야집新野集』을 비롯해 조선 시대 대표적인 벼루 연구가 유득공柳得恭(1748-1807), 성해응成海應(1760-1839) 등도 위원연의 품질을 인정하였으며,[49] 그 외, 조선 후기 김매순金邁淳(1776-1840)의 「위연명渭硯銘」, 정원용鄭元容(1783-1873)의 「위강연명渭江硯銘」에서도 위원연에 대한 기록들이 나타나면서 위원연은 선천연을 대신해 관서지방 벼루의 총아로 자리를 굳히게 된다.

---

47 최병규, 「안동의 벼루」, 『영남학』, 경북대 영남문화연구원, 2009, 440-444면 참고.

48 『樂全堂集』, 권9, 尺牘「寄晉龜兩甥」, "舅自幼少, 粗解操筆. 且早通禁籍, 叨恩數. 凡有四方貢獻, 或蒙嘏賜, 遍得我國産硯衆品, 如安東, 高原, 熙川, 渭原, 豐川, 藍浦者, 皆各有一長. 安東馬肝雖良, 難得眞. 水沈得之, 亦多玷缺. 青色頗佳. 高原數品, 發墨華, 而非九龍産, 水易涸. 豐川剛而滑, 磨研不易, 其紫色者稀貴. 熙, 渭大略相似, 撥墨較快, 使毫易禿. 唯藍産諸品皆佳, 要非深入地底者, 病水乾, 傾年堂兄爲縣, 送大小四五, 而花草一片最美, 與玄洲分一半, 作池受之, 不減銅雀瓦. 蓋其撥墨如九龍, 而尤細滑不滯, 無乾涸之疵. 失於丁卯之變, 每握管, 輒思之不能忘, 微物之爲累也. 汝家藍莊, 距硯地幾에何遠耶? 爲老夫得地底丈許者一片見貽否? 吳已病矣, 朝夕不相期, 又有外虞, 而尙求閑物, 必以爲迂. 幸不死於病與寇, 則生前要用也. 爲爾縷縷, 且論硯品, 欲使甥輩知之."

49 『研經齋全集』, 권12, 文, "渭原石, 青者似歙石, 紅者似端石, 然紋理少龘. 佳品常在積水中, 用人力甚衆乃可得."

위원자석연 다음의 역사를 지닌 벼루는 충북 진천의 자석연인데, 조선 중후기 남구만南九萬(1629-1711)이 충북 두타산의 진천 자석벼루를 칭송한 시「진천 두타산에서 나는 붉은 벼루가 작으면서도 매우 아름다웠다(鎭川頭陀山紫石硯小而甚佳)」(『藥泉集』第一)는 고문헌에 나타난 상산常山(진천의 고명) 자석연 최고의 기록이다. 여기서 남구만은 상산 자석연을 임금님이 인정한 벼루로 조선 후기 당시 우리나라 최고의 명성을 차지하였다고 칭찬하였다. 상산자석연은 그 후에도 조선 후기의 문신 신위申緯(1769-1845)의『경수당전고警修堂全藁』, 이유원李裕元(1814-1888)의『가오고략嘉梧藁略』과『임하필기林下筆記』제34권「화동옥참편華東玉糝編」중 "동방의 옛 기물(東方古器)"이란 문장에도 보인다. 특히 신위의『경수당전고』에는 자신의 서재에 있는 귀품들을 노래하면서 그 가운데 강희康熙 어명御銘의 송화석연松花石硯, 백제와연百濟瓦硯, 적간관어연赤間關御硯 등의 벼루들과 함께 '작천석연鵲川石硯'을 언급하였는데, 여기의 작천석연에 대한 기술[50]에서 남구만의 두타산 자석연 시를 인용하였으니 작천석연은 바로 두타산의 상산 자석연의 별칭임을 알 수가 있다. 또『경수당전고』에는 신위가 음성으로 부임한 성해응에게 작천석 연재를 요구한 일과 성해응이 그에 응답한 내용의 시들[51]로 보아 작천은 음성의 고명으로[52] 작천석연은 바로 진천, 음성에서 나는 연재임을 짐작할 수 있다. 그러나 조선 후기 우리나라 벼루 산지에 대한 대표적인 기록인 이규경李圭景(1788-?)의『오주연문장전산고五洲衍文長箋散稿』, 유득공의『영재집泠齋集』, 서유구徐有榘(1764-1845)의『임원경제지林園經濟志(별칭 林園十六

---

50 『警修堂全藁』, 册7, 齋中詠物 30首, "鵲川石硯" - 物亦有遭遇, 紫雲驚內府, 嗟哉鵲川石, 以余爲初祖, 藥泉南相公九萬鎭川頭陀山紫石硯詩曰, 聞昔韓生得鎭石, 一卷携入紫宸中. 重瞳鑑別親題品, 聲價居然冠海東, 韓生盖指石峯也."

51 『警修堂全藁』, 册3, 「次韻成陰城 海應 乞鵲川石硯材詩, 戱成贈答」, "贈硏」郡產天然硏, 深慙養不材. 署廰從謹批, 揮翰乏珍瑰. 墨瀋時堪翫, 羅文手自裁. 乃今非汝負, 屬草賦歸來.", "硏答」天生石而已, 人用硏爲名. 婌嬨圖書內, 發皇文字精. 沉泥甘自棄, 英眄一何榮. 與子長親近, 磨穿覺命輕."

52 조선 시대의 鵲川은 충북 음성 외에도 관서의 해주와 호남 지역에서도 보인다.

志)』, 성해응의 『연경재전집硏經齋全集』 등에서는 그 기록이 없는 것으로 미루어 상산 자석연은 그 후 사라졌거나 아니면 당시 잘 알려지지 않은 귀한 자석연이었을 것으로 생각된다.

이 밖에도 우리나라 자석연은 곽산, 희천, 고령, 언양 등과 같은 순수한 자석연 산지 외에도 종성과 같은 오석과 자석이 동시에 생산되는 곳도 있었음[53]을 『경도잡지京都雜志』, 『임원경제지』, 『규합총서閨閤叢書』, 『오주연문장전산고』, 『연경재전집』 등을 통해 확인되며, 그 가운데 곽산자석연에 대한 기록은 매우 일러 조선 전기 문신 이행李荇 (1478-1534), 윤은보尹殷輔(1468-1544) 등이 『동국여지승람』을 증수하여 1530년에 편찬한 지리서 『신증동국여지승람』에서도 보인다.[54] 그리고 다음으로 오래된 것은 희천자석연에 대한 기록으로 최고 기록은 전술한 조선 중후기 신익성의 『낙전당집』 속의 기록이다. 여기서 그는 "희천과 위원의 것은 대략 비슷하여 발묵이 비교적 경쾌하나 붓이 문드러지기 쉽다[55]"라고 하였다. 그런데 『신증동국여지승람』 제53권 평안도 선천군宣川郡 조항에는 "자연석紫硯石이 선천군의 동쪽에 있는 다미리多米里에서 나온다"라고 하였고, 『신증동국여지승람』 제53권 평안도 선천군에 대해 『대동지지』에는 속읍으로 선천, 철산, 용천, 곽산, 정주, 가산, 박천, 영변, 태천, 귀성 등이 있다고 하였으니, 곽산의 벼루는 선천의 벼루와 동종이라고 해도 무방할 것이다. 그러므로 곽산자석연에 대한 당시 문인들의 기록은 찾아보기가 매우 어렵고 모두가 선천자석연으로 통칭하였던 것이다. 이는 위원자석연의 아류인 희천의 자석연도 마찬가지였다. 따라서 곽산자석연은 선천자석연과, 그리고 위원자석연은 희천자석연과 함께 발전하였다고 볼 수 있다.

---

53 趙根(1631-1690)의 『損庵集』 서문에는 柳希春(1513-1577)이 이 고을에 좌천되었을 때 그곳 태수가 종성자석연 벼루를 주었다고 하였는데, 그렇다면 조선 중기에 이미 종성연이 생산되었음을 말해준다.

54 『신증동국여지승람』 제53권/평안도/"郭山郡【토산】 紫硯石 宣沙浦에서 난다." 참고.

55 『樂全堂集』, 권9, 尺牘「寄晉龜兩甥」, "熙, 渭大略相似, 撥墨較快, 使毫易禿."

그리고 우리나라 자석연의 발전사에서 특히 주목할 점은 조선 시대 그 어떤 고문헌에도 오늘날 우리나라 자석연을 대표하는 단양연에 대한 기록이 전무하다는 것과 현재 우리가 말하는 위원연은 관서지방 자석연의 통칭이라는 사실이다. 따라서 단양연은 단양자석벼루 장인 신명식의 증언[56]과 같이 일제강점기 전후에 생긴 이름으로 그 이전에는 '단양연'이란 독립적인 이름이 없고 평창자석연에 속했을 것으로 생각된다. 이는 선천을 비롯해 곽산, 희천 등지의 유서 깊은 관서의 자석연 산지들이 서서히 사라지면서 나중에 출발한 위원자석연이 관서 자석연의 대표로 급부상한 것과도 같다. 왜냐하면 전술한 바대로 평창자석연 광맥인 평창군 남쪽의 미탄면은 오늘날 단양군의 벼루 산지인 북부 지역의 가곡면, 영춘면 등과 매우 인접하여 이들 산지의 벼룻돌들이 사실상 같은 광맥의 평창계 자석연의 산지이며, 관서 지역 자석 산지인 선천석, 곽산석, 위원석, 희천석도 사실 동종동계이기 때문이다.

자석연에 이어 우리나라 청석연[57]의 역사에서 뺄 수 없는 벼루가 바로 남포연이다. 충남 보령의 검은 돌벼루인 남포연은 우리나라 청석연의 대표이자 한국을 대표하는 벼루라고도 할 수 있을 만큼 흔하고도 유명한 벼루이다. 그러나 고문헌에 나타난 남포연의 역사를 살펴보면 남포연이 본격적으로 사람들로부터 사랑을 받게 된 것은 조선 후기부터다. 이는 우리나라 자석벼루들과 비교해 시대적으로 많이 뒤떨어진다. 문헌상으로 볼 때 선천이나 평창의 자석연들이 조선 초기에 이미 문사들의 입에 오르내

56　단양자석연에 대한 단양벼루장인 신명식의 증언에 의하면 단양자석연은 일제강점기 때 일본인들이 광맥을 발견하여 신명식의 부친 등이 벼루 만드는 작업에 동원되었다고 하며, 그 후 자신과 형제들이 현지 노인들의 증언을 토대로 가곡면 향산리 주변을 탐색한 끝에 일제강점기 때의 자석 광맥을 찾아내어 전국에서 유일하게 자석 광업권 등록까지 마쳤다 한다. 이에 대해서는 〈인터넷 자료 충청북도 문화재연구원〉 참고. 따라서 단양자석연은 평창자석연 광산의 지맥에서 채굴된 벼룻돌로 볼 수 있다.

57　청석연이란 검은색 계통의 벼루를 지칭하는데, 옛사람들이 말하는 청색은 회청색이나 군청색 등과 같이 거무튀튀한 색을 두루 지칭하는 말이다.

렸던 반면 남포연은 조선 후기에 해당하는 숙종 이후 17, 8세기에 비로소 사람들이 그 우수성에 대해 글을 남겼기 때문이다. 문헌상으로 가장 일찍 남포연을 찬미한 것은 숙종과 영조 연간 이하곤李夏坤(1677-1724)의 「죽엽석연명竹葉石硯銘」이란 제목의 연명에서부터다. 이 문장에서 이하곤은 남포연이 지닌 석질의 우수성을 찬미하면서 그런 빼어남을 지니고도 아직 사람들로부터 널리 인정받지 못하고 산중에 묻혀 지내는 남포연의 운명과 덕성을 칭찬하고 있다. 그 후 18세기 중반쯤에 이르면 남포석이 더욱 유명해져 이제 사람들이 가장 귀중하게 여기는 조선의 벼루로 간주했음을 알 수가 있는데, 이는 남유용南有容(1698-1773)의 연명 「태화고연명太華古硯銘」을 통해 알 수가 있다. 또 18세기 후반에 지어진 신경준申景濬(1712-1781)의 「사물명四物銘」 중의 「고비벼루명(蕨硯銘)」 문장을 보면 남포연은 당시 이미 천하에 이름을 떨쳤으며, 특히 남포화초석이 더 유명했음을 알 수가 있다. 그리고 위의 문장에서 절찬한 '남포고비연'이 조선 중기 김남창金玄成(1542-1621)이 가지고 있던 벼루라고 하였으니 남포벼루는 적어도 17세기 초반에 해당하는 조선 중기 이전에 제작된 것임을 알 수도 있다.

따라서 문헌상으로 보면 남포연은 조선 중기 이후부터 유명해져 조선을 대표하는 최고의 벼루로 군림했지만, 사실 남포연이 제작된 것이 조선 중기부터라고 말할 수는 없다. 왜냐하면 전세하는 출토품들을 통해 남포연은 그보다 훨씬 이전부터 생산되었음을 알 수가 있기 때문이다. 현재 출토유물들을 통해 보면 남포벼루는 일찍이 백제 시대부터 시작하여 고려 시대에 걸쳐 사용되었으리라 추정하는 이도 있다.[58] 그런데도 남포연이 다른 자석벼루들보다 늦게 문사들의 주목과 예찬을 받은 것은 아마도 색깔이 문제였다고 볼 수 있다. 예로부터 자주색은 검은색과는 달리 고귀함과 존엄함의 상징이었기에 검은색보다 사람들이 선호하였다. 이런 현상은 전술한 바와 같이 중국의 경우도 마찬가지였다. 가장 중국을 대표하는 두 종류의 벼루 가운데 검은색의 흡주석

---

58 손환일의 『한국의 벼루』 16-53쪽 사진과 281쪽 참조.

이 자주색의 단계석보다 먼저 세상에 알려졌지만 사람들이 단계연을 훨씬 더 좋아하는 것도 자주색이 지닌 이런 의미성도 크게 작용하였다고 할 수 있다. 또 다른 이유라면 남포연은 그 수량이 너무 많아 사람들이 흔하게 생각하는 경향도 있었으며, 또 석질의 우열도 심해 실제 좋은 것은 중국의 흡주연을 능가하지만 나쁜 것은 대단히 무르고 거친 것도 많았다. 그러기에 가장 흔한 것도 남포석이요, 가장 귀한 것도 남포석이란 말이 나온 것이다.

요컨대, 고문헌의 기록을 통해 본 우리나라 벼루의 역사는 조선 전기 강원도 평창과 평안도 선천에서부터 시작하여 조선 중기에 이르면 안동의 자석연과 곽산의 자석연이 이에 합세하여 유명해지기 시작하였다. 왜냐하면 조선 중기인 1530년에 편찬한 『신증동국여지승람』에 등록된 조선 시대 벼루 산지는 평창, 선천, 곽산, 안동 네 자석연이지만 그 가운데 평창은 일찍이 조선 초기에 지어진 『세종지리지』에도 등록되었기에 그 역사가 가장 깊다. 그리고 선천은 이미 고문헌 시를 통해 평창과 근소한 차이로 그 연대가 높음이 증명되었다. 곽산과 안동 자석연의 역사는 『신증동국여지승람』에 등록된 까닭으로 1530년 이전으로 거슬러 올라갈 수 있지만 그 외의 고문헌 기록을 찾을 수가 없어 조선 중기로 판단된다. 그 후 조선 시대 중후기에 이르면 관서 지역의 벼루는 선천과 곽산의 자석연들이 쇠퇴하고 그 대신 위원과 희천의 자석연이 그 자리를 대신하게 되었으며, 그 후 조선 후기에 이르면 상산의 자석연도 더해지면서 조선 시대 자석연의 발전을 이어갔다. 그러나 현재 우리나라를 대표하는 자석연은 고문헌에 등록되지 않은 단양의 자석연인데, 단양은 전술한 바대로 영월을 거쳐 평창과 이어지는 동종동계의 자석연 산지이므로 단양 자석연은 조선 시대 평창자석연을 계승한 것이라고 보아도 무방할 것이다.[59] 자석연 외에 오늘날 우리나라 벼루를 대표하는 검은 빛 벼루

---

59 충북의 단양자석연이 평창자석연을 이어 오늘날까지 지속되는 것처럼 충북의 진천의 상산자석연도 현재 조선 시대의 유풍을 이어가고자 노력하고 있는 몇몇 뜻있는 장인들에 의해 계승되고 있다.

청석연인 남포연도 17세기 초반에 해당하는 조선 중기 이전에 제작된 것임을 알 수 있는데, 이는 위원연이나 희천연 등의 자석연들과 동시대라고 할 수 있다.

우리나라 벼루의 역사에 이어 고문헌을 통해 본 우리나라 벼루들의 구체적인 산지에 대해 살펴보기로 하자. 고문헌에 기록된 우리나라 벼루 산지에 대한 기록은 조선 후기에 지어진 『경도잡지』·『임원경제지』·『규합총서』·『오주연문장전산고』등에 산재하고 있지만,[60] 그 외에도 『연경재전집』·『해동역사』등의 서적에서도 소개하고 있다. 그 가운데 유득공(1748-1807?)의 『경도잡지』, 서유구(1764-1845)의 『임원경제지』, 성해응(1760-1839)의 『연경재전집』, 이규경(1788-1856)의 『오주연문장전산고』등이 비교적 상세한 편이고, 한치윤韓致奫(1765-1814)의 『해동역사』[61]와 빙허각憑虛閣 이씨李氏(1759-1824)의 『규합총서』[62]에서는 아주 간략하게 기술하고 있다. 유득공은 『경도잡지』「문방」에서 한국 벼루에 대해 언급한 바가 있으며,[63] 『영재집』에서는 자신이 소장한 벼루 10方에 대해 명문銘文을 남겼지만, 그의 기술은 너무나 간략하다. 반면 그보다 10여 년 아래인 서유구가 말년에 지은 『임원경제지』속 「동국연품東國硯品」에서의 기술은 비교적 상세하지만 그도 밝혔듯이 그의 기술은 유득공의 『동연보東硯譜』에서 발췌했다. 서화 골동에 대한 취미가 남달랐던 성해응은 『연경재전집』에서 우리나라의 벼루들의 산지별 특성과 우열에 대해 꽤 자세히 서술하였지만 그의 벼루

---

60 김삼대자 등, 『문방 제구』, 국립중앙박물관, 1992, 195면.

61 한국고전번역원, 한치윤, 『해동역사』제27권, 물산지 2, 문방류, 벼루 조. "살펴보건대, 우리나라의 벼루로는 藍浦의 烏石, 關西의 紫石, 北道의 靑石이 모두 이름이 칭해진다."

62 빙허각 이씨는 『규합총서』「문방도찬」에서 조선의 벼루로 남포연을 최고로 쳤고, 「팔도소산」에서는 벼룻돌로 남포석, 곽산석, 안동석, 해남석, 종성석, 좌수영석, 평창석, 부산석 등을 언급하였다.

63 한국고전번역원, 『京都雜志』「文房」, "붓은 족제비 털로 만든 黃鼠狼尾筆, 종이는 雪花竹淸紙, 먹은 해주에서 만든 油煤墨, 벼루는 藍浦에서 나는 烏石硯을 제일로 친다. 근래는 渭原에서 나는 紫石硯을 많이 사용한다. (黃鼠狼尾筆, 雪花竹淸紙, 海州油煤墨, 藍浦烏石硯爲佳品. 近頗用渭原紫石硯.)"

품평은 서유구의 『임원경제지』 속 「동국연품」의 내용과 완전히 동일하다. 따라서 서유구와 성해응의 벼루에 대한 기술은 모두 유득공의 『동연보』의 내용을 답습하였다고 볼 수 있다. 그러나 현재 『동연보』의 실체를 볼 수 없으니, 성해응의 『연경재전집』 속 「연보硯譜」가 가장 상세한 자료라고 할 수 있다. 성해응은 이 책에서 남포석을 비롯해 위원석, 고령석, 평창자석, 풍천석, 안동마간석, 종성아란석, 갑산무산석 등에 대해 비교적 자세히 기술하고 있다.[64]

유득공보다 40년 뒤에 출생한 이규경의 『오주연문장전산고』 「연재변증설」에는 우리나라 벼룻돌에 대해 더욱 자세히 설명하고 있다. 그러나 그 내용은 대체로 서유구나 성해응의 기록과 대동소이한데, 다만 안동벼루에 대한 평가가 절상되고, 벼루 산지로 곽산석(자연석), 희천석, 고원석, 파주석(오연석, 화초석), 장연석(오석) 등 몇 군데가 추가되었다.[65]

요약건대 고문헌에 나타난 우리나라 벼루 산지는 유득공의 『경도잡지』에서는 남포연과 위원연이 있다고 하였으며, 서유구의 『임원경제지』 「동국연품」과 성해응의 『연경재전집』 「연보」에서는 남포석, 위원석, 고령석, 풍천청석, 안동마간석, 종성석, 갑산석, 무산석 등을 열거하였다. 그리고 『오주연문장전산고』 「연재변증설」에서는 남포석과 안동마간석을 중심으로 『임원경제지』 등에서 말한 산지 외에도 곽산석(자연석), 희천

---

64 成海應, 『研經齋全集』卷1, 권도홍, 『文房淸玩』, 대원사, 2006, 206-207면, "藍浦石甚佳, 金絲紋爲上, 銀絲紋次之, 花草紋差, 硬滑不拒墨, 溢不滯墨者爲可. 盖石理䃤則墨色濁, 石理硬則墨色淡. 惟滎潤纖膩者墨相得. 今街肆村塾所用, 無非藍産. 故人不甚貴, 然其佳品不讓端. 亦有子石及鸜鴒眼者, 顧稀貴難得. 渭原石, 青者似歈石, 紅者似端石 ……"

65 이규경, 『오주연문장전산고(하)』, 동국문화사, 1959, 132~133면, "我東出硯處. 藍浦保寧烏硏石花草石爲國之最佳者. 亦有名於中國而我人不知也. 安東九龍山水沈馬肝石爲次. 高靈硏石, 微澁枯淡無光氣. 平昌紫硏石頗佳, 亦有花草紋. 豐川青硏石甚細, 且䃤如瓦. 鍾城紫硏石烏硏石品佳, 而其中鵝卵石出五龍川, 品近東硏. 渭原硏石亦有花草. 甲山茂山硏石亦好. 熙石硏石䃤硬. 郭山紫硏石稍佳. 高原硏品亦好. 坡州牧巔山名馬山頂平微凹作池, 其中産烏硏石. 間有花草石品佳. (以尹氏祖山祖脈, 不致采出.)長淵長山串阿郞浦諸處, 海浦及海底出烏眥硏石. 金線紋成物象, 而得水沈者乃佳. (海菡巖上有古人所鑿池, 凹心研者十餘座, 佳品.)"(「硯材辨證說」, 人事篇, 器用類 文具)

석, 고원석, 파주석(오연석, 화초석), 장연석(오석) 등이 추가되었고,『규합총서』의「팔도소산」에는 조선의 벼룻돌 산지로 남포석(오석, 화초석), 곽산석(채연석), 안동석(마간석), 해남석(화반석), 종성석, 좌수영석(화반석), 평창석, 부산석(마뇌석) 등을 언급하였다.

그러나 18-19세기 조선 후기에 비로소 작성된 벼루 산지에 관한 이런 전문적인 기록 외에도 우리나라 최고의 지리지인 조선 전기의『세종지리지』와『신증동국여지승람』, 그리고 조선 말기 김정호의『대동지지』, 거기다가 1656년에 지어진 류형원의『동국여지지』등에 기록된 한반도 각 지역별 토산품에 기록된 벼루의 산지에 대한 흔적들도 놓치지 않고 모두 발췌해서 한반도 벼루 산지를 정리해보면 다음과 같다.

*평창군平昌郡
-세종실록지리지 및 신증동국여지승람 제46권 / 강원도江原道, 동국여지지 卷七 / 강원도 평창군
【토산】옥석玉石 군의 서쪽 적암리赤巖里와 군의 동쪽 성마령星磨嶺에서 난다. 자연석紫硯石 미탄현味呑峴에서 나는데 그 품질이 가장 좋다.
《대동지지大東地志》
【토산】자연석紫硯石

*선천군宣川郡
-신증동국여지승람 제53권 / 평안도平安道, 동국여지지 卷九 평안도 선천군
【토산】자연석紫硯石 군의 동쪽에 있는 다미리多米里에서 나온다.
《대동지지大東地志》
【토산】자연석紫硯石

*곽산군郭山郡
-신증동국여지승람 제53권 / 평안도平安道, 동국여지지 卷九 평안도 곽산군
【토산】자연석紫硯石 선사포宣沙浦에서 난다.
《대동지지大東地志》

【토산】 자연석紫硯石 - 선사포 서남 32리에 있다. 지금은 철산으로 옮겼다. (宣沙浦在西南三十二里今移在鐵山)

* 위원군渭原郡
- 신증동국여지승람 제55권 / 평안도平安道
【토산】 벼루 조항 무
《대동지지大東地志》
【토산】 연석硯石 - 발묵이 비교적 빨리 되지만 붓털을 쉽게 빠지게 함(潑墨較快使毫易禿)

* 회천군熙川郡
- 신증동국여지승람 제54권 / 평안도
【토산】 벼루 조항 무
《대동지지大東地志》
【토산】 벼룻돌[硯石]

* 종성도호부鍾城都護府
- 신증동국여지승람 제50권 / 함경도咸鏡道
【토산】 벼루 조항 무
《대동지지》
【토산】 연석硏石 - 자색의 돌이 아름답다. 오연석과 아란석은 오룡천에서 나오는데 극히 아름답다. (紫色者佳烏硯石鵝卵石出五龍川極佳)

* 무산茂山
《대동지지大東地志》
【토산】 연석硯石

* 갑산甲山
《대동지지大東地志》
【토산】 연석硯石

* 장연長淵

《대동지지大東地志》
【토산】연석硯石 - 장산곶 바닷속(長山串海中)

*풍천豐川
《대동지지大東地志》
【토산】연석硯石

*안동대도호부安東大都護府
－신증동국여지승람 제24권 / 경상도慶尚道
【토산】자석紫石 독천禿川에서 나오는데, 벼루를 만들 수 있다.
《대동지지》
【토산】벼룻돌(硯石) - 구룡산 및 독천에서 나는데, 물에 잠긴 것은 아름다우며 마간석이
라고 일컫는다. (産九龍山及禿川沈水者佳謂之馬肝石)

*고령현高靈縣
－신증동국여지승람 제29권 / 경상도慶尚道
【토산】무
《대동지지》
【토산】벼룻돌(硯石)

*남포현藍浦縣
《동국여지지》卷三 / 忠淸道
【토산】青石硯, 聖住山出。
《대동지지》
【토산】벼룻돌(硯石) - 성주산의 서쪽에서 나는데, 색이 검은 것이 품질이 좋다. (出聖住山
之西色烏品佳)

*진천현鎭川縣
《동국여지지》卷三 / 忠淸道
【토산】돌벼루(石硯)
《대동지지》
【토산】무

*해남海南

《대동지지大東地志》

【토산】백옥석白玉石, 화반석花斑石

이를 바탕으로 우리나라 벼룻돌의 산지를 정리하면 검은색 계통의 청석 내지 오석 계통으로는 종성석, 무산석, 갑산석, 고원석, 풍천석, 파주석, 남포석 등이 유명하였고, 자석 계통은 위원석, 종성석, 희천석, 선천석, 곽산석, 평창석, 단양석, 진천석, 도안석, 안동석, 고령석, 언양석 등이 유명하였으며, 그 외 녹석 계통은 대동강석, 해주석, 장연석, 계룡산석, 장수석, 강진석 등이 유명하였다.[66] 그 외에도 화려한 옥석 계통으로는 정선석, 해남석, 부산석 등을 꼽았고, 회청석으로는 연강석, 경주석 등이 있었다. 그런데 아쉬운 점은 이상 벼루를 논한 고문헌에 나타난 조선 시대 벼루에 대한 기록은 단지 벼루 산지명과 벼루의 석색, 그리고 벼루들 간의 간략한 우열만 언급되었으며, 그 밖의 구체적인 기록이 없다. 거기다 전세하는 우리나라 고연들은 거의 연명이 없어 벼루 산지, 제작자, 제작연대 등에 대한 고찰이 매우 어렵다는 것이다. 이에 필자는 여러 다양한 고문헌에 산재한 우리나라 산지별 벼루들에 대한 작은 기록들도 캐내어 고찰함으로써 벼루 전문 연구서의 부재로 인해 오리무중인 우리나라 산지별 벼루들의 구체적인 면모를 밝혀내고자 한다.[67]

그 가운데 여기서는 평창의 자석연, 선천의 자석연, 안동의 자석연, 위원의 자석연, 곽산의 자석연, 종성의 자석연, 두타산(진천)의 상산 자석연을 중심으로 이들 산지에 대한 고문헌의 기록을 살펴보고자 한다.

---

66 이는 대체적인 분류로 자석연으로 유명한 위원석에도 녹석이 있으며, 오석연으로 유명한 종성연에도 자석이 있다.

67 여기서 말하는 다양한 고문헌이란 조선왕조실록과 역사 지리서를 바탕으로 그 외 硯詩, 硯銘 등 시문집 속 문학 작품들이다. 특히 연시는 종종 역사 지리서에서 언급하지 못한 벼루 산지에 대한 구체적인 중요한 자료를 제공하기도 한다.

(1) 평창자석연

현대 단양자석연의 조상이라고 할 수 있는 평창자석연은 한반도에서 가장 오래된 자석연 산지이다. 평창자석연은 『신증동국여지승람』은 물론 조선 초기 『세종실록지리지』에서도 언급될 정도로 역사가 매우 유구하다. 또 왕조실록에도 그 품질이 우수하여 당시 임금님에게 진상도 하였고, 명나라 조정에 진상할 정도로 매우 유명하였다.[68] 실록의 기록 외에도 조선 전기 성현은 「자석산 아래를 지나며(過紫石山下)」 시를 통해 평창자석연을 찬미하였다. 그러나 현재 우리나라 자석연 가운데 평창자석연의 이름은 온데간데없고 그 근처 단양자석연이 우리나라 자석벼루를 대표하고 있다.

그런데 현대 단양벼루의 역사에서 주목해야 할 점은 문헌상에는 조선 시대에 '단양연丹陽硯' 내지 단양의 고명인 '단산연丹山硯'의 기록이 전혀 없다는 것이다. 조선 후기 벼루 소장가이자 연구가인 유득공이 언급한 조선의 벼루 산지에도 남포 오석·종성창석·위원자석·안동마간석·성천옥·풍천청석·평창적석 등이 있었지만 단양자석은 언급되지 않았다. 그 외 동시대 인물 성해응과 서유구 그리고 그 이후의 이규경의 『오주연문장전산고』 등의 저술에도 자석벼루로 고령벼루는 추가되었어도 단양벼루에 대한 언급은 전혀 없다. 물론 16세기에 나온 『신증동국여지승람』의 충청도 단양군의 토산 조항에도 벼루에 대한 기록은 전혀 없다. 이런 여러 가지 정황으로 보면 단양연은 19세기 후반 이후에 생긴 이름이며, 옛날에는 평창연에 속했을 가능성이 높다. 물론 일제강점기 전에 단양에서 벼루가 생산되지 않았다고 단정할 순 없으나,[69] '단양

---

68 〈조선왕조실록 단종 3년 을해(1455) 윤 6월 2일〉의 "강원도 관찰사에게 중국 조정에 진헌할 자석연을 진상하게 하다"라는 기록 참조. - 최병규, 「고문헌을 통해 본 우리나라 자석연의 역사에 대한 고찰」, 『대동문화연구』 제112집, 2020, 307-308면 참고.

69 현재 전해지는 조선 시대 자석연 가운데에는 오늘날 단양연 특유의 석질이라고 할 수 있는 불그스름한 매끈한 석질에 하얀색 알갱이 잡질이 있는 자석연들이 종종 발견되는 것을 보면 단양연은 조선 시대부터 이미 제작되었음을 짐작할 수 있다.

조선 평창자석연으로 추정되는 벼루 동학연洞壑硯
(10.9×16×2.2), 국립고궁박물관 소장, 이명희, 「궁중
유물」, 대원사, 1998, 41쪽.

연'이란 독립적인 이름은 없었다. 말하자면 옛날 유명한 자석 산지인 평창의 자석연이
무슨 연유인지 점차 사라지고 인근 지역 단양이 현재 그 자리를 대신해 자석벼루의 대
표 산지로 급부상한 것이다. 사실 평창석 붉은 벼룻돌의 산지인 평창군 남쪽에 위치한
미탄면은 단양군의 벼루 산지인 북쪽의 가곡면·영춘면과 영월군을 사이에 두고 있
지만 대단히 근접해있어 이 지역의 돌들이 사실 동종동계임을 짐작할 수 있다. 따라서
영춘면과 미탄면, 그리고 영월로 이어지는 지역은 자석의 산지로 모두 평창계 벼루의
산지였다고 볼 수 있다.[70]

　그러나 아쉽게도 현재 확실한 평창연으로 유전되는 벼루는 없다. 그렇지만 현재 국

70　최병규, 앞의 논문 313면 참고.

우리나라 자석연 중 붉은 빛이 유독 많은 현대 단양자석
문자도연, 길이 14센티, 개인 소장

립고궁박물관에 궁중유물로 '강원계 자석연'으로 소개되어 소장 중인 '동학연(사진)'
은 그 석색, 석질, 조각문양으로 볼 때 현재 우리나라에서 생산되는 단양연과 매우 흡
사한 점을 보면 평창연은 단양연과 같은 광맥의 동일한 벼루일 가능성이 매우 높다.
유득공이 언급한 조선의 벼루 산지에도 평창자석을 유독 '평창 적석赤石'이라고 언급
하였음은 평창자석의 석색이 유난히 붉은 빛을 띠고 있음을 말해주는데, 이는 평창자
석의 석색이 안동마간석이나 위원자석과는 구별됨을 시사하고 있다. 우리나라 자석연
가운데 단양자석연은 유난히 붉은 색을 띠는 벼루인데, 이는 단양자석연이 바로 조선
시대 평창자석연과 동종임을 짐작하게 한다. 그리고 〈동국연품〉에서는 평창벼루에 대
해 "평창 자석은 매우 좋고 역시 화초문이 있다.(平昌紫石頗佳, 亦有花草紋)"라고 기록

하고 있는데, 화초문은 다름이 아니라 남포연이나 위원연 등에서 보듯 석질 바탕에 나타난 희끗희끗한 무늬를 말한다. 우리나라 단양연에서도 붉은 자색 가운데 희끗희끗한 무늬가 있고 간혹 석안도 있어 화초문이 있다고 말할 수 있기에 두 벼루는 더욱 동종임을 유추해 볼 수가 있다.

(2) 선천자석연

고문헌에 나타난 선천자석연에 대한 기록은 평창자석연 다음으로 역사가 깊다. 지리서에 나타난 선천자석연에 대한 최초의 기록은 『신증동국여지승람』으로 거슬러 올라간다. 그러나 조선 시대 문인들의 시에 언급된 선천자석연에 대한 기록은 더욱 이르다. 그것은 세조와 성종 때에 활약한 김종직이 15세기 후반에 지은 「사악이 바로 전에 의주에서 와서 선천 돌벼루를 겸선에게 주려고 하거늘 내가 앗아 가지고 시로써 겸선에게 사례하다(士諤新自義州來以宣川石硯將贈兼善兼善予奪得之詩以射兼善)」 시이다. 이 시는 김종직이 지은 다른 몇 편의 연시 「일본의 벼루를 극기에게 주었는데 이에 대한 사례의 시가 있었으므로 차운하다(以日本硯贈克己有謝詩次韻)」와 「조신이 대마도에서 돌아와 나에게 자석연을 주고 시를 지었으므로 차운하다(曺伸還自對馬島餽紫石硯有詩次韻)」 등의 작품들과 함께 벼루에 대한 김종직의 깊은 사랑과 안목을 드러낸 것일 뿐 아니라 당시 선천 자석연의 품질이 매우 높았음을 반영한다.

그 외에도 조선 전기의 문신 박상朴祥(1474-1530)도 「宣川紫石硯歌」를 노래하였는데, 마치 당나라 시인 李賀가 노래한 연시인 「양생의 청화자석연가(楊生靑花紫石硯歌)」[71]의 재현인 듯 상상력이 매우 돋보이는 작품이다. 시의 서문에서 그것이 매화와

---

71 「楊生靑花紫石硯歌」, 歐淸煜, 陳日榮, 『中華硯學通鑑』, 杭州: 浙江大學出版社, 2010, 377면, "단주의 석공은 정교함이 마치 신과 같아, 하늘을 밟고 칼을 갈아 자주색 구름을 가르네. 돌을 고르고 조각하니 연지에 물이 가득 차고, 장홍(萇弘, 주나라의 대부로 억울하게 죽은 사람을 비유.)의 차가운 피 흔적(단계연의 무늬인 '靑花'를 말함)이 어둡게 흩어져있네. 휘장 쳐진 따뜻한 낮에 먹의 무늬는 봄날 같고, 가볍게 일어나는 기포는 먹 향기에 향기롭다. 마르

조선 선천자석연으로 추정되는 화연, 『한국의 벼루』 126쪽

대나무가 어우러진 조각이 멋진 벼루였다는 기록[72]을 통해 선천자석연의 조각 형태를 추정할 수가 있다. 또 그것이 쇳소리가 나는 것[73]으로 보아 위원자석 계통의 단단한 벼

면서 세윤하고 몸체가 얇으면서 무거우니 바닥에 평온하게 자리 잡고, 몇 촌의 작은 몸이 만들어 낸 먹물은 가을 양광의 해가 없어 어둡네. 붓을 묻혀 먹물을 찍으면 붓을 보호하여 아주 작은 맑은 소리가 나는데, 공자연(孔子硯, 공자의 출생지에서 생산되던 조악한 벼루.) 큰 벼루와 어찌 비교하리오! (端州石工巧如神, 踏天磨刀割紫雲. 備剝抱水含滿脣, 暗灑葰弘冷血痕. 紗帷晝暖墨花春, 輕漚漂沫松麝薰. 乾膩薄重立脚勻, 數寸光秋無日昏. 圓毫促點聲靜新, 孔硯寬碩何足云.)"

72 한국고전번역원, 『訥齋先生集』, "벼루에는 매화와 대가 섞여 새겨졌는데 만든 기술이 아주 세련되었다. (梅竹交根, 制極工)"

73 "쇳소리와 옥 같은 덕은 군자와 어울리네(金聲玉德配君子)"

루로 생각되는데,[74] 박상은 그것을 '용간석'이라고 칭하며 안동벼루의 대명사인 '마간석'과 견주었다. 평안북도에는 강남산맥, 적유령산맥이 동서로 펼쳐져 위원과 희천, 선천과 곽산은 사실상 압록강 가의 같은 산맥 지대에 놓여있어 이곳의 벼룻돌들은 거의 동종동계로 생각된다. 비록 지도에서 선천은 서쪽의 신의주 쪽이고 위원은 평북 중앙에 위치하지만 위의 시에서도 박상은 선천의 벼룻돌을 위수(위원강)의 산물로 보면서 위원의 벼루와 동일시하였음[75]을 볼 수 있다. 따라서 현존하는 확인된 선천자석연의 실물은 없지만 김종직 종택에 있는 그가 당년에 소장한 것으로 추정되는 자석매죽연, 그리고 박상의 선천자석연가를 통해서 본 "매화와 대나무가 어우러진 조각이 멋진 벼루였다는 기록"을 통해 선천자석연은 오늘날 우리가 흔히 알고 있는 '매죽문위원화초석일월연'의 일종일 것으로 추정된다.

(3) 안동자석연

안동자석연은 선천자석연 다음으로 역사가 깊다. 전술한 바와 같이 『신증동국여지승람』 안동대도호부에도 자석벼루가 생산된다고 하였다. 그에 걸맞게 문헌상에도 안동벼루의 역사와 위상은 매우 높다.[76] 조선 중기 송인(1517-1584)의 『이암유고』에는 친우에게 주자의 글과 안동자석연을 선물 받고 사례하는 내용의 시가 있는데, 여기서 송인은 안동자석연을 안동의 고명을 사용해 화산花山자석연이라 칭하고 있다. 또 곽진(1568-1633)의 『단곡집』에도 「이제미의 마간석 벼루에 감사하며(謝李濟美送馬肝石)」 제목의 시가 있는데, 여기서 곽진은 안동자석연을 화산마간석이라고 부르며 우리나라 최고의 벼루라고 극찬하면서 상품은 오직 물 속 깊은 곳에 있다고 하였다.[77] 또

---

74 전세하는 위원석 일월연 가운데 가장 보편적인 조각형태가 매죽문이다.

75 "옥 같은 위수(渭水, 즉 渭原江)의 골격은 정채롭고(琅玕渭骨補精彩)"

76 최병규, 「안동의 벼루」, 『영남학』, 2009, 440-444면 참고.

77 한국고전번역원, 『丹谷先生文集』 卷3, "花山馬肝擅東方。上品只在水中央."

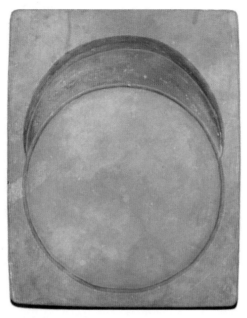
조선 대형 안동자석연 (30×24×5), 필자 소장

권극중(1585-1659)의 『청하집』에도 「안동자석연가」가 있는데, 여기서 권극중도 안동
자석연이 천하제일이며 연재가 물 속 깊은 바닥에서 난다고 하면서 물에서 건진 것이
라 촉촉한 습기를 머금어 손으로 만지면 그 석질이 부드럽고 촉촉하여 입김을 호 하고
불면 표면에 김이 서리며 연지의 먹물도 늦게 마른다고 하였다.[78] 그리고 조선 시대 한
문사대가로 꼽히는 택당 이식(1584-1647)의 『택당집』에도 「안동 박사군에게 사례하
며 대석연가를 지어 부치다(謝安東朴使君寄大石硯歌)」라는 제목의 시가 있는데, 이 시
에서 이식은 안동의 친우 박사군을 통해 안동자석연 큰 벼루를 하나 선물 받고 감사하
는 마음과 함께 벼루에 얽힌 자신의 추억과 감회를 읊조리고 있다. 젊은 시절 안동에
머물 때 이름난 장인의 손을 빌려 크고 멋진 안동자석연을 소장하게 된 사연, 멋진 문

---

78 "安東硯石天下一, 聞道石從泉窟出", "出水尙帶波濤氣, 手提滑澤閱粘肌", "口噓烟霧霏生液, 窪池潑潑墨暹乾"

장을 지을 때마다 자신의 곁에서 동고동락한 사연, 그러나 화마로 그 벼루를 잃어버린 안타까운 추억, 그리고 현재 늙고 병들어 멋진 벼루가 있어도 크게 사용하지 못하는 아쉬운 심정 등등을 담담히 술회하였다.[79] 여기서도 안동자석연은 이식에 의해 마간석으로 칭해졌으며 강 중앙의 깊은 곳에서 상품의 벼루가 생산됨을 언급하였다.[80] 그 외 이민성(1570-1629)의 『경정집』에는 「연공 황영청이 내가 얻은 연재가 화산에서 가장 뛰어난 양간석이라고 칭하며 몇 점을 제작하였는데, 벼루의 제작기술과 석질이 모두 절묘하다고 하여 이를 시부로 지어 줌(硯工黃永淸, 稱余所得硏材甲於花山之羊肝石, 遂製數面, 手品石品, 俱爲奇絶, 賦此以贈之)」이란 시가 있다. 여기서 이민성은 안동자석연을 마간석이 아니라 양간석으로 불렀으며, 단계연에 버금간다고 하였다.[81] 또 이안눌(1571-1637)의 『동악집』의 「단주록端州錄」에는 홍문관에 자신의 증조부 용재공(李荇, 1478-1534)이 둔 큰 대학사연 벼루가 있었는데, 나중에 임진년의 병화로 없어져 오봉五峯 이상공李好閔(1553-1634)이 안동부사 홍리상洪履祥(1549-1615)에게서 받은 안동자석연으로 대체하였다는 기록이 있다.[82]

이 외에도 안동 자석연에 대한 감동적인 이야기로 배용길裵龍吉(1556-1609)의 『금역당집琴易堂集』에는 그가 안동 태수를 지낸 황극중(1552-1603)이 고향으로 돌아가는 것을 전송하는 내용이 있다. 당시 조정은 중국에서 황태자를 봉한다는 조서를 받고 안동부에 크기가 1척이나 되는 자석연 100개를 바치도록 명을 내렸는데, 안동자석연 벼룻돌은 깊은 시냇물 바닥에 있어 채석이 매우 힘들었다. 더구나 안동의 혹한 날씨에 시냇물은 살을 에는 듯해 백성들의 고통은 이루 헤아릴 수 없었기에 황극중은 백성들을 불쌍히 여겨 백성들이 임의로 자석연을 만들어 진상하도록 했다. 그러나 당시

79 이에 대해서는 다음 장 참고.

80 한국고전번역원, 『澤堂先生續集』 卷2, "江心馬肝揀第一"

81 한국고전번역원, 『敬亭先生集』 卷4, "花潭紫硯石。不減端溪材。最珍羊肝色。採之比瓊瑰。"

82 한국고전번역원, 『東岳先生集』 卷6.

선조는 공물로 올린 벼루가 지정된 규격에 맞지 않는다며 화를 내며 황극중을 파직했다. 그가 떠나는 날 안동의 백성들은 어진 태수를 잃었다며 눈물로 전송을 했는데, 이는 배용길의 '귀향하는 황극중을 전송하는 글'(「送黃和甫歸田序」, 『琴易堂集』 卷4)에 나오는 내용이다. 또 최흥벽崔興璧(1705-1786)의 「조씨자색연기趙氏紫色硯記」[83]는 한 선비가 아전에게서 안동자석연을 보리 서 말과 바꾸어 소중히 간직하던 중 물난리로 가족들의 목숨만 겨우 지키고 벼루는 건지지 못했다가 9년이 지나 큰아들이 우연히 개울가에서 그것을 발견하게 된 기이한 이야기를 기록하고 있다.[84] 당시 안동 자석연의 위상과 가치는 물론 벼루의 신령스러움과 그것을 대하는 선인들의 경건한 태도를 잘 보여주고 있다.

안동자석연은 신익성의 『낙전당집』을 비롯한 여러 문헌에서도 그러하지만 위에서도 언급한 대로 진품은 물 속 깊이 있어 얻기 어려워 석질에 우열의 차이가 특히 심한데, 그런 까닭에 서유구와 성해응도 안동자석연은 좋은 것일지라도 다른 돌에 미치지 못한다고 평한 것이다.[85] 따라서 안동자석연의 석질은 촉촉한 것과 메마른 것이 공존하며, 석색은 말이나 양의 간과 같은 비교적 연한 자주색이고 석문에 피무늬와 같은 붉은 얼룩이 보이는 것도 큰 특징이다. 현재 안동시 남후면 암산유원지에는 아직도 자석연의 연재가 되는 붉은 돌이 강바닥에 널리 깔려있지만 벼루제작은 해방 이후 중단되어 안동자석연의 명맥은 완전히 끊긴 셈이다.

---

83 한국고전번역원, 崔興璧, 『蠹窩集』, 卷8, 「趙氏紫色硯記」 中.

84 기록에 의하면 파산 조공이 당시 백성들의 생활이 매우 어려웠을 때 백기환이라는 아전으로부터 길이가 한 척이나 되고 넓이는 20센티가량의 큰 안동자석연을 보리 서 말과 바꾸었다고 한다. 이 벼루는 돌결이 매끈하고 기름지며 고와 보봉 벼루들과 같지 않았다고도 한다. 이는 당시 벼루의 가격을 알려주는 기록이다.

85 徐有榘, 『林園十六志』, 민속원, 2005, 313면, 成海應, 『研經齋全集』, 권12, 「연보」, "安東馬肝石最劣, 雖其佳材, 不及他産."

(4) 위원자석연

현재 한반도 최고의 아름다운 벼루로 인정받는 위원자석연에 대한 고문헌의 기록은 많지 않다. 가장 오래된 것은 신흠의 아들이자 조선 중후기 문신 겸 서예가 신익성(1588-1644)의 다음과 같은 기록이다.

"나는 어려서부터 대충 붓 잡는 법을 알았다. 게다가 일찌감치 부마가 되어 성은을 입었기에 사방에서 바치는 공물을 간혹 하사받아 우리나라에서 생산되는 여러 가지 벼루를 두루 얻었다. 이를테면 안동·고원·회천·위원·풍천·남포 등의 것인데, 모두 각각 한 가지 장점이 있다. 안동의 마간석이 좋기는 하지만 진품은 얻기 어렵고, 수침석은 얻더라도 흠이 많은데, 푸른색이 제법 아름답다. 고원의 몇 가지 품종은 먹빛이 화려하지만 구룡산에서 나는 것이 아니면 물이 쉽게 마른다. 풍천의 것은 굳고 매끄러워 갈기가 쉽지 않으며, 자색은 희귀하다. 회천과 위원의 것은 대략 비슷하여 발묵이 비교적 경쾌하나 붓이 문드러지기 쉽다. 오직 남포에서 나는 여러 품종만은 모두 아름다운데, 땅속 깊이 있던 것이 아니면 물이 마르는 것이 단점이다. 몇 해 전 당형이 현령이 되어 크고 작은 것 네댓 개를 보내 주었는데, 화초석 한 조각이 가장 아름다웠다. 현주玄洲(즉 尹新之)에게 반을 나누어주고 연지를 파서 받았는데, 동작와銅雀瓦 못지않았다. 발묵은 구룡산에서 나는 것과 같은데 더욱 곱고 매끄러워 막힘이 없으며, 먹물이 마르는 단점도 없었다. 그런데 정묘호란 때 잃어버리는 바람에 붓을 들 때마다 생각하며 잊지 못했으니, 사소한 물건에 얽매인 것이다. 너희 집안의 남포 장원은 벼루 재료가 나는 곳과 얼마나 떨어져 있느냐? 이 늙은이를 위해 땅속에 묻힌 한 장 정도 되는 것 한 조각을 보내 줄 수 있겠느냐? 나는 이미 병들어 아침저녁을 기약할 수 없다. 게다가 외환까지 있는데 여전히 한가로이 즐길 물건을 구하니 필시 우활하다 여길 것이다. 요행히 병이나 외적 때문에 죽지 않는다면 생전에 요긴하게 쓸 것이다. 이 때문에 누누이 말하며 한편으로 벼루의 품등을 논하여 너희들에게 알리고자 한다."[86]

---

86 한국고전번역원, 『樂全堂集』 卷9 尺牘「寄晉龜兩甥」, "舅自幼少, 粗解操筆. 且早通禁籍, 叨恩數, 凡有四方貢獻. 或蒙較賜, 遍得我國產硯衆品, 如安東高原熙川渭原豐川藍浦者, 皆各有一長. 安東馬肝雖良, 難得眞, 水沈得之, 亦多玷缺, 靑色頗佳. 高原數品, 發墨華而非九龍產, 水易潤. 豐川剛而滑, 磨硏不易, 其紫色者稀貴. 熙渭大略相似, 撥墨較快, 使毫易禿. 唯藍產諸品皆佳, 要非深入地底者, 病水乾. 傾年堂兄爲縣, 送大小四五而花草一片最美, 與玄洲分一半, 作池受之, 不減銅雀瓦. 蓋其撥墨如九龍而尤細滑不滯, 無乾潤之疵. 失於丁卯之變, 每握管, 輒思之不能忘. 微物之爲累也.

좌_조선 위원자석 포도문일월연 국립중앙박물관 소장
우_매화, 대나무, 구름, 오리, 산, 달, 물 등이 새겨진 조선 위원자석연 계통의 화연

정구가 언급한 벼루와 흡사한 조선 전기 관서 지
역 화연 송죽일로조어문 일월연 개인 소장

위에서 보듯 임금의 사위로 비교적 짧은 생을 살았던 신익성이 병상에서 아침저녁
을 기약할 수 없는 상태에서도 벼루에 대한 애착을 놓지 못한 것을 보면 당시 문인들
의 벼루에 대한 정이 어떠했는지 알 수 있다. 그런데 조선 중후기 신익성이 칭송한 당
시 조선의 벼루는 안동·고원·희천·위원·풍천·남포 등지의 벼룻돌이었다. 여기
서 알 수 있는 점은 조선 중후기 당시에는 조선 초기에 유명했던 선천자석연, 평창자
석연, 곽산자석연 등의 명성이 사라지고 그 대신 위원자석연과 희천자석연이 대두되
었음을 알 수 있다.

이에 앞서 정구(1543-1620)의 『한강집』 속 「화연기」에는 화연 벼루 위에 새겨진 조
각 그림에 대한 기록이 있는데, '화연'이란 당시 평안도 각지에서만 생산되던 조각이
아름다운 벼루를 말하였다.[87] 여기서 정구는 자신이 소장하고 있던 소나무와 대나무,
포도문이 어우러진 가운데 한 노인이 낚싯대를 드리운 이른바 '송죽포도일노조어문松
竹葡萄一老釣魚紋' 벼루의 형상에 대해 자세히 설명하였는데, 그 조각에 대한 설명이
대단히 구체적이라[88] 이 벼루는 조선 전기에 유행한 관서 지역 선천자석연 내지는 그
이후의 위원석 계통의 포도문일월연의 일종임을 알 수 있다.[89] 이 기록은 16, 17세기
경 관서 지역 위원석 계통 벼루의 조각과 문양을 알려주는 귀중한 자료가 된다. 이 밖
에도 조선 중기 문신 이응희李應禧(1579-1651)가 지은 『옥담시집玉潭詩集』 속의 〈화

汝家藍莊, 距硯地幾何遠耶? 爲老夫得地底丈許者一片見貽否? 吳已病矣, 朝夕不相期, 又有外處而尙求閑物, 必以爲
迂. 幸不死於病輿寇, 則生前要用也. 爲爾縷縷, 且論硯品, 欲使甥輩知之."

87 당시 평안도 선천, 곽산, 成川 등지에서 화연이 생산되었다. 『조선왕조실록』과 『승정원일기』 등의 기록에 의하면
"화연은 달리 나오는 곳이 없고 關西에서만 나오니"(『승정원일기』, 인조 15년 정축(1637, 숭정10) 6월 28일), "畫
硯 8面을 産地에 따라 평안도에 分定하고"(『승정원일기』, 인조 12년 갑술(1634, 숭정 7) 4월 30일) 등으로 보아 당
시 이른바 '화연'이란 평안도에서만 나는, 오늘날 우리가 알고 있는 위원화초연 계통의 아름다운 화초석 벼루임을
알 수 있다.
88 벼루에 대한 묘사는 앞장 "벼루와 공예미술" 인용문 참고.
89 현재 전세하는 소위 위원연 계통의 벼루 가운데 이런 실물을 쉽게 찾아볼 수 있다.

연에 매화, 대나무, 구름, 학, 산, 물을 새겨 놓다.(畫硯刻梅竹雲鶴山水))라는 제목의 문
장에도 당시 관서 지역 화연의 조각에 대한 구체적인 설명이 있다.[90] 이를 바탕으로 오
늘날 우리가 잘 아는 '위원화초석매죽문일월연' 계통 벼루는 당시 관서 지역 여러 곳
에서 생산되던 화연이었음을 알 수 있으며, 벼루 형상에 대한 기록을 통해 위원연을
비롯한 화연의 모습도 짐작할 수 있다. 그리고 위원연의 품질에 대해 이인행(1758-
1833)의 『신야집』에도 그것이 단단하면서도 온윤하여 여러 벼루 가운데 가장 좋다는
기록이 있다.[91] 당시에는 우리나라 최초의 벼루 연구가 유득공이 위원자석의 가치를
연명을 통해 노래하였고, 이에 동조해 성해응도 위원자석의 품질을 높이 평가하였다.[92]

  이상 위원연에 관한 고문헌의 기록을 통해 위원연은 조선 중후기에 비로소 인기를
얻어 관서지방을 대표하는 벼루로 부상하였음을 알 수 있다. 따라서 우리가 대개 조선
전기의 것으로 알고 있는 화려한 조각문양의 위원화초석일월연 계통의 벼루들은 사실
관서지방의 여러 지역에서 제작된 화연으로 모두 위원연이라 할 수 없다. 벼루 연구가
오재균의 말대로 위원석의 광맥은 만주 송화강에서부터 시작하여 위원을 거쳐 평양으
로 내려가 해주로 통한다고 하였듯이[93] 오늘날 우리가 말하는 위원연은 위원에서만 나
는 돌벼루가 아니라 위원을 비롯한 평안남북도 여러 지역 자석연들에 대한 통칭이다.
문헌상으로 보면 위원연이 나타나기 전 조선 전기에 이미 평북의 선천자석과 곽산자
석에 대한 기록이 많이 있고, 조선 중기에는 평양 근처 成川의 화연에 관한 기록도 있

---

90 벼루에 대한 묘사는 다음과 같다. "대나무 곁에 매화는 피려 하고, 구름 찌르며 학은 함께 난다. 맑은 물결은 잔잔하
    게 자고, 푸른 산은 가까운데도 희미해라. (映竹梅將拆, 冲雲鶴竝飛, 淸瀾看不動, 翠出近還微)"

91 한국고전번역원, 『新野先生文集』, 卷12, 『西遷錄(上)』, "渭江石硯材最良, 以其沈水多年, 堅且潤, 滴水不易乾也."

92 『研經齋全集』, 卷12, 권도홍, 『文房淸玩』, 대원사, 2006, 207면, "渭原石, 靑者似歙石, 紅者似端石, 然紋理少䴕, 佳品
    常在積水中. 用人力甚衆乃可得." 그러나 사실 위원연은 미끈거려 남포연 등에 비해 마빛묵은 그렇게 좋은 편은 아
    니다.

93 오재균, 앞의 책, 93면. 또 예용해, 김종태, 『벼루匠』, 문화재관리국, 1988, 74면 참고.

지만[94] 위원연에 대한 기록은 조선 중후기 신익성을 필두로 조선 후기 유득공, 성해응에 이르러서야 비로소 본격화되었다. 그리하여 관서 지역 여러 자석연 산지들이 모두 쇠퇴함에 따라 위원연은 조선 중후기부터 오늘날에 이르기까지[95] 관서 지역은 물론 우리나라 벼루를 대표하게 되었던 것이다.

(5) 남포연

오늘날 한국 벼루를 대표하는 벼루는 명실공히 남포연이지만 사실 고문헌상에 나타난 남포연에 대한 찬미는 숙종과 영조 연간 이하곤李夏坤(1677-1724)의 「죽엽석연명竹葉石硯銘」이란 제목의 연명에서부터이니 비교적 늦은 셈이다. 이 문장에서 이하곤이 지적한 바와 같이 남포연은 석질은 우수하지만 자주색이 아닌 검은색이라 사람들로부터 일찍 인정받지 못한 벼루라고 할 수 있다. 그러나 남포연은 18, 19세기에 이

---

94 성천은 평양 대동강 부근의 지역으로 조선 중기 이전까지 화초석일월연의 주요 산지라고 생각된다. 조선왕조실록 명종 18년 계해(1563, 가정 42) 10월 26일(신미)의 기록에는 〈평안도 관찰사 임열이 벼루를 바치다〉라는 대목이 있는데, 그 내용은 다음과 같다. … "평안도 관찰사 임열이 雲龍硯, 葡萄硯, 梅竹硯 8枚를 바쳤다. 【사적으로 바친 것이다. 전에 이양이 평안 감사였을 적에 工人에게 명하여 벼루를 만들었는데 매우 정교하게 조각을 하였다. 또 成川의 粉石(즉 곱돌)을 취해다가 筆假山을 만들어 거기에다 山川, 林藪, 寺舍 따위를 새기고 또 용 두 마리를 산 위에다 새겼는데 산 끝에다 물을 대면 한 마리의 용이 물을 머금었다가 토하면 다른 한 마리의 용이 입을 벌려서 그것을 받아서 아래로 뿜도록 만들었다. 또 분석으로 동이(盆)를 만들었는데, 기교를 한껏 다하여 사람의 耳目을 놀라게 하였다. 이런 것들을 상에게 바친 일이 있었는데, 열이 감사가 되어 그 뒤를 따라 행한 것이다.】(平安道觀察使任說, 獻雲龍硯, 葡萄硯, 梅竹硯八枚.【蓋私獻也. 前者李樑爲平安監司時, 命工爲硯, 極其雕刻之工, 又取成川粉石, 爲筆假山, 刻山川, 林藪, 寺舍之類, 又刻兩龍于山上, 自山端注水, 一龍飮水吐之, 一龍開口受之, 噴于下. 又以粉石爲盆, 以之其機巧, 駭人耳目, 以獻于上. 說爲監司, 踵而行之.】)". - 한국고전번역원 | 최석기 (역) | 1986 참고. 또 1999-2005년 남북 공동 편찬사업에 의해 발간된 자료인 『조선향토대백과 인문지리정보관 : 인문지명』에는 평안남도 성천군 금평리의 서쪽 벼랑 아래에는 벼루마을이 있는데, 벼루 '硯' 자를 써서 硯村이라고도 하며, 이 벼루마을 주변에는 큰 무덤이 있다고 기록되어 있다. 따라서 조선 중기 16세기경 평양 옆의 성천에서도 아름다운 화초석과 같은 벼루가 생산되었음을 알 수 있는데, 성천은 위원과 꽤 거리가 있는 지역이다. 따라서 우리가 알고 있는 조선 전기로 추정되는 '위원화초석일월연' 등은 위원연이 아니라 선천이나 곽산, 그리고 성천의 벼루일 가능성이 더 크다.

95 위원연은 남한의 남포연, 단양연처럼 현재도 북한에서 생산되고 있다.

조선 남포 오석 이가환李家煥 명문 벼루(22×32.8×5) 필자 소장

르면 조선 최고의 벼루로 군림하게 된다. 우리나라 벼루 산지에 대한 본격적인 기록이라 할 수 있는 조선 후기의 『경도잡지』·『임원경제지』·『연경재전집·『규합총서』·『오주연문장전산고』 등의 서적에서는 모두 남포연을 조선 제일의 벼루로 극찬하고 있다.[96] 따라서 조선 후기 고문헌에 나타난 우리나라 벼루의 대종은 남포연과 위원연이 가장 으뜸이었다고 할 수 있다. 오늘날 우리가 아는 남포연은 시커먼 용 벼루를 연상하기 일쑤지만 사실 남포연은 많은 유형의 화려한 조각을 자랑하는 벼루였음이 이하곤의 「죽엽석연명」이나 신경준申景濬(1712-1781)의 「사물명四物銘」 중의 「고비벼루명(蕨硯銘)」 등을 통해 잘 알 수 있다. 신경준의 문장을 보면,

> 이 늙은이에게 벼루·검·잔·지팡이가 있는데, 모두 진기한 것이다. 또한 나와 함께한 지가 오래라 그것을 위해 명을 짓도다. 남포화초석은 벼루로써 천하에 이름을 날렸다. 명설루의 여러 선생들이 모두 그것을 예쁘게 여겼다. 내가 일찍이 서산에서 벼슬을 했는데, 남포와 가까웠다. 사람을 거기 보내 수십 개를 구해오게 하였다. 어떤 것은 매죽 문양이고 어떤 것은 모란이나 풀고사리가 새겨졌는데 모양이 매우 생동감이 있다. 또 금은으로 그림을 그린 것도 있는데 사랑스러웠으나 몸체가 작고 딱딱하고 거칠어 모두 사용에 적합지 않았다.

---

96 이에 대해서는 다음 장에서 다시 구체적으로 논의함.

화초석 가운데 벼루로 가능한 것은 매우 드물다. 나중에 내가 벼루 하나를 얻었는데 그 길이가 옛 자로 한 척이나 되었는데 기이하였다. 그 너비는 다섯 촌이고 그 형상은 고비 모양이 벼루 면의 태반을 차지했다. 중간의 줄기는 곧고 가는 잎은 옆으로 퍼졌는데, 갈림길에 새겨짐이 섬세하여 지극히 정교하였다. 그 가운데 병든 잎들이 첩첩이 이어짐은 더욱 신기하였다. 이런 세심한 곳까지 쏟은 화공의 정신이 어찌 이런 경지에까지 도달할 수 있을까. 돌결은 부드러워 한 방울의 물만 떨어뜨려도 며칠간이나 마르지 않았다. 이는 바로 문단의 지극한 보물이리라. 벼루가 맨 처음 어느 시기에 있었는지는 몰라도 처음에는 김남창金玄成(1542-1621)이 가지고 있다가 김사계金長生(1548-1631)가 남창에게 얻었으며, 나는 사계의 후손에게서 얻었다. 무릇 보배로운 물건은 영원히 한 사람 한 집만이 소유하는 것이 아니며, 이리저리 옮겨 다니는 것이다. 대개 사람들이 얻고자 하는 것은 혼자 소유하는 것이 아니라 사람들과 공유하는 것이 좋다. 조물주의 뜻도 아마 이럴 것이다. 그 벼루가 이리저리 전전하면서 나와 함께 20여 년을 넘게 한 것도 우연한 일이 아닐 것이다. 그리하여 느낀 바가 있어 명을 짓도다. 벼루여, 예전에 너를 사용한 자가 누구인가. 다행히 내게 돌아왔네. 나는 이제 이미 늙었으니 누구에게 너를 전할까.

老夫有硯劍盃杖皆珍異。且隨身歲久故識之。藍浦花草石。以硯名於天下。明雪樓諸子多稱艶之。余嘗宰瑞山。與藍近。使人往採得數十枚以來。或梅竹或牡丹薇蕨繪形惟肖。又有用金銀畫者可玩。而其體少。惟且硬粗。皆不中用。花草石之可硯者甚稀也。後余得一硯。其長古尺尺一奇。其廣五寸。其像薇蕨。據硯面殆半。中莖直抽。細葉橫張。岐街雕鏤。纖密極巧。其中病葉之摺疊者尤奇。化工之費精於閒漫處。何其至於斯耶。石理細潤。滴一點水。歷日不乾。乃文苑至寶也。硯之始未知在於何歲。而初爲金南窓之有。金沙溪得之於南窓。余得之於沙溪之後孫。凡物之寶者。未嘗永爲一人一家之有。而流遷無常。蓋衆所欲者。不必獨專而與人共之可也。造物者之意。恐亦如此。其流遷也無常。而與余相守二十有餘載。亦非偶爾。遂感而銘之曰。於乎硯也。前之用汝者誰。幸而歸吾。吾今已衰。於誰傳之。

-「고비벼루명(蕨硯銘)」, 신경준申景濬

　18세기 후반에 지어진 위 신경준申景濬의 문장을 보면 남포연은 이미 천하에 이름을 떨쳤으며, 당시 남포연의 조각문양도 오늘날처럼 천편일률적인 용 문양으로만 제작된 것이 아니라 매죽 문양, 모란, 풀고사리 등 매우 다양하고 정교했음을 짐작할 수 있다.

(6) 두타산(진천)의 상산자석연

상산은 충북 진천군의 중앙에 위치한 산 이름이다. 상산은 원래 진천鎭州 지역의 일
부를 가리키는 말이었지만 예로부터 진천의 별칭으로도 사용되었다. 진천자석연이 처
음 문헌에 비친 것은 조선 후기 남구만南九萬(1629-1711)의 『약천집藥泉集』 속 「진
천 두타산의 자석연이 작으나 매우 아름답다(鎭川頭陀山紫石硯小而甚佳[97])」라는 시
이다. 이 시는 상산 벼루에 대한 현존 최고의 기록인데, 남구만은 진천자석연을 상산
자석이 아니라 '진석鎭石', '두타산자석연' 등으로 불렀으며, 크기는 작지만 품질이 대
단히 우수함을 칭송하며 한때 임금께 진상하는 공품이었음도 밝혔다. 그 외 두타산자

명문이 있는 조선 상산자석연(길이 약 17센티), 개인 소장

---

97 "두타산의 벼루 작아서 손가락만 한데, 글씨 쓰면 먹빛이 구름 같아 붉은빛을 발산하네. 옛 와연과 새로 주조한 벼
룻돌 면만 넓을 뿐이니, 한 狐白裘 끝내 천 마리 양가죽과 바꾸지 않는다오. (陀山石硯小容指, 潑墨如雲耀紫光. 古
瓦新陶徒闊面, 一狐終不易千羊.)"(一) "듣기로 옛날 한생이 진천의 돌을 일어서, 그것을 가지고 궁중으로 들어왔다
네. 임금이 감별하여 손수 제문을 지으니, 성가가 어느새 해동에서 제일가네. (聞昔韓生得鎭石, 一拳携入紫宸中. 重
瞳鑑別親題品, 聲價居然冠海東.)"(二)

70년대 유길훈이 제작한 상산자석연(31.5×20.5×10), 필자 소장

석연에 대한 기록은 조선 후기 문신 신위申緯(1769-1845)의 『경수당전고』와 이유원 (1814-1888)의 『가오고략』과 『임하필기』「화동옥삼편」 중 '동방의 옛 기물(東方古 器)'이란 문장에도 보인다.[98] 그런데 이유원의 문장은 신위의 『경수당전고』의 말을 그 대로 인용하고 있을 따름이다. 『경수당전고』에는 자신이 서재에 소장하고 있는 진귀 한 물품들을 가송하면서 벼루 몇 종을 예찬하고 있는데, 그것은 바로 강희제의 명銘이 있는 송화석연과 백제와연·赤間關御硯·鵪川石硯 등으로 중국, 일본의 명연들과 함 께 작천석연을 꼽았다. 그런데 여기서 작천석연에 대한 시 구절에 남구만의 두타산자 석연시를 인용한 것으로 보아 작천석은 바로 두타산석을 지칭하는 것으로 보이며, 또 주목할 점은 『경수당전고』에서 신위가 음성으로 부임한 성해응에게 작천석 硯材를 청 한 사실과 성해응이 이에 응답한 내용의 시를 통해 작천석연은 바로 진천·음성의 벼 룻돌임도 알 수 있다.[99] 당시 작천은 지금의 충북 청주와 청양을 가리키던 곳이었다.[100]

---

98 최병규, 「고문헌을 통해 본 우리나라 자석연의 역사에 관한 고찰」, 『대동문화연구』 제112집, 2020, 312면 참고.
99 최병규, 위의 논문, 같은 면.
100 한국학중앙연구원 한국학 자료센터 고지명 용례 참조.

따라서 당시에는 충청북도의 청주에서 괴산군의 도안면과 진천군의 초평면에 걸쳐 있는 두타산을 중심으로 그 부근에 많은 벼루 산지가 있었던 것으로 사료된다. 이른바 '道安紫石'이란 벼루도 그 지역이 바로 증평과 괴산에 속한 지역이니 벼루 애호가 권도홍도 지적하였듯이 진천의 상산자석이나 도안자석은 같은 산지의 벼루라고 볼 수 있다.[101]

그러나 우리나라 벼루 산지에 대해 자세히 언급한 이규경의 『오주연문장전산고』 「연재변증설」에서는 이 지역의 자석연을 전혀 언급하지 않았고,[102] 유득공이 『영재집』에서 소장한 벼루 10방에 대해 쓴 명문과 서유구의 「동국연품」, 성해응의 「연보」에서도 모두 상산자석연을 언급하지 않았다. 따라서 상산자석은 권도홍도 지적하였듯이[103] 깊은 산골에 묻힌 시골 秀才와도 같이 세상에 널리 알려지지 못한 자석연으로 당시 매우 적은 양의 벼룻돌만 생산되었을 것으로 보인다. 그러므로 전세하는 확실한 조선 상산자석연도 그 수량이 극히 적어 사진과 같이 벼루 뒷면에 '상산자석'이란 명문이 있는 조선 말기의 것들이 대부분이다. 다행히 상산자석은 근대에 들어와 김인수의 제자로 알려진 유길훈에 의해 그 명맥이 이어졌으며 지금도 권혁수에 의해 상산자석연이 제작되고 있는 실정이다.[104]

---

101 권도홍, 앞의 책, 57면.
102 앞의 수 참고.
103 권도홍, 앞의 책, 같은 면.
104 충북일보, 2020.09.22. 17:59:37 최종수정 2020.09.22. 17:59:37. 충북일보 & inews365.com

(7) 희천자석연과 고령자석연

희천석과 고령석은 문헌상에는 자석연인지 청석연인지 확실한 언급은 없지만 여러 정황으로 미루어 자석연일 가능성이 높다. 희천석은 전술한 대로 조선 중기 신익성이 『낙전당집』에서 위원연과 같이 언급된 벼루로, "희천과 위원의 것은 대략 비슷하여 발 묵이 비교적 경쾌하나 붓이 문드러지기 쉽다. (熙渭大略相似, 撥墨較快, 使毫易禿.)"라

오재균이 '해동연'으로 명명한 조선 희천자석연으로 추정되는 벼루들(길이 약 20–12.5센티), 필자 소장

고 하였다.[105] 따라서 희천연은 생산지도 위원과 매우 근접할 뿐만 아니라 석질도 위원연과 흡사한 자석연 계통의 벼루임을 추정할 수가 있다.[106]

희천연에 대한 고문헌의 기록은 1530년에 제작된『신증동국여지승람』에는 없지만, 1861년 이후부터 1866년경 사이에 김정호(1804-1866)에 의해 편찬된『大東地志』의 희천군 토산조에는 벼룻돌이 명시되어 있음으로 볼 때 희천은 조선 후기 우리나라 유명 벼루 산지임이 확실하다. 그 외에도 전술한 바와 같이 17세기의『낙전당집』의 기록과 19세기의『오주연문장전산고』에도 보이는데, 여기에는 "희천석 벼루는 거칠고 단단하다.(熙石研石麤硬)"라고 하였다. 따라서 희천연은 자석연으로 석질이 위원연과 같이 단단하면서도 위원연보다 다소 거친 벼루였음을 알 수 있다.

조선 시대 벼루들이 대개 그러하듯 현재 전해지는 확실히 공인된 희천연은 없다. 그러나 현재 세상에 많이 남아있는 조선 시대 자석연 가운데 산지 불명의 벼루로 위원연과 매우 흡사한 석질의 벼루가 있는데, 필자는 이 벼루들이 희천연일 가능성이 크다고 추정한다. 이 자석연은 석질이 위원연과 매우 흡사해 단단하면서도 매끈한 것이 특색인데, 작고한 벼루 연구가 오재균도 이 벼루의 산지를 밝혀내지 못해 '해동연'이란 이름으로 명명한 바가 있다. 오재균은 이 해동연의 특징이 조각문양이 소박하고 마발묵은 보통이라고 하였다.[107] 사실 이 희천연으로 추정되는 벼루들을 보면 전술한 희천연

---

105 최병규, 앞의 논문, 312~313면.

106 앞 이임순의 논문(10면)과 벼루 명장 이창호가 조사한 자료(앞 예용해 등,『벼루匠』, 72면)에도 희천석은 紫石으로 소개하고 있다.

107 오재균,『古硯』, 삼화출판사, 1976, 84면, "해동연의 석색은 正茶色이며 석질은 다색에 토황색의 소반점 또는 암흑 미립자가 섞여 있고 간혹 담록색과 백갈색의 얇은 석층이 첩배되어 있는 점판질도 있다. 마발묵은 보통이다. 조형은 최소한으로 사용하기에 편리하고 최소한의 간결한 조각을 가한 이상적인 벼루다. 특징은 대개 亞字 세문에 茶葉이나 蔘葉을 2, 3엽씩 지극히 소박하게 조각하였다. 삼국시대 고유의 전통적인 소박 간결한 유풍을 추호도 흔들리지 않고 변함없이 계계승승 이조 말엽까지 천 수백 년간 이어온 것은 오직 우리 해동연만이 가진 공예미술에 있어 세계적인 자랑거리다. 華奢치 않고 古素한 석색과 저속하지 않고 소박한 조각은 감상할수록 隱溫하게 심취되는 친근감은 실로 신비롭기만 하다." 오재균은 우리나라 벼루에 대한 통칭으로 일반적으로 사용되는 '해동연'

일본 경매에 등장한 희천연으로 추정되는 조선 고연

에 대한 고문헌의 설명과도 같이 석질이 위원연과 같이 매끈하고 단단하지만 거칠고 메말라 마발묵은 별로 뛰어나지 못한 것이 사실이다. 이 벼루들이 희천연임을 방증하는 또 하나의 사실은 중국의 벼루 연구가가 이 벼루와 동일한 벼루를 중국 요령성 '本溪橋頭硯'이라고 명명하고 있는 점이다.[108] '본계'는 중국 요령성의 도시 이름이고 '교두'는 현의 이름이다. 그렇다면 이 벼루는 중국 요령성 본계시의 교두현에서 산출한 벼루라는 것이다. 요령성 본계시는 고구려의 유적지가 있는 집안과 바로 인근한 지역으로 평안북도 위원, 희천과도 매우 가깝다. 따라서 희천연이 인근인 중국 요령성 본계로

이란 명칭을 부정하고, '해동연'은 우리나라 특정 지역의 벼루를 일컫는 것이라 주장하였는데, 이 학설은 현재 학계에서 거의 받아들여지지 않고 있다.

108 許登雲, 『古硯收藏與鑑賞』, 杭州: 浙江大學出版社, 2005, 130면.

흘러 들어가 중국벼루로 오인되었을 가능성이 크다. 그런데 최근에 필자가 일본의 벼루 경매 사이트에 찾아낸 희천연으로 추정되는 우리나라의 고연은 이 가설을 더욱 신빙성이 가게 한다. 이 벼루는 오재균이 해동연으로 명명한 한국의 고연과 동일한 종류의 벼루로 벼루 뚜껑에는 일본의 정치인 山崎猛(1886-1957)이 大正 기미년(1919년)에 지인에게 증여한 조선 고연이라는 설명이 적혀있다. 일본인 山崎猛의 약력을 살펴보면 젊은 시절 서울 경성일보 기자를 비롯해 중국 심양沈陽에 있는 만주일보 사장을 역임한 바가 있는데, 이 벼루는 그 당시 그가 얻어서 지인에게 선사한 것이다. 만주일보는 1927년에 시작해 1944년에 폐간하였기에 이 벼루는 1919년이 명기되어 있어 그가 조선의 경성일보 기자 시절에 취득한 우리나라의 벼루임이 확실시된다. 그렇다면 희천연은 조선 말기인 18, 19세기까지 유행한 벼루이기에 이 벼루가 희천연일 가능성은 더욱 높다.

고령연은 일찍이 조선 후기 서유구의 『임원경제지』 「동국연품」과 성해응의 『연경재전집』 「연보」에서부터 그 기록이 보이는데, 물론 그 이후의 『오주연문장전산고』와 『대동지지』에도 언급될 정도로 꽤 유서 깊은 벼루라고 할 수 있다. 『오주연문장전산고』에는 고령연의 석질이 "약간 거칠고 메말라서 광기가 없다(微澁枯淡無光氣)"라고 하였지만 현존하는 옛 고령연 실물은 보기 힘들다. 고령연은 안동연을 비롯한 다른 자석연들처럼 역대 문인들이 예찬한 시문들도 전혀 보이지 않아 마치 신라에 의해 파묻혀버린 옛날 대가야와도 같은 신비스러움을 간직한 벼루라고 할 수 있다. 그러나 고령연은 조선 시대 벼루 산지를 소개하는 여러 책자들에서도 모두 언급을 한 것으로 보면 당시 상당한 명성을 지닌 벼루로 생각되며, 전세하는 고령석 고연들도 분명히 어딘가에 있을 것으로 짐작된다. 다행히 고령연은 70, 80년대에 고령군 운수면 대평리에서 캔 벼룻돌로 만든 '운수연雲水硯'이란 이름으로 제작되어 국내외로 시판된 적이 있어 옛 고

70, 80년대 제작된 고령자석연 운수연(31×21×4.5), 필자 소장

령연의 석질을 추측하게 해 준다.[109] 현대 고령연은 옛 기록대로 표면이 다소 거칠고
메마른 편이며, 흰 연기 같은 실선이 석문에 나타나는 것이 특징이다.

---

109 인터넷 '디지털고령문화대전'의 '운수벼루'에는 고령운수연에 대해 다음과 같이 소개하고 있다. 운수벼루 [정의]
경상북도 고령군 운수면 대평리에서 캔 原石으로 만든 벼루. [연원 및 변천] 운수벼루는 자색, 녹색, 흑색 등 우아
한 색깔과 견고성을 가진 원석을 사용한 것으로 …… 일제강점기 때부터 일본인들에 의해 대량 생산되어, 일본 상
표로 일본, 만주, 중국 등지에 대량 수출되었으며, 국내에서는 구하기 어려웠다. 8·15해방으로 생산이 전면 중지
되자 흔적도 없이 사라졌다가, 1973년부터 재생산하면서 국내 시판은 물론, 대만과 일본 등지로 수출하고 있다.
[현황] 운수면 대평리에서 생산되던 운수벼루는 20여 년 전 생산을 중단하였다. 운수면 대평리 뒷산 골짜기인 듬
봉에서 붉은색을 띠고 있는 원석을 캐내어 벼루로 제작하여 판매하였다. 워낙 고가의 제품이라 점차 수요가 줄어
들자 20여 년 전부터 생산을 중단하고 공장이 폐쇄되었다. 현재 운수면 대평리에 벼루 공장 터가 남아있다. [출
처] 디지털고령문화대전(http://goryeong.grandculture.net > goryeong) 및 한국학중앙연구원 – 향토문화전자대
전(http://www.grandculture.net)

(8) 곽산자석연과 종성연

곽산은 선천과 인접한 곳이다.『신증동국여지승람』평안도 선천군을 보면 동으로 곽산군 경계까지 13리라고 하였으며, 자연석이 선천군의 동쪽에 있는 다미리에서 나온다고 하였다. 또 선천군에 대해『대동지지』에는 속읍으로 선천, 철산, 용천, 곽산, 정주, 가산, 박천, 영변, 태천, 귀성 등이 있다고 하였으니, 곽산의 벼루는 오랜 역사를 지닌 자석연으로 선천의 벼루와 동종으로 보인다. 그러므로 당시 문인들이 곽산자석연

곽산자석연으로 알려진 孟思誠 채석포도문일월연
(25×15.5×2.5), 맹사성기념관 소장

에 대해 읊은 시문은 찾기 어렵고, 모두 선천자석으로 통칭하고 있다.[110] 따라서 『규합총서』에서 '彩石硯'으로 명명한 곽산자석연의 실제 모습은 사진에서와 같이 선천과 위원자석연 계열의 벼루로 생각된다.

흔히 종성은 오석의 산지로만 많이 얘기하지만 사실 오석과 자석이 모두 생산되었다. 유득공과 성해응도 『영재집』과 『연경재전집』 속에서 종성석과 북청 두만강석에 관한 칭송을 늘어놓았지만 "종성창석", "북청청석" 등과 같이 종성연을 검은 벼루로만 간주하였다. 그로 인해 원로 벼루 연구가들도 종성연을 오석연으로만 생각하는 경향이 있지만 사실 『오주연문장전산고』「연재변증설」에서도 종성연은 자석연과 오석연이 모두 존재한다고 기록하였다.[111] 종성자석연에 대한 기록은 조선 시대 시문에도 보이는데, 조선 후기 조근趙根(1631-1690)의 『손암집損庵集』에는 "수주愁州(종성의 옛이름) 부사 윤지선이 마간석 벼루를 주어 시로써 사례하다. (愁州伯尹仲麟趾善贈馬肝石硯以詩謝之)"라는 시가 있다.[112] 마간석은 원래 안동자석연을 지칭하는 말로 많이 사용되었지만 여기서는 종성자석연을 말한다. 서문에는 옛날 류희춘柳希春(1513-1577, 호는 眉巖)이 이 고을에 좌천되었을 때 그곳 태수가 벼루를 주었고, 그가 시로 답례했다는 말도 있다.[113] 그렇다면 유희춘 당시인 조선 중기에 이미 종성연이 존재했음을 시사한다.

현존하는 종성연의 수량은 꽤 많지만 거의 전부가 오석이며, 자석 종성연은 지극히 드물다. 연대가 짧은 일제강점기 이후 생산된 오석 종성연은 거의 모두 벼루 뒷면에 제작자 '김영수金榮洙'라는 이름과 '종성석鍾城石' 내지는 '종성산鍾城産'이란 명문이

---

110 최병규, 앞의 논문, 313면.

111 이규경, 『오주연문장전산고(하)』, 동국문화사, 1959, 132-133면, "鍾城紫硏石烏硏石, 品佳."

112 『損庵集』 卷8, "無田食硯我生憐, 奇禍如今豈偶然. 擬與虛中交永絶, 相逢塞上意還鮮. 偏宜註易龍門下, 正合題騷楚澤邊. 仍憶蘇坡揮翰日, 靑綾不復共君眠."

113 『損庵集』 卷8, "昔柳眉巖謫此州, 太守贈硯, 公有謝詩, 今次其韻."

종성석 명문이 있는 종성자석연(12.6×20×3.4), 필자 소장

힘 있는 굵은 서체로 새겨져 있다. 사진 속의 종성자석연도 벼루 뒷면에 '鍾城石'이라고 새겨져 있지만, 대개 종성오석에 새겨진 굳건한 조각도의 맛이 느껴지는 힘찬 서체와는 달리 가는 필체로 단정하게 쓰여 있다. 따라서 이 종성자석연은 조선 종성연에서 많이 보이는 회문[114] 문양과 제작형태 등으로 보아 근대 작품이 아닌 조선 후기의 것으로 판단된다.

---

114 최병규, 「조선 종성석 벼루에 대한 고찰」, 『동북아시아 문화학회 제41차 추계연합 국제학술대회 발표 자료집』, 2020, 10, 177~182면.

3. 연당의 형태를 통해 본 고려, 조선 벼루의 발전과정

우리나라의 벼루는 고려 시대의 풍자형, 기형 등의 작은 벼루들에서부터 고려 후기 타원형 연당의 벼루들로부터 여말 선초의 화려한 일월연의 시대를 맞이하면서 여러 가지 다양한 형태로 발전 변화하는데, 본 장에서는 연당과 연지 등의 형태로 본 우리나라 고려, 조선 벼루의 변화의 궤적에 대해 살펴보고자 한다.

전술한 바와 같이 우리나라 벼루는 삼국시대에는 중국의 한·위·진대 벼루의 영향으로 둥근 형태에 발이 달린 토제 벼루가 대종을 이루었다. 이런 벼루는 비록 정교하긴 했으나 크고 실용적인 면이 결여된 벼루가 주였다. 그러다가 고려 시대에 이르면 실용적인 돌벼루가 본격적으로 등장하면서 벼루의 형태도 휴대에 적합한 실용성을 띤 작은 형태로 발전한다. 고려 시대 당시의 벼루 형태는 초기의 풍자형에서 장방형 벼루로 발전하는데, 연당도 풍자형 벼루의 마름모 형태의 연당에서 장방형 벼루의 타원형으로 변하게 된다. 그리고 장방형 벼루는 풍자형 벼루의 회청석에서 자석의 벼루로 발전되면서 석질도 향상될 뿐 아니라 연당의 형태도 바뀌었다. 고려 말에는 김선치 벼루에서 보듯 먹을 가는 연당은 넓지만 그 주변의 연순(벼루의 테두리)이 매우 좁은 형태의 벼루가 주였다. 이는 작은 몸체로 많은 먹물을 갈아내기 위한 실용적인 측면을 중시한 때문으로 볼 수가 있다. 이런 고려 시대 형태의 대표적인 벼루로는 김선치가 어릴 적에 사용한 '김선치 벼루(10.8×19×1)'를 들 수가 있다. 이 벼루는 뒷면에 명문으로 "名先致年十二"라고 새겨져 있는 확실한 고려 말기의 벼루인데, 연당이 전체적으로 사각에 가까워지려는 타원형 모양이고, 그 속의 연지는 일월연의 것과 거의 똑같은 누운 초승달의 모습을 하고 있다.[115] 또 김선치의 벼루와 거의 동일한 형태를 지닌 군

---

115 김선치의 벼루 연지를 자세히 보면 이중으로 홈을 파 두 개의 초승달이 누운 모양인데, 이는 여말 선초 일월연의 연지와도 거의 흡사하다.

고려 풍자형 청석연, 길이 11, 14센티, 필자 소장

좌_고려장출토 고려자석연, 군산대 소장
중_고려 말기 자석연 김선치 벼루, 김국희씨 소장
우_경북 구미 출토 고려자석연(6.9×16.3×1.4), 대구대 소장

고려자석연, 경기도박물관 소장

산대박물관에 소장된 '高麗葬出土'란 명문이 새겨진 벼루(7.3×12.8×1.2)를 보면 당시 이런 타원형 형태의 연당이 매우 유행했음을 알 수 있다. 이런 고려 시대 벼루들을 보면 비교적 작고 얇은 두께에 연당에 비해 좁은 연순과 연액(벼루 이마, 즉 벼루 연지 위의 테두리)을 가진 벼루가 고려 말기에 유행한 대표적인 벼루 형태라고 할 수가 있다. 이에 비해 자료에서 제시한 대구대박물관에 소장된 경북 구미에서 출토된 고려 자석연(6.9×16.3×1.4)과 경기도박물관 소장 고려 자석연(8.9×15.1×1.1)은 다소 넓은 벼루 이마와 테두리를 지녀 점점 조선 시대로 가까워지고 있는 형태라고 볼 수가 있는데, 이런 벼루가 점점 진화하여 넓은 이마의 화려한 조각이 들어간 본격적인 일월연 벼루로 발전하였을 가능성이 크다.

흔히 우리나라 벼루를 논할 때, 포도문이나 매화문 등의 정교한 문양이 조각된 일월연을 가장 대표적인 벼루로 내세우고 있다. 그리하여 남포연과 함께 흔히 '조선 벼루의 꽃'이라고도 하는 화려한 위원석 일월연의 시대를 학계에서는 대개 고려 말기에서 조선 전기로 추정하고 있다.[116] 이런 위원석 계통의 일월연들은 그 크기도 웅장할 뿐만

---

116 권도홍은 이들의 연대를 조선 초기의 벼루로 보고 있지만(『벼루』, 17쪽) 전술한 『고연 백선』에서와 김호연은 일월연의 출현을 고려 말로 보고 있다.

아니라 조각문양도 화려하고 정교하여 고려 시대의 유물로 믿기 어려울 정도이다.

그러나 한국의 대표적인 원로 벼루 연구가 김호연은 우리의 고연에 대한 사랑과 자부심이 지극하였는데, 그는 이런 정교한 일월연의 제작연대에 대해 고려 후반기까지 거슬러 올라감을 주장하고 있다. 그는 "해동연은 고려 후반기에서 이조 전기에 걸쳐서 많이 생산된 이른바 일월연에 이르러서 단연 송원연宋元硯의 수준을 능가하는 솜씨를 보이게 된다.[117]"라고 주장하고 있다. 그도 그럴 것이 『서청연보西淸硯譜』 등을 비롯한 중국의 송원대의 고연들을 소개한 도록들을 보아도 우리의 포도문이나 매죽문일월연들보다 더 정교하고 멋진 벼루들을 찾아보기가 어려운 것이 사실이다.

원로 벼루 수집가 오재균도 고려 시대의 화려한 공예미술이 조선의 억불숭유 정책에 의한 유가적 '완물상지' 관념으로 인해 우리의 벼루공예가 주춤한 점을 지적하였듯이[118] 고려 후기의 벼루는 분명히 일정 수준 이상이었으리라 생각된다. 그런 까닭에 권도홍도 일찍이 중국의 그 유명한 『서청연보』에 나오는 벼루들을 비롯하여 중국 일본의 고미술가의 고연들을 모두 살펴보아도 우리의 위원화초석포도문일월연 이상의 정교한 벼루를 발견하지 못했다고[119] 하였다.

중국 인민미술출판사 출판의 『古硯品錄』에는 비교적 정교한 원대의 일월연 한 점을 소개하고 있는데, 그 형태와 크기가 우리의 고려, 조선 시기에 유행하던 매죽문일월연과 거의 흡사한데, 다른 점이라면 석질이 원대元代에 유행하던 백석白石일 따름이다.[120] 원대는 무공을 숭상했던 시기로 원대의 벼루로 말하자면 송대에 비해 거칠고 투박하며 단계석이나 흡주석과 같은 좋은 석질의 벼루도 거의 없으며, 그 수나 질에 있

---

117 앞의 책, 『고연 백선』, 69쪽. 또 이 책 58쪽에는 고려 시대의 벼루로 최주호 소장의 위원화초석일월연을 소개하고
      있기도 하다.
118 오재균, 『고연』, 삼화인쇄주식회사, 1976, 79쪽.
119 권도홍, 앞의 책, 46쪽.
120 王靑路, 앞의 책, 108쪽.

원(元) 일월화조문 백석연(24.5×14×3) (王靑路, 『古硯品錄』, 北京:人民美術出版社, 2006, 108쪽)

어서도 송대에 훨씬 못 미치던 시대였다.[121] 그리하여 전세하는 원대의 벼루는 대개 인물이나 동물 모양의 크고 투박한 벼루이거나 백자로 된 벼루가 거의 전부였다.[122] 그런데 송대에는 출현하지 않은 이런 고려풍의 화려한 매죽문일월연이 의외로 원대에 출현한 사실은 아마도 이 벼루가 고려의 전래품이거나 아니면 고려 말기에 등장한 우리의 일월연 기술이 원대의 벼루에 영향을 미친 것이 아닐까 추측해 볼 수가 있다.

전해지는 우리나라 조선 초기의 대표적 벼루로 충남 아산시에 있는 고불 맹사성(1360-1438)의 유품 포도문일월연(25×15.5×2.5)을 들 수가 있다.[123] 이런 위원석일월연들은 전술한 바대로 고려 후기부터 제작되기 시작하여 조선 전기에 걸쳐 본격적

---

121 "원대는 무공을 숭상하여 선비 문인들의 사회적 지위가 낮았다. 문인과 함께 한 벼루도 수량이나 질에 있어 송대에 훨씬 미치지 못하였다. (元代崇尙武功, 讀書人社會地位低下, 與文人相依之硯台, 無論在數量還是質量上都遠不如宋代)"-郭淸晨, 郭林, 2007, 『竹嘯齋古硯珍藏』, 北京 人民美術出版社, 40쪽.

122 謝興民, 『壽石齋藏硯集』, 陝西旅遊出版社, 1999, 43-46쪽 참조.

123 그 외에도 조선 전기의 벼루로 영주시 소수박물관 소장 백암 김륵 선생이 1602(선조 35)년에 명나라 신종황제로부터 선물받은 일월연이라든지 의령군 소장 임진란의 의병장 곽재우가 왜란이 일어나기 전에 부친과 함께 명나라에 갔다가 그 곳 황제로부터 하사받은 포도문일월연 등과 같은 위원석 계통의 화려한 일월연 벼루들이 조선 시대 전기로 추정되고 있지만 중국 황제의 하사품이란 설도 있어 순수한 우리나라 벼루로 볼 수 없다.

고려 말-조선 초기, 맹고불(맹사성, 1360-1438) 유물 포도문일월연

으로 많이 생산된 것으로 판단된다. 여기서 우리는 위원석 계통의 일월연들이 김선치 벼루와 같은 타원형 연당의 다소 보잘것없는 형태의 고려 말기의 벼루들에서 점점 진화된 것임을 추측해볼 수가 있다.[124] 왜냐하면 벼루의 진화과정에서 볼 때 작고 소박한 고려 시대의 벼루들에 비해 조선 시대 전기의 벼루들은 대개 크고 문양이 사실적으로 잘 조각되어 한층 발전된 모습을 보였으며,[125] 이런 점은 중국에서도 마찬가지여서 소박한 송원대의 벼루에 비해 명대의 벼루는 더욱 정교하고 다양하게 발전되었기 때문이다. 그뿐 아니라 타원형 연당의 고려 시대의 벼루들은 사진에서도 보듯이 대개 벼루의 테두리와 이마가 좁으며, 또 크기도 작고 그 두께도 얇은 것이 특징이다.

그러나 조선 시대로 들어오면서 벼루가 점점 두께도 두꺼워지고 테두리와 이마가 넓어지는 경향이 있었다. 이런 점은 중국에서 송대 벼루는 이마와 테두리가 좁은 반면

---

124 물론 출토된 고려 시대의 벼루 중에는 중앙박물관에 소장된 箕硯이나 琴硯 등과 같은 비교적 정교한 수법의 벼루가 있기도 하다. 이임순, 「조선 시대 벼루에 나타난 문양의 조형적 분석」, 숙명여자대학교 대학원 석사학위 논문, 1976, 6쪽.

125 이임순 앞의 논문 103쪽에서는 조선 벼루의 발전단계에 대해 전기, 중기, 후기로 나누었는데, 전기의 벼루는 그 문양이 사실적으로 처리되어 벼루의 문양이 연면이나 연지를 압도하는 경향이었으며, 중기의 벼루는 대체로 서민풍의 민화조로 흘렀다가 후기에 이르면 문양과 형세가 지극히 도식화되면서 생기를 잃게 되는 과정을 얘기하고 있는데, 이는 대체로 조선 시대의 벼루는 전기를 그 전성기로 하여 갈수록 후퇴되었다는 말로 볼 수가 있다.

에 넓은 이마는 우리의 조선에 해당하는 명대 벼루의 특징 가운데의 하나라는 점에서 도 방증될 수 있다.[126] 벼루의 크기도 풍자형을 비롯한 고려 시대의 벼루들은 대체로 작은 것이 특징이며,[127] 전술한 김선치의 벼루도 크기가 크지 않으며 또 두께가 대단히 얇은데, 이 역시 고려에 해당하는 중국 송대 벼루의 특징 중의 하나이다.[128]

이상 여러 가지 정황으로 보면 우리나라의 벼루는 고려 시대의 대체로 작고 볼품없 는 풍자형 연당의 벼루들에서부터 고려 후기의 김선치 벼루와 같은 타원형에 가까운 연당의 벼루로 진화하였으며, 고려 말기와 조선 초기에 이르면 이런 타원형 연당의 벼 루가 더욱 발전하여 크고 화려한 위원석 계통의 일월연 벼루로 탄생했을 것으로 짐작 된다. 이런 타원형 연당의 벼루는 조선 중기까지도 유행한 듯한데, 이는 오죽헌 박물관 에 있는 율곡 이이(1536-1584)가 어린 시절 사용하던 벼루도 연당이 김선치 벼루와 흡사한 타원형인 점을 보아도 알 수 있다.

그리고 이런 타원형 연당의 벼루도 점점 각이 지면서 사각형의 연당으로 변화하는 과정을 겪게 되는데, 조선 시대 벼루는 전체적인 형태는 물론이거니와 연당과 연지의 형태에서도 직선의 미가 두드러진 것이 특징이다. 이는 성리학이 조선의 국교로 채택 되면서 직선을 우리의 선으로 자연스럽게 받아들이고자 함에서였다.[129] 조선 시대 벼 루는 사각형의 외형은 물론 연당과 연지가 거의 각이 반듯한 직선과 네모의 형태를 가 진 것이 많아지는데, 이는 당시 성리학적인 심미관이 벼루에도 반영된 것으로 해석

---

126 "좁고 긴 장방형이면서, 이마는 넓고, 바닥은 편평한데, 이는 전형적인 명대 벼루의 형제 중의 하나이다. (狹長方 形, 闊額, 平底, 明硯典型形制之一.)"- 吳戰壘, 『古硯』, 福州, 福建美術出版社, 2002, 59쪽.

127 -, 2007, 『고려 조선의 벼루』, 하남 역사박물관, 2-27쪽 참고.

128 얇은 벼루는 송대 벼루의 한 특징으로 그 두께가 종이 짝과 같았다고 한다. "宋時硯有薄如紙者."-章放童, 『歙硯溫 故』, 北京人民美術出版社, 2007, 88쪽.

129 그러나 한국의 미를 곡선에서 찾은 야나기 무네요시는 "직선은 조선의 선이 아니다. 유교가 들어옴에 따라 점차 덧붙여진 것이다."라고 말하였다. - 추원교, 『우리의 공예문화』, 예경, 2003, 22쪽.

할 수 있다.[130] 조선 시대 벼루 가운데에는 어느 각도에서 보아도 매우 반듯하고 엄격한 직선과 각도를 유지하고 있어 연당과 연지의 직각과 직선의 형태는 한 치의 오차도 없이 정확하게 자로 긋고 파내어 마치 기계로 작업하여 찍은 듯 반듯한 것이 많아지게 된다. 이 점은 조선 시대 선비가 기거하는 방에 놓여있는 문방 제구들을 보아도 대부분이 각이 반듯한 사각형의 물건들이 많음에서도 알 수 있다. 이를테면 사방탁자, 서안, 시전지판, 먹, 연상, 고비, 재판, 서류함, 목침 등은 물론이고 벽에 걸린 족자에 이르기까지 대부분이 각이 반듯한 사각형으로 되어있다. 이는 유가의 方正함을 추구하는 조선 시대 선비들의 정신적 상징으로 보아야 할 것이다.

중국의 역대 벼루들은 수의형(隨意型, 즉 자연형) 형태를 비롯한 다양한 형태의 벼루들이 골고루 많지만 우리나라 고려 조선의 벼루들을 살펴보면 고려 시대의 대표적인 벼루형인 풍자형 벼루를 제외하면 우리나라의 고연들은 거의 직사각형의 장방형 벼루가 압도적으로 많다. 혹자는 말하길, "우리의 선은 직선이라기보다 곡선이다. 곡선도 급한 선이 아니라 유연히 돌아가는 느긋한 선이다. 직선도 있으나 그것은 가다가 잠시 머무는 여유 있는 선이지 각박한 선은 아니다.[131]"라며 도자기를 비롯한 한국공예의 선의 미에 대해 얘기하지만 조선 시대 벼루의 형태에 나타난 선의 아름다움에는 해당되지 않는 말인 듯하다. 반듯한 직사각형이 기본[132]인 조선 시대 벼루의 전체적인 형

---

130 이 점은 중국벼루의 발전에서도 방증될 수가 있다. "(송대) 당시의 심미관은 네모반듯한 것을 귀하게 여겼으며, 소박한 것을 아름다움으로 여겼다. 그러므로 송대 이후로 기하형이나 장방형의 조형이 이어져 지금에까지 이르고 있다. (當時的審美觀是 '硯以方整爲貴, 以渾樸爲佳'. 故宋以後, 幾何形, 長方形的造型連續至今.)"(靜妙軒主人,『靜妙軒藏硯』, 上海書局, 2005), 15쪽. 또 "시대의 변천은 형태를 장식적인 것에서 실용적인 형태로 바꾸게 하고, 유교의 합리주의 영향은 더욱 불필요한 장식을 버리게 하여 주로 네모꼴 형태로 변모하였다."(추원교, 앞의 책, 49쪽)

131 최성자,『선색형- 한국의 미』, 시식산업사, 1994, 12쪽.

132 같은 직사각형의 벼루라고 하더라도 고려 시대의 벼루들은 대개 풍자(風字) 형으로 위와 아래의 넓이가 다른 것에 반해 조선의 벼루는 대개가 반듯한 직사각형의 모양이 많다.

태는 물론이거니와 연당과 연지의 형태에서도 우리나라 벼루에는 직선의 미가 두드러지게 나타나고 있다.

물론 우리나라 고려, 조선의 벼루들이 일률적으로 타원형이나 원형의 연당에서 시작하여 직사각형의 연당으로 변했다고 주장하는 것은 아니다. 송대의 벼루들을 보아도 타원형의 연당이 있는 반면에 직사각형의 연당도 존재하였으며,[133] 사실 고려의 벼루 가운데에도 타원형이나 풍자형과 기형의 벼루들 외에도 장방형의 벼루로 직사각형의 연당을 지닌 벼루도 있는 것이 사실이다.[134] 다만 당시 가장 유행한 형태에 대해 논하자면 우리나라 고려 조선의 벼루는 대체로 타원형의 연당에서 원형의 화려한 일월연의 형태로 변하다가 점점 반듯한 각이 생기는 직사각형의 연지와 연당으로 변화하였다는 것이다.[135]

요컨대 우리나라의 벼루는 평양 고분에서 출토된 한나라 벼루의 형태와 비슷한 기원전 1세기경에 제작된 원형 벼루를 시작으로 삼국시대에도 중국 위진남북조 시기의 벼루와 비슷한 꽤 정교한 모양의 다족원형벼루들이 많이 만들어졌는데, 당시의 벼루는 그 재질이 흙으로 만든 토제 벼루가 주로 사용되었다. 그 후 고려 시대부터는 벼루가 점차 보편화되고, 휴대성과 실용성이 고려되면서 석제 벼루가 많아지고, 모양도 작아지고 평평하며 얇은 모양의 '風' 자형인 것이 주를 이루었다. 이런 풍자형 벼루들은 대부분 회청색으로 벼루의 뒷면이 편평하거나 아래가 푹 들어간 이른바 초수식抄手式(혹은 揷手式) 형태였다. 그러나 고려 시대 말기에는 석연 가운데 회청색연 외에도 자석연紫石硯도 많이 사용되었는데, 그 대표적인 벼루가 바로 고려 말기의 벼루로 확인

---

133 章放童, 앞의 책, 32-35쪽 참조.

134 오재균의 『고연』, 137쪽에는 장두성 소장의 고려장방석연을 소개하고 있는데, 이 紫石 벼루는 팔각에 가까운 직사각형 연당을 갖고 있다.

135 김삼대자 등, 앞의 책, 44-62쪽에 나오는 벼루들의 연대를 살펴보아도 우리의 벼루는 일월연과 타원형 연당의 벼루들에서부터 점점 직각 형태의 연당을 지닌 벼루들로 변모하였음을 눈으로 확인할 수가 있다.

고려 시대로 추정되는 다양한 연당의 자석연(길이 11.3~19.4센티, 두께 약 1.2센티) 필자 소장

된 김선치 벼루로 이 벼루는 고려 시대 벼루의 형태와 산지를 알려주는 귀중한 자료이다. 이런 형태와 색상의 벼루는 최근에도 고려 시대 고분 출토품으로 종종 발견되고 있다.

고려 시대는 한국 벼루사에 있어 매우 중요한 시기인데, 당시 문인들의 벼루에 대한 관심이 대단하였다. 이규보와 정몽주를 비롯한 시인들은 시를 통해 벼루를 많이 노래하였는데, 그들에게 벼루는 매우 귀중한 문방구이자 귀한 완상품이기도 하였다. 고려 시대의 벼루는 당시 교역국인 거란에 수출되었음을 문헌을 통해 확인할 수가 있으며, 청자벼루는 송나라에도 수출되었음을 근래 해저유물의 발견을 통해서도 알 수가 있다.

고려 시대에 이어 조선 시대가 되면 벼루의 산지와 형태, 그리고 조각이 더욱 발전하면서 벼루에 대한 문인들의 애호와 열정도 더해갔다. 조선 전기만 해도 고려 시대에 이어 벼루의 산지도 더욱 다양해졌고, 특히 자석연 산지들이 본격적으로 개발되면서 문인들이 우리나라 벼루의 산지인 평안북도 선천과 강원도 평창 등지를 구체적으로 칭송하기도 하였는데, 이는 우리나라 벼루 산지의 역사에서 매우 중요한 자료이다. 그리고 조선 중기에 이르면 한국 벼루의 산지가 더욱 활성화되면서 여러 지역에서 벼룻돌이 산출되었는데, 당시 문인들은 시를 통해 선천자석, 위원석, 안동석, 상산석 등의 벼루들을 읊기도 하였는데, 이 역시 조선 시대 선천석, 위원석, 안동석, 상산석 등의 벼루 역사를 고찰하는 데 매우 중요한 자료가 된다.

조선 시대로 접어들면서 벼루의 형태는 고려 말기의 장방연 형태의 타원형 연당에서 발전한 일월연 벼루가 많이 제작되었고 벼루의 크기도 더욱 웅장해졌다. 우리나라 고려, 조선 벼루의 꽃이라고 할 수 있는, 정교하고 화려한 문양의 일월연은 주로 고려 말기에서 조선 전기까지 왕성하게 제작되었는데, 당시 중국 원나라에도 가끔 이런 양식의 벼루가 있었으며, 또 명나라 때에도 이런 벼루들이 많이 제작된 것을 보면 일월연은 당시 한중 양국에서 꽤 유행하던 형태의 벼루라고 생각된다.

여말에서 조선 초·전기에 주로 유행한 이런 일월연들은 포도문을 비롯해 매죽연 등 다양한 문양을 회화적 기법으로 극히 사실적으로 조각하여 중국벼루를 능가하는 우리나라 벼루의 자랑이라 할 수 있다. 그러나 이런 일월연 벼루들도 세월이 흐름에 따라 그 문양들이 구체적이고 사실적인 문양에서 추상적이고 단순화된 도식적 문양으로 점차 변화하기도 하였다. 이는 조선 중기로 들어올수록 성리학적 이념이 강화되면서 벼루에 대한 문인들의 생각도 소박함과 단순화를 추구한 결과라고 할 수 있다.

조선 중후기에는 조선 전기의 일월연 중심의 형태뿐 아니라 다양한 벼루 산지에서 제작된 다양한 형태의 벼루들이 제작되었으며, 특히 숙종부터 영조, 정조에 이르는 시기는 조선 시대 문예 부흥기로 유득공, 정철조 등을 비롯한 실학파 문인들의 벼루에 대한 높은 관심으로 인해 벼루에 관한 연구논문들과 함께 다양한 벼루들도 많이 제작되었다. 그러나 조선 말기와 일제강점기에 이르면 한국의 벼루가 일본벼루의 영향과 필기도구의 변화로 인해 벼루의 형태가 많이 변질되고, 문양도 단순화, 도식화되면서 벼루의 격도 많이 떨어지게 되었다.

연당의 형태로 보면 우리나라의 벼루는 처음에는 주로 원형의 벼루가 주였다가 고려 시대부터 풍자형이나 타원형에 가까운 연당의 장방형 벼루가 많이 사용되었다. 그리고 고려 시대 장방형 벼루는 처음에는 연당에 비해 그 주변의 연순이 매우 좁은 형태의 벼루가 주였지만 점점 연당에 비해 연액과 연순이 넓어지게 되고, 이런 벼루가 점점 진화하여 넓은 이마의 화려한 조각의 일월연 벼루로 본격적으로 발전하였을 가능성이 크다.

그리고 타원형 연당의 고려 시대 벼루의 형태는 조선 중기까지도 유행한 듯한데, 이는 율곡 이이가 어린 시절 사용하던 벼루의 연당이나 퇴계 이황의 벼루를 통해서도 알수가 있다. 그러나 이런 타원형 연당의 벼루가 점점 각이 지면서 사각형의 연당으로 변화하는 과정을 겪게 되면서 조선 시대 벼루는 전체적인 형태는 물론이거니와 연당과 연지의 형태에서도 직선의 미가 두드러지게 나타나게 되는데, 이는 방정함을 추구하는 성리학의 영향에서 비롯된 것이라 할 수 있다. 이런 장방형의 벼루는 타원형이나 자유로운 형태의 벼루에 비해 단정하고 소박한 모습을 지녀 방정함을 추구하는 조선 시대의 유가적 이념이나 선비의 정신과도 잘 부합되어 매우 단아하고 간결한 느낌을 주고 있다.

3

한국을 대표하는
산지별 벼루

우리나라는 국토면적은 작은 편이지만 과거에는 수많은 벼루 산지가 있었다. 고려 시대부터 시작해 조선 말기까지 존재한 우리나라의 벼루 산지는 우리가 생각하는 것보다도 훨씬 많았다. 이는 현재 우리가 알고 있는 과거 한반도 28군데 벼룻돌 산지를 훨씬 능가하는 다양한 종류의 우리나라 옛 벼루들이 많이 전해지고 있는 점에서 충분히 추측할 수 있다. 국토면적이 우리보다 수십 배가 큰 중국과 비교해도 그리 큰 차이가 나지 않으며, 또 일본에 비교하면 더 많을 정도로 우리나라는 예로부터 수많은 벼루 산지가 있었던 것이다.[1] 이는 우리나라가 예로부터 문화를 매우 숭상한 민족이었음을 간접적으로 잘 보여주고 있는 점이기도 하다. 과거 우리나라는 중국이나 일본으로부터 벼루를 구해 오기도 하였지만 조선 시대 이후는 사신들을 통해 우리나라의 벼루를 중국 등 다른 나라에 선물하기도 하였다. 조선 시대 우리나라 벼루는 중국인들이 선호하는 공물 중의 하나였음은 옛 자료들을 통해서도 잘 알 수 있다.

그런데도 아쉬운 점은 현재 전해지는 우리나라 벼루 산지에 대한 자료는 매우 적어

---

1 중국의 벼루 산지는 사대명연을 포함해 대략 90여 곳이며, 일본의 벼루 산지는 19곳이지만 우리나라 옛날의 벼루 산지는 알려진 곳만 28군데나 되었다.

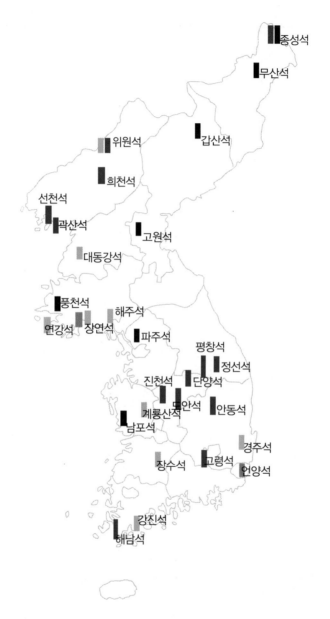

石色으로 본 한반도 유명 벼루 산지

모든 벼루 산지에 대한 정확한 파악은 어렵고 일부 고자료들을 통해 대략적인 면모만 알려지고 있을 따름이다. 거기다 오늘날 전해지는 우리나라의 벼루에는 대부분 연명이 새겨져 있지 않아[2] 벼루의 산지는 물론 벼루 제작자를 알 수가 없는 것이 대다수이다. 이런 상황에서 우리나라 고연의 산지와 제작자에 대한 고찰은 마치 권도홍의 말대로 옛 궁전이 허물어진 황량한 터의 벌판을 혼자 헤매는 격이다. 더구나 조선 시대 중앙관서에는 먹장은 있어도 벼루장은 따로 없었던 것을 보면 조선 시대 벼루는 꼭 전문 장인들만 제작한 것이 아니라 일반인들도 근처에서 돌을 쉽게 구해 대충 깎아 만들어 사용한 듯하다. 이 점은 우리나라 옛 벼룻돌의 수없이 다양한 석질과 어리숙하고 소박한 형제와 조각문양을 통해서도 가히 짐작된다. 이런 연유들로 인해 우리나라 벼루 산지는 더욱 오리무중이 아닐 수 없다. 앞으로 고증과 발굴 작업을 통해 밝혀져야 할 것이다. 이제 한반도의 주요 벼루 산지와 벼룻돌의 모습을 하나하나 구체적으로 살펴보자.

1. 남포연藍浦硯

우리는 대개 벼루라고 하면 으레 검은 색깔의 돌벼루를 가장 먼저 생각하게 된다. 이는 우리나라에서 제일 흔하고 유명한 조선 벼루의 대표라고 칭할 수 있는 충남 남포藍浦지역의 남포연藍浦硯 벼루가 검은색 계통의 벼루이기 때문이다. 이처럼 우리나라에서는 검은 빛깔의 벼루가 가장 한국을 대표하는 색깔의 벼루라고 말할 수 있다. 그만큼 한국의 벼루 가운데 남포벼루의 위치는 크다. 중국의 벼룻돌이 단계연을 중심으

---

2 우리나라 벼루의 주요 특징 중의 하나가 연명이 거의 없다는 점이다. 이는 우리나라 민화에서도 낙관이 대부분 없는 것과도 일치한다. 이는 '아(我)'를 주장하지 않는 조선의 '무아(無我)'와 '무화(無化)'의 예술세계와도 연결된다고 보기도 한다.

좌_박정희 유품 남포 오석 포도문일월연(16.5×22.4×6) 필자 소장
우_덮개를 연 모양

로 한 자주색의 벼룻돌로 대표된다면, 한국의 벼루는 검은색 계통의 벼루가 가장 대표
적인 색깔인 것이다.

검은색 돌벼루의 역사는 일찍이 삼국시대와 고려 시대에까지 거슬러 올라간다. 출
토된 삼국시대 백제 남포 오석(부여 쌍북리 출토 7세기) 벼루[3]에서부터 고려 시대의
벼루들을 보면 검은색 계통의 청색 돌벼루가 많기 때문이다. 그런데 검은색 벼루인 흑
석연도 엄격히 말하자면 남포벼루에만 한정된 것은 아니다. 남포연 외에도 흑석연으
로 함경북도 종성鍾城을 중심으로 한 두만강 부근 지역(갑산, 무산 등)에서 나는 벼루
들 가운데 속속들이 아주 검고 매끈한 성질의 돌벼루도 있다. 그 대표적인 벼루가 종
성연인데 그 석색은 남포연에 비해 더 검고 단단하면서 특유의 석문이 있으며, 돌의

---

3 손환일, 『한국의 벼루』, 16쪽.

재질도 더 매끈매끈하여 구분이 가능하다.

그리고 또 남포연 검은색 돌벼루도 자세히 살펴보면, 새까만 색의 오석烏石 벼루가 있는가 하면 회청색에 가까운 벼루도 있다. 또 이들 벼루 외에도 우리나라에는 검은색 벼룻돌의 산지가 여러 군데 있었는데, 경기도 파주坡州와 황해도 풍천豊川, 그리고 강원도 고원高原 등지도 대표적인 오석 산지였으며, 그 외에도 한반도 여러 지역에 걸쳐 검은색 계통의 벼룻돌이 생산되었지만 자료의 한계로 인해 자세한 사항을 알 수가 없는 실정이다.

앞에서 언급한 바와 같이 충남 보령이 산지인 남포연은 조선 벼루의 꽃으로 불릴[4] 만큼 한국 벼루 가운데 가장 품질이 우수하고 생산량도 많아 우리나라에서 가장 많이 사용된 한국을 대표하는 벼루라고 할 수 있다. 그러나 전술한 바대로 남포연의 역사를 살펴보면 남포연이 본격적으로 사람들로부터 사랑을 받게 된 것은 조선 후기부터이기에 다른 자석벼루들과 비교해 시대적으로 많이 뒤떨어진다. 문헌상으로 볼 때 선천이나 평창의 자석연들이 조선 초기에 이미 문사들의 입에 오르내렸던 반면 남포연은 조선 후기에 해당하는 숙종 이후 17, 8세기에 비로소 사람들이 그 우수성에 대해 글을 남겼기 때문이다. 전술한 바대로 문헌상으로 가장 일찍 남포연을 찬미한 문장은 숙종과 영조 연간 이하곤李夏坤(1677-1724)의 연명에서부터다.

돌에는 문양이 있어 대나무 잎이 어지러이 나 있는데, 대단히 부드럽고 매끈하면서 발묵이 좋다. 이는 남포석 중의 상품上品이다. 나는 그것을 사랑하여 죽엽석竹葉石이라 이름 지었다. 그리하여 연명을 짓길, 충청도 남포현에서 아름다운 돌이 나왔는데, 그 문양은 국화와 같은 것도 있고, 늙은 고사리와 같은 것도 있다. 세상에서 화죽석花竹石이라고 부르는 것이 아마도 이것이다. 바탕이 맑은 것은 강함이 옥과 같고, 무늬가 얼룩진 것은 빽빽한 것이 대와 같네. 내가 두 물건을 보니 그 쓰임이 없으나 사람마다 모두 보배롭게 여기네. 하물며 너희는 모두 이름다우니 어찌 홀로 궁벽한 산중과 황량한 계곡 가에 던져졌던가. 그러나 다

---

4 권도홍,『벼루』, 50쪽.

듣고 깎아내지 않아도 너의 덕을 볼 수 있도다.

石有文如竹葉錯落。甚瑩滑發墨。是藍石之佳者。余愛而名之曰竹葉石。因銘曰 忠淸道藍浦縣
産美石。其文或有類菊花者。或有類老蕨者。俗謂之花竹石。此其一也。質之瑩然者。剛如玉
也。文之斑然者。森如竹也。吾觀二物者。無汝之用。而人皆寶惜也。况汝具斯美。而豈獨棄
擲乎窮山之中荒溪之側也。然不琢不剴而後。亦可以觀汝之德也。

-「죽엽석연명竹葉石硯銘」, 이하곤李夏坤

여기서 이하곤은 남포연의 석질을 찬미하면서 당시 남포연 벼루에 새겨진 문양으로
국화문, 고사리문, 죽엽문 등이 있었음을 알려주고 있다. 이어 18세기 중반쯤에 이르면
남포석이 더욱 유명해져 이제 사람들이 가장 귀중하게 여기는 조선의 벼루로 등극하
였음을 알 수가 있는데, 남유용南有容(1698-1773)의 다음 연명은 이를 잘 말해준다.

남포에서 아름다운 돌이 나니, 사대부 가운데 벼룻돌을 사치스럽게 좋아하는 자들은 남포석
이 아니면 갖질 않았다. 처음 태화太華(南有常: 1696-1728, 남유용의 형임.)에게 무늬 있
는 벼루가 있어 그것을 매우 귀하게 여겼는데, 남포에서 나온 것이다. 그가 죽자 가족이 그
것으로 함께 묻고자 했는데, 그 동생이 말하길, 이는 선생의 문장을 태어나게 한 것이니 흙
속에 묻게 되면 자갈돌과 함께 썩으니 어찌 사람들에게 남겨져 그들의 사랑을 받는 것보다
낫겠소! 묻는 것은 안 됩니다. 그리하여 그것을 위해 명을 지어 말하길, 선생의 뜻을 사람
들이 살펴 알지를 못하고, 선생의 대업도 세상에서 알지를 못하네. 과연 누가 그것을 알겠
는가! 오직 이 한 조각의 돌일 따름이라. 아마도 너(벼루)의 뼈를 발라내고 너의 못을 말려
서 예복의 색(즉 문사)을 화려하게 하였으리라. 선생이 이미 작고하였으니 아깝도다 돌이
여, 오호, 슬퍼라, 돌이여!

藍浦出美石。士大夫侈硯材者。非藍石不蓄也。始太華有文硯甚珍之。藍出也。旣歿家人謀以
殉。其弟曰玆惟先生之文章所緣出。與棄擲土中。與瓦礫同朽。孰若留之人間。俾爲人愛惜乎。
以殉不可。於是爲之銘曰。先生有苦心。而人莫得以窺。先生有大業。而世莫得以知之。孰
其知之。惟玆一片之石。蓋將剔汝之骨。涸汝之澤。以彰施黼黻之色。先生旣歿。惜乎石乎。
吁嗟乎石乎。

-「태화고연명太華古硯銘」, 남유용南有容

위 문장을 보면 당시 남포연의 위상을 짐작할 수 있다. 남유용의 형인 남유상은 1728년(영조 4년)에 작고하였는데 당시 18세기 중엽에는 남포석이 이미 조선 벼루 가운데 가장 중시받는 벼루였음을 알 수가 있다. 이 사실을 뒷받침해주는 또 한 편의 문장이 바로 앞에서 언급한 바가 있는 18세기 후반에 지어진 신경준申景濬(1712-1781)의 「사물명四物銘」 중의 「고비벼루명(蕨硯銘)」이다. 조선 중기의 문인 김남창金玄成(1542-1621)이 가지고 있던 '남포고비연'으로 인해 17세기 초반 이전부터 사용된 것으로 생각되는 남포연에 관한 여러 기록들을 몇 개 소개하면 다음과 같다. 아래 이유원의 기록을 보면 남포연은 19세기에도 명실공히 조선을 대표하는 벼루로서 중국에까지 널리 알려졌음도 알 수 있다.

○ 보내 주신 와연瓦硯은 기와의 결과 모양이 전에 비하여 더욱 정교합니다. 여기에 남포석藍浦石 벼루가 하나 있어서 그것과 비교해 보니, 먹을 갈 때에 물기가 잘 마르지 않는가 마르는가의 차이가 없지 않으나 먹발을 잘 받는 것은 도리어 그보다 나으니, 백중지세伯仲之勢가 될 듯합니다.

　　　　　　　　　　　　　　　　　　　　－「이이중에게 답함」, 남구만(1629-1711)의 『약천집』

○ 남포藍浦의 성주산聖住山 : 남·북의 두 산이 합하여 큰 골짜기가 되었다. 수구水口가 밝고 깨끗하다. 산 밖에서 검은 옥벼루를 생산하는데 이따금 관상觀賞에 쓰일 만한 돌이 난다.
　　　　　　　　　　　　　　　　　　－「산천의 형승形勝」, 『연려실기술 별집』, 이긍익李肯翊(1736-1806)

○ 정묘조正廟朝에 남포석藍浦石이 귀하여 방효량方孝良(방우정方禹鼎(1772-1820)의 부친으로 18세기 중엽의 인물.)으로 하여금 초룡草龍 등의 물건을 새겨 자그마한 벼루를 만들도록 하였다. 그 당시에는 그것을 마치 천구天球나 홍벽弘璧처럼 귀중히 여겼는데, 경신년(1800, 정조24) 이후 민간에 유락流落되었다. 내가 근래에 궁인宮人의 족속에게서 그것을 하나 얻었는데, 과연 세상에서 보기 드문 물건이었다. 갑匣에 넣어 소장하고 있는데, 이는 물건을 공경하는 것이 아니고, 선왕先王의 수택手澤을 공경하는 까닭이다. 내가 연경燕京에 들어가자 조사朝士들이 앞다투어 남포석을 찾으면서 "도연(陶硯 자기瓷器로 만든 벼

루)에 비할 바가 아니다."라고 한 것을 보면, 남포석이 중국의 흡주歙州에서 산출되는 벼룻돌과 비교해 손색이 없다는 것을 알 수 있다. …… 〈대궐 안의 옛 벼루〉 또 패기稗記에, "암석을 깨뜨려 옥배를 얻으니, 해석하는 자들이 개벽 이전의 물건이라고 하였다."라고 하였다. 이런 억지스러운 말에 대하여는 굳이 분변할 필요가 없다. 아마도 돌 틈에 놓여있던 잔이 세월이 오래되면서 붙어 버려 이러한 이상한 상태가 된 것이 틀림없을 것이다. 옛날 원元나라 때에도 이러한 일이 있었다. 바위가 갈라진 사이에 술병 하나가 있었는데, '산고월소山高月小'라는 네 글자가 쓰여 있었다. '산고월소'라는 말은 적벽부赤壁賦에 나오는 구절이고 동파東坡 이전에는 이러한 말이 없었으니, 해석하는 자가 어디에서 근거를 취하여 이렇게 말한 것인가. 적이 생각건대, 우주 사이에는 이치로 미루어 짐작하기 어려운 것이 많이 있으니, 좁은 견문으로는 보류해 두고 논하지 않는 것이 좋다. 우리나라 남포藍浦의 돌은 색이 검고 윤기가 나서 벼루의 재료에 공급되는데 간혹 산수, 화초 등의 무늬를 갖춘 것이 나온다니, 이 또한 헤아리기 어려운 한 가지 일이다.

-「바위 속의 옥배(玉盃)」-『임하필기林下筆記·춘명일사春明逸史』,

이유원李裕元(1814-1888)

남포벼루의 종류에 대한 전통적인 분류는 서유구徐有榘(1764-1845)의 『임원십육지林園十六志』에 있는 「동국연품東國硯品」의 문장을 들 수가 있다. 이에 의하면 금사문金絲紋, 은사문銀絲紋, 화초문花草紋, 자석子石(알돌), 구욕안鸜鵒眼 등의 벼루로 나누어진다. 1993년, 충남 보령의 젊은 석공예가 김유제金裕濟는 보령 성주산 백운사 근처에서 나는 남포석을 고문헌에 의거하여 3년여 동안 재현해 낸 것들을 서울 玄畵廊에서 '한국의 벼루展'이라는 이름으로 전시회를 연 적이 있다. 그는 "그동안 벼루에 관한 기록이 구전이나 단편적 문헌밖에 없어 애를 태우다 1991년 조선조 실학자 서유구가 지은 『임원경제지林園經濟誌』 중 「동국연품」에 이들 벼루에 관한 설명이 자세히 나와 있는 것을 보고 재현에 착수하게 됐다."라고 했다. 여기서 김유제는 남포벼루를 석란연石卵硯, 금사문연金絲紋硯, 은사문연銀絲紋硯, 백운진상석연白雲眞上石硯, 화초연花草硯, 자석연子石硯 등 6가지 종류로 나누어 1백30여 점을 소개하였다. 이중 특히 석란연은 먹물을 한번 갈아놓으면 30일 동안 보존될 정도로 담수성이 뛰어나며 백운진상석연도 흰 구름 문양이 들어 있어 자연의 오묘함을 일깨워주는 전설의 벼루로 꼽고 있다.

또 남포석 가운데에는 오연석烏硏石이라는 새까만 벼룻돌이 있는데, 이규경과 정다산은 이런 남포 오석을 우리나라에서 가장 좋은 벼루로 꼽기도 하였다. 그러나 이에 대해 권도홍은 여러 원로 벼루 장인들의 말과 함께 남포 오석은 벼룻돌로는 적합하지 않고 청회색(회청색)의 남포석이 가장 좋은 연재라고 잘라 말하기도 하였다. 여하튼 이처럼 남포벼루에는 여러 종류의 석질이 있으며, 권도홍의 말대로 천리마가 있는 가하면 노쇠한 병든 노새도 함께 있다고 하겠다. 여하튼 남포의 오석은 옛 문헌의 기록에 의하면 벼룻돌로서는 최고라고 하였다. 그런데 권도홍이 남포 오석에 대해 회의적인 의문을 제기하면서 그것보다 회청색의 남포벼루가 훨씬 더 벼루 재료로 적합하다고 한[5] 것은 오늘날의 남포 오석이 남포지역에서 나는 사암砂巖을 가리키기 때문으로 보인다. 사암은 모래로 이루어진 것이기에 당연히 입자가 커서 벼룻돌로는 적합하지 않고 비석으로만 사용되는 돌이다. 따라서 옛 문헌에 나타난 남포 오석은 오늘날 말하는 남포 오석과 별개의 돌이라고 봄이 타당하다. 그렇다면 옛 문헌 속의 남포 오석에 대한 칭송은 일리가 있다고 볼 수 있다. 필자의 수집에 의하면, 옛 남포석 벼루는 대체로 색깔이 아주 검은 남포 오석과 그것보다는 다소 밝은 회청색의 벼루, 그리고 누르스름한 무늬가 구름처럼 벼루 전체에 걸쳐 드러나 있는 것 등으로 구분이 가능하다. 이제 남포벼루의 구체적인 종류를 하나하나 살펴보기로 하자.

---

5 권도홍 같은 책, 58쪽 참조.

(1) 남포석의 분류

가. 오석 벼루

남포 오석 벼루는 앞에서도 언급한 대로 남포벼루 가운데 석질이 최고로 인정받은 벼루이다. 색깔이 남포석 가운데서도 가장 까맣고 표면이 매끈매끈하여 상품은 겉으로 보기엔 우리나라 벼루 가운데 속속들이 새까맣고 매끈한 벼루인 종성연鍾城硯과도 구별이 그리 쉽지 않으며, 중국의 흡주연과도 유사하다. 남포 오석연은 돌이 매우 단단하면서도 부드럽다. 남포 오석연은 실제 고려 시대부터 사용되었다고 할 만큼 그 역사도 매우 깊은데, 이런 남포 오석연은 벼루의 돌결이 매우 부드러워 실로 어린 아이의 속살을 만지는 듯하며, 연당에는 간혹 금사金絲 무늬도 보이는데, 서유구가 말한 금사문 남포연이 아닌가 한다.

나. 회청석 벼루

오석 벼루는 속속들이 까만 것으로, 벼루 앞면뿐 아니라 뒷면도 까만 것에 비해 회청색 벼루는 전체적으로 회청색을 띠거나 앞면이 까맣더라도 뒷면은 까만색이 아니고

남포 오석연과 회청석연(9×16.5×2, 9.4×17.4×2.8)의 석색 차이

남포연 특유의 누르스름한 빛을 띠거나 회청색을 띠고 있다. 사진은 남포연에서 자주 보이는 쌍아연雙芽硯 벼루들로 하나는 오석 벼루이고 하나는 회청색 벼루이다. 사진에서 보듯 오석 벼루와 회청색 벼루는 색깔에서 확연히 구분이 된다. 남포 회청색 벼루는 간혹 오석 벼루만큼 돌이 단단하거나 매끈하지는 못해도, 대체로 온윤하고 부드러워 좋은 것은 마묵이나 발묵에 있어 오석 벼루와 큰 차이가 없거나 오히려 능가하기도 한다.

회청색 남포연 가운데에는 벼루 면의 겉은 남포 오석같이 보이지만 바닥은 남포연 특유의 누런 석피나 잡질이 있는 것도 많이 있다. 남포 오석에 가까운 회청색 남포연들도 많으며, 사실 완전 검은 남포 오석은 많지 않고 대개가 이런 누런 잡질이 섞여 있는 것들이 많다.

남포 회청석 동물문 벼루는 용, 봉황, 거북, 호랑이, 두꺼비, 개구리 등이 주를 이루는데, 그 가운데 용문은 가장 흔하면서도 가장 매력적이라고 할 수 있다. 용 문양은 천편일률적인 모양의 조각도 많지만 그중에서는 조각이 대단히 정교하고 웅장한 모양의 용 벼루들도 많다. 7, 80년대 남포연 조각의 문양은 용문이 주였지만 그래도 여러 문양의 조각들이 시도되어 다채로웠다. 남포 회청석 벼루는 근래에는 국내 여러 크고 작은 기념행사의 단골 벼루로 제작되어 증정용으로 사용되기도 하였으니 그야말로 한국을 대표하는 벼루가 아닐 수 없다.

다. 화초문 벼루

남포벼루 가운데에는 벼루 전면全面에 황색의 밝은 무늬가 마치 구름과 같이 퍼져 있는 벼루들이 자주 보인다. 아마 옛사람들이 말하는 화초문 벼루가 아닌가 생각된다. 이런 황색의 무늬가 늘어선 벼루에 대해 서유구는 『임원경제지』「동국연품」에서 "남

조선 남포 화초연(길이 14-19) 필자 소장

포석藍浦石은 금사문金絲紋[6]이 가장 으뜸이고, 은사문銀絲紋이 그다음이며 화초문花
草紋이 그다음이다."라고 하였으며, 또 "금빛으로 화초 모양을 이루었으며, 돌이 온윤
하고 발묵이 좋아 단계나 흡주에 뒤지지 않는다."[7]라고 평하기도 하였다. 그러나 이런
화초문 벼루들도 여러 등급의 품질로 나누어진다. 서유구의 말대로 돌결이 매우 부드
럽고 좋은 화초문 벼루에서부터 굵은 모래 입자가 보이며 표면이 다소 꺼칠꺼칠한 종
류의 화초문으로 종류가 다양하다. 이런 화초문 벼루들은 연지의 모양들이 거의 대동
소이한 실용연으로 주로 서민들이 많이 사용한 것으로 판단되며, 연대가 조선 말기로
내려갈수록 벼루의 석질도 안 좋아짐을 알 수가 있다.

그런데 이런 화초문 벼루의 한 종류로, 남포석 가운데에는 구욕새의 눈알처럼 생긴

---

6 앞에서도 언급하였듯이 남포 금사문 벼루의 석질은 대단히 우수하다. 남포벼루의 금사문은 벼루 연당 표면을 뒤덮고
  있는 금빛의 먼지와도 같은 작은 티끌 입자를 말한다. 금사문과 은사문은 벼루의 연당을 자세히 살펴보면 육안으로도
  확인할 수 있는데, 얼핏 보면 먼지가 벼루 표면에 묻은 것 같지만 손으로 문질러보면 먼지가 아님을 알 수가 있다.

7 『林園經濟志』怡雲志, 東國硯品 條 참고.

조선 남포 회청석 용연(22×15×4) 연당에 보이는 큼직한 구욕안과 같은 둥근 반점

석안(돌눈) 즉 구욕안鴝鵒眼이 있는 것이 있는데, 서유구는 「동국연품」에서 이를 매우 귀한 얻기 어려운 것이라고 하였다.[8] 사진의 조선 남포 회청석 용연은 조선 후기의 것으로 추정되는 튼실한 크기의 명문이 있는 벼루다. 가운데 큰 구슬을 사이에 두고 두 마리의 용이 서로 마주 보고 있는 문양인데, 그래서 뒷 명문의 내용도 쌍용연雙龍硯이라고 쓰여 있다. 조선 시대 용연 속의 용은 초기의 입체감 있는 사실적인 모습을 제외하곤 거의 민화풍의 모습이다. 사진 속의 두 용의 얼굴도 우스꽝스러운 민화풍의 용의 얼굴이다. 이 용연은 초기의 입체감 있는 사실주의 풍에서 벗어나, 후기의 좌우 대칭적인 도식화의 단계[9]로 넘어가는 과도기에 만들어진 것으로 생각되는데, 조각은 꽤 정교한 편이다.

이상 남포연을 석질에 따라 남포 오석 벼루와 남포 회청색 벼루, 그리고 남포 화초문 벼루로 분류하였다. 그러나 이는 편의상 구분한 대체적인 분류일 따름이다. 남포 오

8 그러나 그 좋은 것은 중국의 단계 또는 흡주에 못하지 아니하고 또한 알돌(子石) 및 구욕안(비둘기 눈알)이 박힌 것이 있어서 매우 회귀하고 얻기 어렵다. (然其佳品不讓端歙 亦有子石及鴝鵒眼者頗稀貴難得.) - 徐有榘, 『林園十六志』, 「東國硯品」, 卷之百二文房雅製下, 「硯」

9 이임순, 「조선 시대 벼루에 나타난 문양의 조형적 분석」, 숙명여대 대학원 석사학위 논문, 1976, 제26쪽.

석 벼루 가운데에도 회청색 석질이 섞여 있을 수도 있기 때문이다. 따라서 회청색이라고 할 수도 없고 오석이라고 하기에도 모호한 석질의 벼루도 있다. 이런 벼루들의 앞면은 오석 벼루와 같이 검지만 뒷면을 보면 회청색 벼루나 화초연에서 많이 보이는 누런 석피나 무늬가 나타나고 있다.

남포연은 고려 조선 시대부터 생산되어 오늘날에 이르기까지 그 명맥이 유지되고 있지만 그 석질은 사실상 옛날만큼 못한 것이 사실이다. 최근 대량으로 제작된 남포용 문양 벼루의 석질은 저렴한 가격으로 인한 까닭인지 석질이 옛날만큼 단단하지도 온윤하지도 못하다. 좋은 벼루는 우선 돌이 무겁고 적당히 단단하면서도 돌결이 부드러워야 하지만 근래의 남포연은 입자가 너무 거칠다든지 단단하지 못하여 좋은 벼루의 조건을 구비하고 있는 것이 매우 드물다. 그러나 현재 최고의 남포연으로 백운상석이라는 이름으로 알려진 남포연 가운데에 그래도 옛 남포연 명성만큼 양질의 벼루도 있다.

(2) 남포연의 조각문양

남포연의 조각은 동물이나 식물 내지는 산수 무늬까지 매우 다양한 것이 특징이다. 동물문으로는 용과 물고기 등을 조각한 것이 압도적으로 많고, 식물문으로는 포도문이나 매화문 등 일반적으로 벼루에 많이 사용되는 식물문양들이 모두 조각되었다. 남포연은 이 외에도 산수문이 조각된 벼루도 많은 것이 특징이다. 한국 벼루 가운데 산수문은 주로 남포연이나 해주연에서 흔히 많이 조각되었다.

벼루의 조각문양에 있어 중국의 벼루가 매우 정교하고 격조를 따진다면 한국의 고연들은 조선 초기 정교한 일월연들을 제외하고는 대체로 민화풍의 질박한 조각의 벼루가 대부분인데, 남포연의 조각은 특히 그러하다. 이런 까닭에 조선의 벼루는 실용연이든 감상연이든 대체로 화려하고 정교하며 원숙한 형태의 중국의 벼루에서 찾아보기

조선 남포연(길이 15.5~17.8센티)의 다양한 동식물 문양

힘든 간결함과 소박함, 그리고 나아가서는 천진함을 지니고 있으며, 이는 한국의 미의 식과도 연관이 깊다.[10] 또 이는 한·중·일의 벼루 가운데 우리나라 조선의 벼루를 구분하는 중요한 잣대가 되기도 한다. 이를테면 용을 조각한 용문연이라고 할지라도 우리나라 조선 시대 용문연 속의 용은 중국 용문연의 그것과 달리 민화풍의 해학적이면서도 고졸한 조각의 질박한 문양을 띠고 있음이 그 특징이다.

따라서 한국 벼루의 조각은 일부 위원연의 정교한 사실적 풍격을 제외하고는 대부분이 전문가의 솜씨가 아니라 마치 어린아이가 그린 듯한 문양의 단순하면서도 질박한 조각의 치졸한 문양이 많으며, 그런 가운데 표현력이 매우 풍부한 것이 특징이다. 이는 숙련된 기교나 인공적으로 애쓴 멋을 부리지 않고 자연미를 추구한 우리나라 조선 시대 공예미의 한 특징이라고도 할 수 있을 것이다.[11]

---

10 김호연은 '해동연'의 미에 대해 다음과 같이 얘기하고 있는데, 우리나라 벼루의 소박하고 간결한 아름다움을 잘 얘기하고 있다.-"그러나 자칫하면 중국연은 정교한 공예물 이상의 아무런 감동도 주지 못하는 속품일 경우가 많다. 거기에 비해서 해동연의 아름다움은 참으로 무궁무진하다. 해동연은 조선 후기에 내려와서 연경기풍(燕京氣風)을 추종한 일부 지식층에 의해서 너무나 중국벼루를 닮은 스타일이 유포되게 되었고, 따라서 각지의 연재 발굴보다는 남포석 일변도의 생산체제 확립으로 말미암아 따분한 모습으로 기울었으나 본시 해동연의 스타일은 그러한 적막하고 저급한 것이 아니었다." (『古硯百選』, 월간문화재, 1973, 69쪽) 또 벼루 수집가인 손원조도 「한국 벼루의 문화예술적 성향에 대한 고찰」(우리 문화, 2002, 3월호)에서 "한국의 벼루는 구도의 발상과 조각의 문양(文樣) 등에서 중국벼루가 천편일률적인데 비해 정교(精巧)함이 따르지 못하는 간소미와 기발한 착상의 추상화적인 경지까지를 한꺼번에 읽을 수 있기에 우리나라의 벼루가 미술품으로서 중국벼루를 압도할 수 있다고 감히 주장해 본다."라고 얘기하고 있다.

11 "한국미술에서는 정밀한 세부에 관심을 두지 않는다. 정밀하고 완전한 세부는 기술과 통하며 인공적인 성격을 작품에 부여한다. 세부에 너무 머리를 쓰지 않기 때문에 작품의 전체적 효과가 허수룩하고 원만하며 사람에게 친근감을 주는 것이다."- 김원룡, 『한국미의 탐구』, 열화당, 1978, 27쪽.

2. 종성연鍾城硯

함경도의 종성, 무산, 갑산 등에서는 두만강석이라는 검은색의 벼룻돌이 나는데 종성연은 보통 이런 벼루들을 통칭하여 일컫는 말이다. 종성연이 어떻게 벼루로 사용되었는지에 대해 조선 후기의 학자 이재李栽(1657-1730)의 『밀암집密菴集』 속 「창옥연명蒼玉硯銘」이라는 다음과 같은 기록을 참고할 만하다.

구루자(곱사등이란 뜻으로 이재의 호임)가 수주愁州(종성의 옛 이름)에 있을 때, 마을 사람 주계朱桂가 강가에서 돌 하나를 주웠는데, 검은 데다 돌결이 부드러워 도구로 제작되어 쓸 수 있었기에 스스로 흡족했다. 모양은 연잎에 구멍이 세 개 있는 모양인데 청주묵연青朱墨硯을 만들어 내 문방구로 삼았다. 그 다듬은 기술은 족히 안석의 멋진 물건이 되어 수십 년을 함께 보냈다. 슬프거나 기쁘거나 위태롭고 편안할 때에도 하루도 손에서 떠나지 않았다. 느낀 바가 있어 그의 명을 짓도다. 숙신의 터인 두만강 가에 곧은 옥돌이 있어 멀리 누가 아끼는가. 변방의 늙은이 장수하는 산인山人이라네. 모양은 둥글고 색은 검어 용의 알과 같은 모양인데, 한 연지에 구멍이 세 개로 혼돈을 뚫었고, 주묵을 갈면 천지의 도리를 캘 수가 있네. 속은 강하고 밖은 부드러워 군자의 덕을 받칠 수 있도다.

病瘦子在愁州時。邑人朱桂得一石於江濱。蒼然膩理。可以制器用。於是自以意。象蓮葉開三竅。作青朱墨硯。以資余文房之用。其鎚琢之工。足爲几格間一佳物。相隨數十年。悲歡窮泰。未嘗一日去手。感而爲之銘。肅慎之墟豆江濱。有一貞珉遠誰珍。爲塞翁得壽遺客。體圓色蒼虬卵伏。一泓三竅混沌鑿。研朱漬墨。可以探天地之賾。中剛外潤。可以託君子之德。

－『密菴先生文集』卷之十四 箴銘

여기서 이재가 살던 조선 후기에 이미 종성의 벼루가 질이 좋음이 증명되고 있음을 알 수가 있다. 그러나 17세기 말에서 18세기 전기인 당시만 해도 종성석이란 이름은 널리 사용되지 않은 듯하다. 왜냐하면 그는 이 벼룻돌을 "종성연"이라고 부르지 않고, "창옥연蒼玉硯"으로 칭하고 있기 때문이다. '창옥'은 '검은 옥돌'이란 뜻이다. 이보다 더 이른 시기 종성석에 대한 기록으로는 전술한 바와 같이 조근(1631-1690)의『손암집』에서 당시 종성 부사 윤지선이 유희춘에게 종성의 마간석 벼루를 선물로 주었다는 이야기가 있다. 따라서 이 기록을 통해 종성연은 마간석인 자석연도 존재하며 조선 중기에 이미 종성연이 유명세를 타기 시작하였음을 추정할 수 있다.

그러나 종성연에 관한 본격적인 언급은 그 후 세월이 좀 지나 벼루에 특별히 관심이 많았던 유득공(1749-?)과 성해응(1760-1839)이 자신들이 지은 벼루에 관한 저술인 『영재집泠齋集』과『연경재전집』속에서 종성석에 관한 칭송에서 비롯된다. 특이할 점은 그들은 종성석을 조선 벼룻돌 중의 중요한 돌로 간주하면서 직접 종성석이란 이름을 사용하고 있다.

> 현토의 북쪽에 토문이란 강이 있어 바람은 세고 물은 빠른데, 그 돌은 단단하고도 부드럽네.
> 玄菟之北。有江曰土門。風勁水駛。其石栗而溫「鍾城蒼石」
> 이것은 숙신의 돌도끼이다. 갈전인이 밭을 갈다가 얻어서 돌아와 혜부(자신을 말함)에게 바쳤네.
> 此肅愼氏之石斧也。曷甸人。耕而得之。歸之于惠父「北青青石斧」
>
> -유득공의『영재집泠齋集』

> 내가 북쪽 관문의 사람에게서 돌화살촉을 얻었는데, 무척 커서 벼루를 만들 수 있었다. 명을 짓길, 너로 하여금 형주의 싸리나무를 얻게 하면 숙신의 연장으로 귀하게 되리. 너로 하여금 양주의 화살촉을 얻게 하면, 필히 숙신의 포로로 귀하게 되리. 멀리 있으면 진귀함이 주옥과 같고, 가까이 있으면 소홀함이 와력과 같음은 무슨 까닭인가? 그것을 단단한 화살로 만들어 쏘면 그 예리함이 날카롭고, 그것을 벼루로 만들어 먹을 갈면 그 세운함이 참으로 부드럽도다.
> 肅愼砮硯銘 -余從北關人得石砮。大可以爲硯。銘曰。使汝得荊州之楛。必貴於肅愼之斲。使汝得梁州之砮。必貴於肅愼之獲。遠則珍如珠玉。近則忽如瓦礫者何也。當其射而蹠勁則剡剡乎其利也。及夫製而磨墨則溫溫乎其膩也。
>
> -「숙신노연명肅愼砮硯銘」, 성해응의『연경재전집』

인용문에서 보듯 종성연에 대해 이재는 "창옥연蒼玉硯"이라고 칭하였지만 유득공과 성해응은 『동연보』와 『연경재전집』 속의 「연보」를 통해 이미 "종성연"이란 말을 사용하고 있다. 특히 가장 확실한 자료라고 보아야 할 성해응의 『연경재전집』 속의 「연보」에서는 남포석을 비롯해 조선의 저명한 벼룻돌인 위원석 · 고령석 · 평창자석 · 풍천석 · 안동마간석 · 종성아란석 · 갑산무산석 · 송화강석 등에 대해 비교적 자세히 기술하고 있는데, 두만강석이라고 할 수 있는 종성계 벼룻돌에는 종성아란석을 비롯하여 갑산무산석도 당시 이미 벼룻돌로 이름을 떨쳤음을 알 수가 있다. 두만강 주변의 돌은 부드럽고 강해 원주민들에 의해 원래 칼을 가는 용도나 돌도끼로 일찍부터 사용되었지만 청나라가 건국되면서 강희제(1654-1722)를 비롯한 황제들이 청 제국의 자존심의 상징으로 그것으로 '송화연松花硯'이라는 벼루를 만들어 청대 황실의 어용 물품으로 본격적으로 사용하기 시작했다. 따라서 우리나라 두만강연이 본격적으로 벼루로 사용된 것도 중국의 송화연의 역사와 거의 비슷한 17세기 중반인 조선 후기부터인 것으로 보인다. 따라서 우리나라의 다른 자석연이나 남포연 벼루 등에 비한다면 그 역사가 다소 짧은 점은 확실해 보인다.

그런데 1973년 월간문화재에서 발간한 『고연 백선』에서도 두만강석 벼루들이 모두 7점 선을 보이는데, 그 가운데 유독 "자석연子石硯" 하나가 조선 전기인 것으로 기록되어 있다. 이 자석연子石硯은 벼룻돌 속의 돌로 만든 지극히 부드러운 돌을 일컫는 말로 모양이 동그스름한 작은 벼루인데 아무런 문양과 조각을 하지 않았다. 이런 벼루는 확실한 연명이 있어 그 연대를 말해주거나 아니면 벼루 위의 조각 양식으로 그 연대를 측정할 수 있는 것이 아닌 이상 벼루의 나이를 추정하기가 매우 어렵다. 따라서 조선 전기인 것에 대해서는 더 자세한 고증이 필요할 것으로 생각된다. 그 외 6점의 벼루는 각각 봉미연鳳昧硯, 운지연雲池硯(유득공의 벼루), 운용연雲龍硯, 무봉연舞鳳硯, 태극연太極硯, 문무연文武硯으로 각각 조선 중기와 후기인 것으로 기록하고 있는데,

벼루의 조각 양식이나 문양으로 볼 때 수긍이 간다. 따라서 두만강석에 해당하는 종성계 오석은 문헌상으로 보는 것과 같이 그 역사가 주로 조선 중후기부터 본격화되었다고 결론지을 수가 있다.

앞에서도 언급한 대로 종성석은 대개 오석의 산지로만 많이 알고 있는데, 이는 유득공과 성해응이 『영재집』과 『연경재전집』에서 종성석과 북청 두만강석 가운데 검은 벼루만 칭송하고 있는 까닭이지만 『오주연문장전산고』 「연재변증설」에서는 종성연이 자석과 오석이 모두 존재한다고 기록하고 있으며,[12] 또 필자가 최근에 종성자석연 실물을 발견한 바도 있다.

종성계 오석은 그 석색石色이 남포석과 비슷해 혼동하는 경우가 종종 있다. 대체로 말해 종성연은 남포연보다 색깔이 더 검고, 돌의 질감도 더욱 매끈매끈하며 단단해 만지면 쇳소리가 느껴진다. 그러나 문제는 남포연 가운데에도 아주 검은 오석 벼루도 있고, 질감이 단단한 벼루도 있기 때문에 둘 간의 구별이 용이하지 않다고 할 수 있다. 심지어 벼루를 소장한 박물관에서도 종성계 오석 벼루를 남포 오석으로 소개하고 있는 경우도 적지 않다. 남포 오석 가운데 상품의 벼루는 그 석질이 종성석과 매우 흡사하기 때문에 오인할 수도 있겠지만 자세히 관찰하면 그 차이점을 발견할 수가 있다. 그 가장 큰 특징은 권도홍도 지적하였듯이 종성석에는 남포석과 다른 석문이 보인다. 이에 대해 권도홍은 다음과 같이 말하고 있다.

필자 소장의 게와 개구리를 조각한 종성석 벼루의 바닥을 확대경으로 들여다보면 봉망이 날카롭고 조밀한 가운데 기다란 줄이 걸쳐 있어 좋은 남포석과 비슷하다. 벼루 바닥을 숯으로 갈아보면 순한 검정빛 가운데 무를 가로로 잘라 놓았을 때 보이는 희끗희끗한 나포문蘿葡紋(印材인 田黃石의 특색 무늬)이 보이는데 그것이 종성석의 보편적인 특색인지 필자 소장의 벼루에만 보이는 무늬인지는 알 수 없다. 다만 먹이 잘 갈리고 발묵도 우리나라 벼룻돌로는 좋은 품질에 속하는 것만은 확실하다.[13]

---

12 이규경, 『오주연문장전산고(하)』, 동국문화사, 1959, 132-133면, "鍾城紫硏石烏硏石, 品佳."
13 권도홍, 『벼루』, 43쪽.

좌_조선 종성 오석 어룡운문연魚龍雲紋硯 (10.5×15.3×1.5) 필자 소장
우_자연스러운 형태의 근대 종성오석연(25센티) 필자 소장

　정확한 말이다. 종성연의 석질을 자세히 관찰하면 남포연에서는 좀처럼 보기 힘든 나포문과 기다란 검은 줄이 먹을 가는 연당에 비가 내리듯 세로로 걸쳐져 있는 것이 큰 특징이다. 필자가 소장하고 있는 몇몇 종성연에도 똑같은 석문이 나타나기 때문이다.

　종성연과 남포연을 구별하는 또 다른 점은 벼루의 형태와 조각문양에 있다. 종성연의 벼루 형태와 문양은 남포연과 다른 몇 가지 특징이 있다. 같은 장방연 벼루라도 종성연은 남포연에 비해 세로길이가 비교적 짧고 벼루 두께가 얇게 재단된 것이 많으며, 종성연의 벼루 둘레 즉 연순의 문양에는 정교한 회문回文을 두른 것이 많은 것도 특색 중의 하나이다. 그리고 종성연도 손바닥같이 작은 것에서부터 노트북 컴퓨터같이 큰 것도 있으며, 특히 일제강점기에 일본인들이 많이 애용하여 일본벼루의 특징이라고 할 수 있는 자연석의 다듬지 않은 형태인 천연연天然硯들이 많다. 또 위원연과 같이 종성연에도 벼루 뒷면에 종성연(혹은 종성석)이란 명문을 새겨놓은 것들이 많으며 바닥이 남포연과는 달리 매끈하고 편평하게 잘 다듬은 것도 근대에 제작된 종성연을 구별하는 한 특징이다. 이런 벼루들은 대개 일제강점기의 것으로 생각하면 된다. 그 외에도 천연연에 나타나는 종성연의 절단면은 남포연과 달리 마치 나무판자를 부순 것과도 같은 촘촘한 석층의 모양이 보이는 것과 진한 황톳빛의 석피가 측면에 보이는 것도 특징 중의 하나이다.

종성연은 좀 세월이 지나 일제강점기가 되면 바닥에는 종성산이란 명문이 새겨지게 되고, 조각도 그 전에 비해 더 간략화 되었음을 볼 수가 있다. 권도홍도 지적하였듯이 종성연의 문양은 시대가 갈수록 점점 도식화되는 경향을 보인다.[14] 또 종성연은 용계석龍溪石이라는 명문으로 새겨져 있기도 하였는데 이런 벼루들은 모두 근대 일제강점기에 만들어진 벼루들이다. 이런 종성연은 일본식 벼루의 영향으로 벼루 옆면의 원석을 매끈하게 다듬지 않고 최대한 자연형태의 원형을 유지하고 있음도 큰 특징이다.

두만강석 벼루에는 종성석과 함께 무산석도 많이 생산되었다. 종성연으로 보이는 벼루 가운데 뒷면에 함경북도 주을朱乙 온천이란 명문이 새겨져 있는 벼루는 바로 무산에서 생산된 것으로 보인다. 주지하다시피 주을은 함경북도 무산 부근인 경성군에 속한 지역으로 우리나라에서 가장 오래된 온천지역 중의 하나이다. 원래 함북 경성군 주을리에 속했으나 현재는 행정구역이 개편돼 청진시에 포함돼 있다. 또 북선北鮮이란 명문도 새겨진 것을 보아 이런 벼루는 일제강점기 이후에 생산된 것으로 보이는 무산연으로 추정된다. 무산석도 종성석과 거의 흡사하지만 종성석에 비해 돌 빛이 조금 덜 검어 회청색 빛이 난다. 조각문양을 보면 종성석 벼루에서 보이는 우리나라 민화풍의 전통적인 문양이 아니고 부채를 든 한 주옹酒翁이 새겨져 있는 다분히 중국풍의 그림이다. 아마도 주을이란 온천 휴양지에 맞게 양생과 풍류적인 의미를 담은 것으로 보

---

14 권도홍, 『벼루』, 32쪽 종성석 쌍이쟁주연 참고.

근대 주을 온천명 두만강석 벼루(길이 15센티) 필자 소장

인다. 그리고 이 벼루의 왼쪽 아래의 연표에는 백두봉白頭峯이란 연명도 새겨져 있어 두만강석 벼루임을 거듭 확인할 수 있다.

종성연은 북한 두만강 유역 종성, 무산 등지에서 조선 시대 중기에 이미 생산되던 벼루로 보통 두만강석 벼루로 통칭하거나 종성계 오석연으로 부르기도 하였다. 그런데 일제강점기에 일본인들이 우리나라의 벼루를 채굴하면서 자신들의 기호에 맞게 벼루를 제작한 것들도 많고, 그런 벼루에는 으레 일본인들의 관습대로 벼루 뒷면에 위원석, 종성 용계석 등 벼루 산지명과 심지어는 제작자명도 적어 놓았다. 그리하여 종성연이란 이름이 널리 알려졌지만 사실 조선 시대에 제작된 종성연에는 이런 명문이 없었으니, 차라리 두만강석 벼루로 칭함이 옳지 않을까 싶다. 월간문화재에서 편찬한 『고연 백선』에는 1973년 창덕궁에서 전시된 명연 300점 가운데 100점을 골라 실었는데, 그 가운데 조선 전기와 중기에 해당하는 두만강석 벼루가 심심찮게 많이 보인다. 그중 민태식이 소장한 조선 중기의 무봉연舞鳳硯 두만강석 벼루는 해주연과 같은 다른 지역의 벼루에선 볼 수 없는 두만강 벼루의 고유 문양이 아닌가 생각된다.

3. 위원연 渭原硯

위원연은 남포연과 함께 가장 한국을 대표할 수 있는 벼루라고 할 수 있다. 한국 벼루의 아름다움을 두고 말할 때에는 아마도 위원석 벼루를 가장 높이 평가할 수 있다. 왜냐하면 위원석 벼루는 석질이 매우 단단하고 매끈하여 아름다운 촉감을 줄 뿐 아니라 자색과 녹색이 함께 어우러진 화초연은 그 색채감으로 인해 시각적인 아름다움이 매우 뛰어나기 때문이다. 특히 위원화초석일월연日月硯의 아름다운 조각은 한국의 다른 벼루들에서는 찾아보기 힘들 정도이다. 따라서 한국 벼루의 아름다움을 이야기할 때 위원화초석일월연을 빼고는 논할 수 없을 정도로 위원석 일월연의 사실적인 정교한 조각과 미려한 자태는 예로부터 수많은 벼루 수장가들의 심혼을 앗아갔다. 그만큼 한국인들의 화초문일월연 벼루에 대한 선호는 매우 특별하다.

대체로 남포연의 문양이 비교적 간결하여 한국적인 소박한 정서를 지녔다면, 위원연의 문양은 복잡하고 화려하여 중국벼루의 문양과 구분하기 어려운 것들도 많다. 사실 위원화초석일월연에 많은 전형적인 문양이나 여러 도안들도 우리 고유의 문양이라고 단정하기 어려운 경우가 많다. 왜냐하면 중국 원대와 명대의 벼루 가운데에도 위원연에 많이 나타나는 포도문이나 매죽문 등과 같은 문양들이 드물지 않게 보이기 때문이다.

원로 벼루 연구가 김호연은 고려 말에서 조선 초기 당시 우리의 일월연 벼루제작 수준은 중국의 그것보다도 훨씬 능가했다고 하였다.[15] 녹색과 자색이 서로 어우러진 돌결이 아름다운 위원석 벼룻돌로 만들어진 정교한 일월연은 당시 중국의 그 어느 벼루보다도 정교하고 아름답다. 같은 포도문일월연이라고 할지라도 중국의 벼루들이 대체로 추상적인 도안을 취했다면 우리나라의 일월연들은 더욱 사실적이고 정교한 조각으로 우리 고유의 풍속도를 그려내어 조선 일월연의 특색을 십분 드러내었다.

그도 그럴 것이 중국벼루를 대표하는 단계연과 흡주연 등과 같은 고가의 벼루들은 원석 자체가 워낙 귀하게 여겨져 되도록이면 원석을 아끼려고 하였기에 복잡한 문양의 일월연과 같이 원석을 많이 도려내는 도안을 꺼렸을 수도 있다. 중국인들의 실리적인 관념으로 볼 때 그들은 복잡한 조각을 통해 많은 원석을 도려내어 버리면서 실제 먹을 가는 연당은 작게 만드는 이런 일월연의 비경제적 형태를 그리 선호하지 않았을 듯하다. 그러므로 중국의 일월연 고연들은 단계연이나 흡주연과 같은 귀한 사대명연이 아닌 기양석祁陽石[16] 벼룻돌과 같은 차등의 지방석地方石으로 대개 만들어졌다. 단계와 흡주석들은 위연석과 같이 두 가지 색이 층을 이루며 어우러져 있지도 않아 만약 일월연으로 제작되었을 때 나타나는 아름다움도 우리나라 위원연의 그것에 크게 미치지 못할 것이다. 이런 이유로 인해 아름다운 조각의 일월연 벼루는 중국에서보다 한국에서 더 유행했다. 위원연은 그야말로 남포연과 더불어 우리나라를 대표하는 가장 아름다운 벼루임에는 그 누구도 부정할 수 없을 것이다.

위원渭原이란 지역은 평안북도(현재는 자강도)에 위치한 군으로 그 지명은 1443년인 조선 시대 초기부터 존재하였으며, 혹자는 이미 위원석 벼루의 역사를 고려 시대

---

15 『고연 백선』 69쪽.

16 중국 호남성을 대표하는 유명한 벼룻돌 중의 하나로 석색이 자색의 바탕에 녹색 내지는 황색이 섞여 있어 우리나라의 화초문위원석과 흡사하다.

말로 거슬러 올라감을 주장하였다.[17] 그러나 실제로 문헌상에서 '위원연'이란 이름이 나타나기 시작한 것은 조선 후기부터이고 그 전에는 화연畵硯이란 이름으로 통용되었다. 화연의 뜻은 그림처럼 아름답게 조각이 새겨진 벼루라는 의미일 것이다. 옛날에는 우리가 현재 알고 있는 아름다운 문양의 '위원화초석벼루'가 위원 지역에서만 생산되던 것이 아니라 평안도의 여러 지역에서 생산되었으며 이들을 모두 화연으로 통칭하였다. 그런데 나중에 조선 후기에 이르면 위원 지역이 관서 지역 화연의 가장 대표적인 산지로 부상하게 된 셈이다. 『조선왕조실록』과 『승정원일기』에는 이를 증명하는 다음과 같은 귀중한 기록들이 있다.

〈천추사의 서장관 이안충이 돌아와 상이 인견하다〉
천추사千秋使 이희옹李希雍의 서장관書狀官 이안충李安忠이 서울에 들어와 숙배肅拜하니 상이 사정전에서 인견하였다. 이안충이 아뢰기를, "들어갈 때 요동遼東에 이르자 어사御史 호문거胡文擧의 사인舍人이 통사通事 김기金驥에게 와서 하는 말이 '협강夾江 땅의 경작耕作을 금단하는 일에 있어서는 어사의 힘이 컸다. 전에 신순申洵이 돌아갈 적에 마땅히 사례를 해야 한다는 뜻으로 당부했었는데 지금까지 하지 않았으니, 모름지기 당신의 나라 임금에게 고하여 속히 사례를 해야 한다.' 하였습니다. 이것은 대개 어사의 뜻을 전하는 말일 것입니다. 장인대인掌印大人이 화연畵硯 4개와 주육酒肉을 신의 일행에게 청하기에 일행의 것을 뒤지어 벼루와 어육魚肉을 보내주었더니, 장인 대인이 큰 벼루 2개만 가려서 가지고 작은 벼루 2개는 도로 보내면서 다른 좋은 벼루로 바꾸어 오라고 하기에 신이 즉시 바꾸어 보냈더니 받았습니다.

　　　　　　　　　　　　　－조선왕조실록, 중종 36년 신축(1541) 12월 28일(기묘)

〈사은 방물 중 화연을 입납하라고 평안 감사에게 하유할 것을 청하는 호조의 계〉
송국택이 호조의 말로 아뢰기를, "사은 방물 중 화연畵硯을 더 마련하도록 명을 내리셨습니다. 화연은 달리 나오는 곳이 없고 관서關西에서만 나오니, 나오는 곳의 관원으로 하여금 화연 2면面을 구례舊例에 따라 각별히 정밀하게 만든 다음 사신의 행차가 지나갈 때 입납

入納하게 하라고 평안 감사에게 파발로 하유하는 것이 어떻겠습니까?"하니, 아뢴 대로 하라고 전교하였다.

　　　　　　　　　　　-승정원일기, 인조 15년 정축(1637, 숭정 10) 6월 28일(을축) 맑음

〈평안도가 피폐하여 칙사에 증급할 화연을 만들 수 없으므로 본원의 자연으로 준비할 것인지를 묻는 최혜길의 계〉

최혜길이 상의원 제조의 말로 아뢰기를, "칙사에게 특별히 증급贈給할 물건으로 대화연大畫硯과 중화연中畫硯을 각각 4부씩 필요로 하는데, 화연畫硯은 모두 평안도에서 상납하는 것입니다. 지금은 본도가 피폐하여 만들기 어려우니 본원에 있는 자연紫硯으로 준비합니까?"하니, 아뢴 대로 하라고 전교하였다.

　　　　　　　　　　　-인조 15년 정축(1637, 숭정 10) 8월 21일(기묘) 맑음

〈성절사의 사은 예물에 대해 논의하는 공조의 계〉

윤이지가 공조의 말로 아뢰기를, "이번에 돌아온 성절사聖節使 김상헌金尚憲이 황극전皇極殿에 도착하였음을 고하고 나서 황제가 내린 조서를 가지고 왔습니다. 이를 반포한 뒤에 사은謝恩할 예물 가운데 화연畫硯 2면面, 유매묵油煤墨 50정錠은 본조가 매번 전례대로 양서兩西(황해도와 평안도를 말함)의 감사에게 공문을 보내 마련해서 올려보내도록 하였습니다. 그런데 지금은 평안도의 화연이 생산되는 고을이 형편없이 탕갈蕩竭되어 몇 개의 연적도 마련하기 어려울 듯하므로 부득이 호조로 하여금 값을 치르고 여러 곳에서 구하도록 하였더니, 천사天使가 나왔을 때 쓰고 남은 것이 있어 이것으로 충당하여 쓸 수가 있는데 먹은 마련하기 어렵습니다. 해서海西의 물력이 (이하 원문 빠짐)

　　　　　　　　　　　-인조 5년 정묘(1627, 천계 7) 5월 17일(임오) 맑음

〈사은 방물로 쓸 화연의 진헌을 지체한 평안도 관찰사를 추고할 것을 청하는 호조의 계〉

목서흠이 호조의 말로 아뢰기를, "앞으로 쓸 부험符驗과 사은 방물에 쓸 화연畫硯의 경우 미리 마련해 놓는 것이 모두 3면面인데, 전례대로 마련해서 사행에 대비하도록 이미 입계하여 평안도 관찰사에게 행회行會하였습니다. 이번에 예조에서 공문을 보내서 '주청사奏請使의 사행 또한 본래 4면을 쓴다.'라고 하였습니다. 그런데 화연은 다른 도와 서울에서는 생산되지 않고 전부터 평안도에서 만들어서 본조에 진헌하는데, 이와 같은 때 즉시 마련하지 못하여 막중한 진헌을 이처럼 지체시키고 있으니, 도신을 추고하는 것이 어떻겠습니까?"

하니, 아뢴 대로 하라고 전교하였다.

-인조 10년 임신(1632, 숭정 5) 3월 3일(경자) 맑음

〈조사가 올 때 쓸 화연이 올라오지 않았으므로 해당 수령을 추고할 것 등을 청하는 호조의 계〉
이덕수가 호조의 말로 아뢰기를, "조사가 올 때 화연畫硯 8면面을 산지産地에 따라 평안도
에 분정分定하고, 예단 가운데 갑구匣具가 많은데 반드시 기한 전에 올라온 뒤에라야 조갑
造匣하여 몇 번 칠을 할 수 있습니다. 그래서 이달 21일 공문을 보내 재촉했는데 전혀 분명
한 대답이 없으니 몹시 온당치 못합니다. 해당 수령을 추고하여 밤낮을 가리지 말고 올려보
내도록 평안 감사에게 행이하는 것이 어떻겠습니까?" 하니, 윤허한다고 전교하였다.

-인조 12년 갑술(1634, 숭정 7) 4월 30일(을유) 맑음

〈황제의 칙서를 가지고 온 강 참장에게 사은할 예물을 기한에 맞추어 보내도록 공문을 보
낼 것을 청하는 공조의 계〉
민응형이 공조의 말로 아뢰기를, "방금 예조의 이문移文을 보니, '이번에 강 참장江參將이
황제의 칙서를 가지고 와 반포한 뒤에 사은하는 예물과 관련하여 어전御前에 바칠 황모필
黃毛筆 100지(枝), 유매묵油煤墨 50정錠, 화연畫硯 2면面, 황태자皇太子에게 바칠 황모필
40지와 유매묵 40정에 대해 전례를 참고하여 마련하도록 계하 받았으므로 미리 마련하여
대령해야 할 것입니다.'라고 하였습니다.

-인조 14년 병자(1636, 숭정 9) 4월 25일(기해) 맑음

"이번의 사은은 지난번과 같지 않으니 예물禮物에 관계된 모든 것은 한결같이 전의 등록에
따라 마련하고 화연畫硯도 갖추어 보내고, 혹마포는 세 가지 색의 정주鼎紬로 숫자대로 대
신 보내는 것이 또한 가하니 다시 의처하라." 하였다.

-인조 15년 정축(1637, 숭정10) 6월 26일(계해) 맑음

이상의 내용을 보면 당시 이른바 '화연'은 평안도에서만 나는 위원화초연과 같은 아
름다운 화초석 벼루를 통칭하는 말로 널리 사용되었음을 알 수 있다. "화연畫硯 8면面
을 산지産地에 따라 평안도에 분정分定하고"란 대목에서 화연의 산지는 위원에만 한
정된 것이 아니고 평안도의 여러 지역에서 제작되어 공출한 것으로 보인다. 차천로車

좌_간결화된 문양의 위원화초석일월화연
우_간결화된 문양의 위원자석일월화연

天翊(1556-1615)의 『오산설림초고五山說林草藁』의 기록이 이를 입증하고 있는데, 그 기록을 보자.

> "장원이 이에 윤공에게 명령하여 붓과 벼루를 가져오게 하였다. 성천화연成川畵硯에는 붉은 갑匣으로 꾸미고 금과 주석으로 단장하였다. 낭미필狼尾筆 한 자루와 영해선단瀛海仙丹(먹 이름) 한 개를 가져왔다."

성천화연은 평안남도 성천에서 나는 화연을 말한다. 성천은 평양 대동강 부근의 지명이다. 1999-2005년 남북 공동 편찬사업에 의해 발간된 자료인 『조선향토대백과[18]

---

18 전 20권으로 된 21세기판 북한지역 동국여지승람으로 통하는 『조선향토대백과』는 북한 전역의 자연, 인문지리정

인문지리정보관 : 인문지명』에는 평안남도 성천군 금평리의 서쪽 벼랑 아래에는 벼루마을이 있는데, 벼루 '연硯' 자를 써서 연촌硯村이라고도 하며, 이 벼루마을 주변에는 대무덤이 있다[19]고 기록되어 있다. 따라서 조선 중기 16세기 경에 평양 옆의 성천에서도 아름다운 화초석과 같은 벼루가 생산되었음을 알 수 있는데, 성천은 위원과 꽤 거리가 있는 지역이다. 따라서 평안도 화연의 산지로 성천이 가장 먼저 언급된 셈이니, 우리가 알고 있는 조선 전기 '위원화초석일월연'은 위원연이 아니라 어쩌면 성천에서 제작된 '성천화초석일월연'일지도 모른다.[20]

문헌에 나타난 화초석 벼루에 관한 최초의 기록은 전술한 바 있는 조선 중기의 문신 정구의 『한강집』에 있는 「화연기」라는 문장이다. 이 문장은 화초석일월연 벼루 위에 새겨진 조각문양의 아름다움에 대한 이야기이지만 위원연이란 이름은 아직 사용하지 않고 있다. 이 문장을 통해 우리는 정구가 형용하고 있는 벼루는 다름 아닌 우리가 위원연 중의 걸작들이라고 칭하는 위원화초석송죽문일월연 벼루 중의 하나임을 쉽게 알 수가 있다. 따라서 이 문장은 조선 전기에 제작된 정교한 문양의 화초석일월연 벼루에 대해 품평한 최초의 문장이라고 할 수 있다. 그리고 이 위원화초석송죽문일월

보를 직할시 · 도, 시 · 군 및 동 · 리 등 행정구역별로 집대성하여 남북교류협력 및 통일 이후 국가건설에 필요한 기본 자료를 제공함으로써 민족 동질성 회복에 기여하려는 데 그 목적이 있다.

19 조선향토대백과 2008 .http://www.cybernk.net/home/Default.aspx

20 성천은 조선 중기 이전까지 화초석일월연의 주요산지 중의 하나로 생각된다. 조선왕조실록 명종 18년 계해(1563, 가정 42) 10월 26일(신미)의 기록에는 〈평안도 관찰사 임열이 벼루를 바치다〉라는 대목이 있는데, 그 내용은 다음과 같다. …… 평안도 관찰사 임열이 운룡연(雲龍硯) · 포도연(葡萄硯) · 매죽연(梅竹硯) 8매(枚)를 바쳤다.【사적으로 바친 것이다. 전에 이양이 평안 감사였을 적에 공인(工人)에게 명하여 벼루를 만들었는데 매우 정교하게 조각을 하였다. 또 성천(成川)의 분석(粉石, 즉 곱돌)을 취해다가 필가산(筆假山)을 만들어 거기에다 산천(山川) · 임수(林藪) · 사사(寺舍) 따위를 새기고 또 용 두 마리를 산 위에다 새겼는데 산 끝에다 물을 대면 한 마리의 용이 물을 머금었다가 토하면 다른 한 마리의 용이 입을 벌려서 그것을 받아서 아래로 뿜도록 만들었다. 또 분석으로 동이[盆]를 만들었는데 기교를 한껏 다하여 사람의 이목(耳目)을 놀라게 하였다. 이런 것들을 상에게 바친 일이 있었는데, 열이 감사가 되어 그 뒤를 따라 행한 것이다.】

연은 단지 송죽문만 있는 것이 아니라 낚시하는 은자, 술 마시는 신선, 개구리와 곤충, 포도문 등이 함께 새겨진 민화풍의 일월연 벼루임을 알 수가 있다. 여기서 조선 중기의 문인 정구는 우리나라 화초석일월연에 조각된 그림의 풍경을 중국적으로 해석하고 있음도 알 수 있다. 그러나 벼루 문양 가운데 포도를 따는 원숭이 모양을 "포도를 잡아 따는 사람이 있는데, 이들은 다 초산楚山의 미치광이 도사들로 아직 신선이 되지 못한 자들"이라고 오인하기도 하였다.

정구에 이어 그다음으로 화연 즉 화초석일월연에 대해 찬미한 문장은 역시 조선 중기의 문신 이응희李應禧(1579-1651)가 지은 『옥담시집玉潭詩集』 속의 〈화연에 매화·대나무·구름·학·산·물을 새겨 놓았기에(畫硯刻梅竹雲鶴山水)〉라는 다음과 같은 문장이다.

> 좋은 장인이 오랜 시일 공들여 良工費歲月
> 귀신의 솜씨인 양 조각했구나 雕琢竊神機
> 대나무 곁에 매화는 피려 하고 映竹梅將坼
> 구름 찌르며 학은 함께 난다 冲雲鶴竝飛
> 맑은 물결은 잔잔하게 자고 淸瀾看不動
> 푸른 산은 가까운데도 희미해라 翠峀近還微
> 묵객들이 어루만진 지 오래이니 墨客摩挲久
> 몇 번이나 붓 휘둘러 시를 지었을꼬 詩成筆幾揮

이응희가 노래한 문장 속의 이 벼루는 우리가 흔히 부르는 위원석일월연 중에 많이 보이는 매죽운학문일월연 벼루임을 알 수가 있다. 조선 중기 당시 화연의 인기는 고경명高敬命(1533-1592)의 아래의 시 「화연을 구함(求畫硯)」이라는 다음의 작품에서도 미루어 짐작할 수가 있다.

돌벼루를 얻어 길게 휘파람 불고 읊조리며, 붓을 떨치니 멋진 글씨가 이어지네. 사신은 가을빛을 따라가니 번거로이 그대를 만 리 밖으로 전하게 하였네.

長嘯得石硯。灑翰銀鉤連。使者隨秋色。煩君萬里傳。

－『霽峯集卷之四』

그 후 조선 후기에 이르면 이젠 화연의 대표라고 할 수 있는 위원연에 대한 구체적인 찬미가 이어지게 된다. 그 첫 번째 작품은 이인상李麟祥(1710-1760)이 지은 「윤자목의 위원자반석연명(尹子穆渭原紫斑石硯銘)」이다.

먹을 갈며 초조해하지 말고, 붓에 먹을 묻히며 문사를 번거롭게 늘어놓지 마라. 가운데는 둥글고 바깥은 모가 지며 그 바탕은 강하니 이는 오직 자목의 벼루이니 내가 명을 지어 술하도다. (연면의 명문) 쓰임이 없다고 조탁하지 않지 않으며, 현달하지 못하다고 덕을 신중히 하지 않질 않네. (연배의 연명)

無躁心以磨墨。無繁辭以濡筆。圓中方外而硬其質。是惟子穆之硯。我銘以述。(右硯面)，無以不用而不加琢。無以不顯而不愼德。(右硯背)

위에서 소개한 이인상의 연명은 위원석 벼루의 연면과 연배(즉 벼루의 뒷면) 모두에 명을 새겼는데, 연면에 이렇게 많은 글을 새겼다는 것은 이 벼루가 조각문양이 빽빽하게 들어선 화려한 일월연 화연이 아니고 연명에 빈 공간이 많은 일월연 벼루임을 미루어 짐작할 수가 있다. 화초문 일월연이 조선 전기에는 문양이 화려하고 복잡했다가 후기에 이르면 다소 소박하고 단순한 문양으로 조각되어 연면에 빈 공간이 많이 생기게 되었음을 추측할 수가 있다. 조선 후기에는 그 외에도 김매순金邁淳(1776-1840)의 「위연명渭硯銘」과 정원용鄭元容(1783-1873년)의 「위강연명渭江硯銘」도 있었는데, 내용은 위원연 벼루의 형태나 조각에 대한 내용은 없고, 모두 우리가 앞에서 고찰한 벼루의 일반적인 덕성을 노래한 수많은 연명들의 내용과 대동소이한 것들이다.

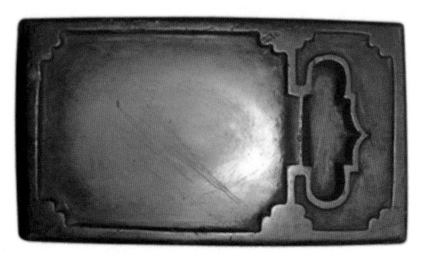

조선 위원계 자석 여의지연如意池硯 (18×11×2.3) 필자 소장

'위원단계' 명문이 있는 근대 위원녹석 쌍이문연(13.9×10.3×1.6) 필자 소장

요컨대 문헌상으로 보면, 우리가 흔히 알고 있는 조선 전기에 유행한 조각이 화려한 위원화초석일월연은 사실 관서지방의 여러 지역에서 제작된 화연들로서 모두 위원연이라고 할 수 없다. 위원연은 조선 후기에 비로소 인기를 얻어 관서지방을 대표하는 화연으로 부상한 것임을 알 수가 있다. 따라서 오늘날 우리가 말하는 위원연은 위원에서만 나는 돌벼루가 아니라 위원을 중심으로 한 평안도 지역의 화초문 벼룻돌에 대한 통칭으로 보아야 할 것이다. 사실 문헌상으로 보면 위원연이 나타나기 전인 조선 전기에 이미 평안북도 선천의 자석에 관한 기록이 있고, 조선 중기에는 곽산과 성천의 화연에 관한 기록도 있지만, 위원의 벼루에 대한 기록은 조선 후기 유득공이나 성해응에 이르러서야 비로소 나타나기 시작한다. 그러므로 필자의 결론은 관서 지역의 화연으로 위원이 조선 후기에 크게 부상하여 오늘날에 이르기까지 관서 지역의 모든 화연을 대표하게 되었고, 위원을 제외한 관서 지역의 다른 화연 산지들이 모두 쇠퇴함으로써 위원석만 그 명맥을 유지하게 된 것이 아닐까 생각된다. 다시 말해 관서 지역의 다른 자석 산지 이를테면 선천이나 곽산, 성천 등이 현재 모두 지리멸렬하여 그 위상이 사라졌으나[21] 그 지역들의 모든 벼루들을 위원연이 수용하여 통합한 형국이 된 것이다.

위원연의 역사를 고찰함에 있어 그 유명한 화초석일월연이 탄생하기 이전에 직사각형의 단순한 장방연의 시대가 먼저였을 것으로 생각된다. 앞 장에서도 언급하였듯이 현재까지도 고려 시대의 고분군들에서 많이 출토되고 있는 이런 형태의 장방연 벼루들은 풍자연과 함께 고려 시대의 전형적인 벼루 형태이다. 이런 타원형에 가까운 연당의 고려 장방형 벼루들 가운데에도 위원석 벼루들이 있을 것으로 생각되는데, 그 대표

---

21 박사호(朴思浩)의 『연계기정(燕薊紀程)』 무자년(1828, 순조 28) 11월 13일의 기록에 의하면 "곽산(郭山)은 정주(定州)와 선천(宣川) 사이에 끼어 있어, 고을이 작고 아전 수도 적으며, 지대(支待)가 어긋남이 예전부터 그러하였다. 그러나 땅이 기름지고 백성들이 부유하고 곡식의 품질이 매우 좋기 때문에 연경(燕京)에 바치는 쌀은 반드시 선천·곽산의 쌀을 가져갔다. 주인 원이 무늬 돌로 만든 벼루 1개를 보내 왔다."라고 하였으니, 곽산도 이런 화연 산지 중의 하나였을 것으로 추정된다.

당대 은방울꽃 문양위원화초연(23×15×2.7) 필자 소장

적인 벼루 중 하나가 고려 말 무신이었던 김선치가 어린 시절에 사용한 세칭 "김선치 벼루"이다. 현재 후손의 기탁으로 경북의 상주박물관에 전시되어 있는 이 벼루는 현재 고산석 벼루로 알려졌지만 고산석 벼루가 아니라 위원석 계통의 자석벼루로 보인다. 우리나라에서는 일찍이 평안도 선천(선주라고도 함)에서 자석연이 많이 생산되었는데 위원과 선천은 두 지역이 멀지 않고 같은 산맥(강남산맥, 적유령산맥)에 위치해 선천의 자석연은 위원의 자석연과 구분이 매우 어려우리라 생각된다.

김선치 벼루는 일반적인 고산석 벼루와는 달리 매우 단단하고 매끈매끈한 석질이며 고산석 벼루에서는 볼 수 없는 흰색의 긴 줄무늬가 군데군데 보이는데, 이런 석질과 석문은 중국의 단계연이 아니면 한국의 벼루로서는 위원석 계통의 벼루밖에는 없다. 따라서 위원석 계통의 벼루의 역사는 적어도 김선치의 어린 시절에 해당하는 고려 말 14세기 전까지 거슬러 올라감을 알 수가 있다. 한치윤韓致奫(1765-1814)은『해동

역사海東繹史』에서 "우리나라의 벼루로는 남포藍浦의 오석烏石, 관서關西의 자석紫石, 북도北道의 청석青石이 모두 이름이 칭해진다. [물산지物産志의 문방류文房類]"라고 하였듯이 우리나라의 대표적인 자석벼루의 산지로서 위원과 선천을 함께 묶어 관서 지역으로 본 것도 관서 자석의 역사가 매우 오래 됨을 증명한 것이다.

위원연은 근대로 접어들면서 '위원석' 내지는 '위원 단계'라는 명칭을 한문으로 벼루 뒷면에다 새긴 것이 큰 특징이다. 일본벼루에는 항상 뒷면에 벼루명이 새겨져 있는데, 바로 일제에 의한 일본벼루의 영향을 받은 것이다. 그 가운데에는 "옥천작玉泉作" 내지는 "옥양작玉陽作"이란 명문이 새겨진 벼루들이 많은데, 옥천과 옥양은 당시 위원석 벼루를 만들던 유명한 벼루 장인으로 생각된다. 위원석 벼루는 조선의 대표적인 벼루로 현재까지도 북한에서 부단히 만들어지는 북한을 대표하는 벼루다. 그 가운데는 최근작 위원석 벼루도 많이 보이는데, 대나무 조각을 대단히 입체적으로 조각하여 생동감과 힘이 느껴지는 벼루도 있고, 개구리나 참나리, 은방울꽃 등 동식물을 생동적으로 조각한 것도 있으며, 벼루 가장자리에는 붓을 두는 자리가 있고 뒷면에도 발을 만들어 실용성을 더하기도 했다.

4. 대동강연大同江硯

대동강연은 평양 부근의 대동강에서 나는 벼룻돌로 만들어진 벼루다. 오재균은 『고연』에서 대동강연은 검은색, 암갈색, 녹색의 세 가지가 있다고 하나 현재 볼 수가 없어서 유감이라고 하였다. 권도홍도 대동강연은 녹석 외에는 거의 보이지 않는다고 하였다.

녹색의 벼루는 검은색이나 자주색 벼루에 비해 비교적 희소하다. 한국의 녹석연 산

장방형 대동강녹석연(길이 15센티)

지는 북한의 황해도 해주海州, 장산곶과 평안도의 평양平壤과 위원渭原 지역이 그 중
심지이나 그 외에도 북한의 선천, 남한의 충청도 계룡산과 전라도의 장수長水, 강진 근
처에서도 생산되었다. 그러나 가장 대표적인 녹석연 산지는 해주와 평양의 대동강 부
근이라고 할 수 있다. 해주연이나 대동강연은 녹색의 빛깔이 그 대표적인 색깔이기 때
문이다. 반면 위원석은 녹색보다도 자주색이 더 보편적이라고 할 수 있으며, 또 자주색
과 녹색이 서로 섞여 있기도 하다. 녹석연은 만주 지역의 송화강松花江 지역에서부터
북한의 평안도와 황해도 지역으로 연결된 산지에서 주로 생산되었다. 특히 현재 중국
관하의 송화강 녹석연은 청대 초에 개발이 시작된 벼루로 녹색 계통의 벼루 가운데 그
품질이 가장 우수한 벼루로 알려져 있다. 남한에서도 상기한 여러 지역을 비롯하여 그
외의 다른 여러 지역에서도 생산되었지만 구체적인 자료도 많지 않을 뿐 아니라 그 유

뚜껑이 있는 원형 대동강녹석연,(지름 11센티)

명세나 질에 있어서도 북한의 몇몇 녹석연에는 크게 미치지 못하는 실정이다.

　관서 지역에 해당하는 평양 근처 대동강 부근은 예로부터 벼루가 많이 생산된 곳이다. 옛 기록에 있는 화연畵硯의 산지 성천도 바로 평양 대동강 부근이다. 그러나 옛 기록에도 대동강석 벼루에 대한 기록은 나타나 있지 않다. 현재 대동강연으로 전해지는 벼루의 양식을 보면 아마도 대동강연은 평양 근처에서 일제강점기를 전후하여 생산된 벼루라고 생각된다. 현재 전해지는 대동강연은 녹색의 둥근 벼루가 주를 이루나 장방형도 종종 보이는데, 하나같이 '평양平壤 모란대牡丹台'란 다소 어설픈 체의 글이 새겨져 있다.

그런데 대동강녹석은 위원녹석과 매우 흡사하다. 대체로 대동강녹석의 벼루 측면인 단면을 자세히 보면 사진과 같이 석층이 위원녹석에 비해 훨씬 더 규칙적이고 조밀하게 이루어졌음을 알 수가 있지만 위원녹석 가운데에도 석층이 조밀하게 층층으로 나 있는 것도 있고 석색도 매우 흡사해 구분이 어려운 경우도 있다.

세상에 전해지는 대표적인 대동강석 벼루는 둥글거나 네모진 벼루들과 발이 있는 일월연 형태의 장방형 벼루가 많이 보인다. 그런데 장방형의 대동강녹석벼루는 종종 중국인들에 의해 송화강 녹석연으로 불리기도 하는데, 한국인들도 양자를 혼동하기도 한다.

그도 그럴 것이 권도홍도 지적한 대로 중국의 송화강녹석, 한국의 위원녹석, 대동강녹석, 해주녹석은 모두 동계동색同系同色의 점판암에 속하기 때문이다. 이런 대동강석 장방형 벼루는 대개 덮개도 달려 있다. 그리고 뒷면의 바닥과 다리 형태가 특이한데, 위원연에서도 그러하듯 모두 일본벼루의 영향을 받은 듯하다. 그 가운데에는 뒷면에 "만주滿洲 전신전화電信電話 주식회사" 혹은 '제대除隊 기념' 등의 글이 있는 것을 보면 일제강점기에 제작된 것임을 확인할 수가 있다. 벼루가 작아 휴대에 편리하게 실용적으로 제작되었으며, 평양 모란대 주변의 풍경을 정교하게 잘 새겼다. 그리고 벼루 뚜껑과 벼루 몸체의 연결도 원석을 마치 면도칼로 도려낸 듯 조금의 틈도 없이 정교하게 잘 제작되었지만 일제의 영향으로 제작된 관계로 우리나라 벼루 고유의 특유한 격조나 멋은 보이지 않는다.

또 이런 녹색의 관서지방의 벼루에는 황해도 장연에서 나는 장연석도 있는데, 장연석은 해주연과 같이 쑥색의 돌로 유화철의 반점이 있는 것으로 알려졌지만 유화철의 반점을 제외하고는 겉모습의 석문을 보면 위원녹석이나 대동강석과 거의 흡사해 구별이 대단히 어렵다.

5. 해주연 海州硯

황해도의 중심도시 해주는 특산물로 해주 먹과 장산곶長山串 부근 해저에서 채취한 돌로 만든 벼루로 유명하다. 그러나 『신증동국여지승람』 제43권 「해주목海州牧」의 〈토산〉 조항을 보면 먹은 있으나 벼루에 대한 언급은 없다. 1864년 김정호가 지은 지리서인 『대동지지大東地志』에도 마찬가지다. 이에 반해 해주의 서쪽 해안에 있는 장연長淵(조선 시대 당시에는 현에 속함.)에서는 『대동지지』에 벼룻돌이 생산된다고 되어있다. 또 황해남도 용연군 용연반도의 맨 끝부분에 해당하는 장산곶長山串이 예로부터 벼룻돌로 유명하였는데, 장산곶에 대한 소개를 보면,

> 해식애의 발달로 장산곶의 일대에는 높이 10-30m 내외의 기암절벽이 해안을 따라 병풍처럼 늘어서 있고 그 주위에는 송백松柏의 삼림이 우거져 있어, 옛 문헌에 "용이 할퀴듯 범이 움킬 듯 다투어가며 자리 아래에서 기이한 모습을 비친다"라고 기록될 만큼 자연경관이 빼어나다. 장산곶 일대는 대산림지대를 이루어 양질의 목재가 생산되며, 국사봉과 태산봉 일대에는 장산곶식물보호구(북한 천연기념물 제17호)가 있다. 이 보호구에는 101과科 370여 종種의 식물이 자생하며, 냉대식물과 온대식물이 혼재하여 수종이 다양하다. 대표적인 수종은 소나무·참나무이며, 호두나무·감나무·향오동나무·탱자나무·쪽동백나무 등이 자생한다. 연안 일대에는 까나리·해삼·새우·멸치 등 수산자원이 풍부하며, 해저에서는 벼룻돌로 사용되는 응회질 점판암이 산출된다.[22]

그렇다면 황해도의 벼루 산지는 황해북도의 풍천을 제외하면 장연과 장산곶밖엔 없다. 그런데 이 장산곶은 지금은 용연반도의 용연에 속했지만 옛날 조선 시대에는 바로 장연에 속해있었으므로 황해남도의 벼루 산지는 바로 장연이라고 할 수 있다. 그런데 황해남도를 대표하는 벼루가 해주석이 된 것은 앞에서 위원석이 평안도 지역의 여러

---

22 Daum 백과사전 장산곶 100.daum.net/encyclopedia/view.do?docid=b18j3068a

자석벼루 산지를 대체한 사실과도 흡사하다고 하겠다. 따라서 해주석이 바로 장연석인 것이다.

해주연에는 암갈색의 돌이 드물게 있지만 세상에 전하는 해주연 벼루는 대개가 엷은 녹색을 띤 해주녹석이나 어두운 회색을 띠고 있는 암회색 내지는 회청색의 빛깔을 띤 벼루들이 대부분이다. 사실 해주녹석연은 녹색이라기보다는 회청색에 가까운 벼루가 대부분이다.

녹색의 벼루는 위에서 언급한 검은색이나 자주색 벼루에 비해 비교적 희소하다. 한국의 녹석연 산지는 북한의 황해도 해주海州, 장산곶과 평안도의 평양平壤과 위원渭原 지역이 그 중심지이나 그 외에도 남북한 여러 곳에서도 생산되었다. 그러나 가장 대표적인 녹석연 산지는 해주와 평양의 대동강 부근이라고 할 수 있다. 해주연이나 대동강연은 녹색의 빛깔이 그 대표적인 색깔이기 때문이다. 반면 위원석은 녹색보다도 자주색이 더 보편적이라고 할 수 있으며, 또 자주색과 녹색이 서로 섞여 있기도 하다.

해주연 가운데 가장 흔한 벼루 중의 하나가 용 문양의 해주녹석회청색벼루다. 이들 벼루 가운데에는 뒷면에 "황해흥업黃海興業주식회사 창립 5주년 기념"이란 한자가 적혀있는데, 황해흥업주식회사는 일제에 의해 황해도 해주에 1924년도에 창립된, 토지를 소작제로 경영하던 전형적인 식민농업회사였다. 문양은 운룡문인데 용의 모양이 매우 해학적으로 조각된 것이 특징이다. 해주연의 용 문양도 한국 특유의 해학적이고 바보스러운 형태의 조각이 많으며, 권도홍도 언급한 바와 같이 해주연 벼루 뒷면에도 해주석 특유의 유화철이 거의 모두 박혀 있다.

해주녹석 가운데 흔한 송월문연 벼루는 조선 시대 해주연의 전형적인 모양 중의 하나이다. 둥근 연당을 달에 비유하면 소나무와 함께 송월문이 된다. 조각이 일제강점기에 제작된 해주연들의 그것에 비해 사실적이고 정교하다.

현재 전해지는 해주연은 오래된 것은 드물고 거의 조선 말기와 일제강점기에 만들

좌_조선 해주녹석어룡문연, 권도홍 『문방청완』, 64쪽
중_조선 해주회청석송월문연(13.4×8.6×2.4) 필자 소장
우_조선 해주회청석운룡문연(19×11×2.5) 필자 소장

좌_조선 해주녹석운룡문연(17×11.6×3) 필자 소장
중_조선 해주회청석산수문연(15.8×10.2×3.2) 필자 소장
우_조선 해주회청석포도문연(18.3×12×2.8) 필자 소장

근대 해주암갈색석과 녹석공작문연(길이 18.5~20센티) 필자 소장

어진 것들이 많다. 따라서 그 문양도 사실 정교한 것이 드물고 일본식 문양을 가진 볼품 없는 것들이 대부분이다. 그러나 그중에는 기품이 있는 조각문양을 가진 벼루들도 있는 데, 이런 벼루들은 대개 연대가 비교적 오래된 것들이다. 조선 시대에 만들어진 해주연 에는 산수문, 어룡문, 거북문 등도 나타나고 있다.

6. 단양연 丹陽硯

자주색 돌벼루는 우리나라에서 검은색 돌벼루 다음으로 많이 보이는 색깔의 벼루 다. 흔히 검은색 돌벼루가 충남 보령의 남포석으로 대표된다면, 자주색 돌벼루는 충북 단양丹陽에서 나는 단양자석을 연상하게 된다. 그것은 단양자석은 남포석 다음으로 많이 생산되는 벼루라고 할 수 있으며, 현재까지도 생산되고 있기 때문이다.

그러나 사실 자석의 벼룻돌은 강원도 평창에서 경남의 의령에 이르기까지 수많은 자석 산지에서 생산되었을 뿐 아니라 북한 평안북도의 위원渭原, 곽산郭山, 선천宣川, 희천熙川 등지에서도 생산되었다. 그 가운데 가장 유명한 자석벼루 산지는 북한을 제외하고는 강원도의 정선旌善과 평창平昌, 충북의 단양과 상산常山, 도안道安, 경북의 안동安東과 고령高靈, 그리고 경남의 언양彦陽 등이라고 하겠다. 그리고 그 자줏빛의 돌 색깔은 김호연, 권도홍의 말대로 서로 너무 흡사하여 육안으로 그 산지를 판단하여 구별하기가 쉽지가 않음이 사실이다. 다만 벼룻돌의 조각 형식과 질감, 잡질雜質 등의 유무有無 차이로 대체적인 산지 구분이 가능할 따름이다. 그리하여 현재 이런 자주색 벼룻돌들은 작고한 원로 벼루 연구가이자 민화 연구가인 김호연의 말대로 그들을 통칭하여 모두 고산석高山石으로 부르고 있는 실정이다. 이는 안동에 있는 고산서원高山書院의 이름을 딴 것으로, 고산서원 부근의 냇가 물 바닥에 있는 붉은 돌이 연재에 적합하다는 것에서 비롯된 말이다. 하지만 고산석이란 말은 옛 문헌에 나오는 말이 아닌 현대에 급조된 말인 만큼 앞으로 그 명칭에 대한 보다 깊이 있는 심의가 필요할 것이다.

자주색의 벼룻돌은 중국의 벼룻돌을 대표하는 단계석의 대표적인 빛깔로, 검은색의 벼루에 비해 더욱 전통적이고 더 격조 높은 벼루의 빛깔이라고 볼 수 있다. 근래 남포 벼루가 대량으로 생산되어 세상에 넘쳐나는 관계로 그 가격이 매우 저렴한 반면 단양과 상산, 정선을 중심으로 한 자석의 벼룻돌은 비교적 적게 생산되어 그 가격이 비교적 높게 책정되어 있는 것도 자석연의 가치를 높이는 역할을 하고 있다. 물건은 희소하면 그 가치가 오르게 마련인 것이다. 따라서 자색의 벼루는 검은색 벼루에 비해 더 귀하고 더 격이 높게 느껴짐이 사실이다. 이는 중국을 대표하는 단계연과 흡주연 두 벼루 가운데 검은색의 흡주연에 비해 자줏빛의 단계연이 더 높은 가치와 인기를 누리고 있는 것과도 같다.

단양연은 남포연과 더불어 오늘날 남한을 대표하는 벼루이다. 단양연은 남한의 자석벼루 가운데 최근까지도 명맥을 유지하고 있는 유일한 벼루라고 해도 과언이 아닐 것이다. 단양연은 한때 70-90년대에 일본 등지로 수출을 많이 하였지만 그 후 벼루 수요의 위축으로 현재에는 생산이 많이 축소된 상태이며, 더구나 국내 서예 인구의 급격한 감소로 인해 내수도 많이 줄어들어 현재 단양군 영춘면 산골에서 단양벼루장인 석천石泉 신명식申明植(1952-)과 그의 아들에 의해 4대째 겨우 명맥을 유지하고 있는 실정이다. 신명식과 단양벼루와의 인연은 다음과 같다.

그는 충청북도 무형문화재 제18호이자 노동부 지정 '전통벼루 부분 기능 전승자·계승자'로 충남 보령군에서 태어났는데 주지하다시피 보령군은 질 좋은 오석돌이 많이 나기 때문에 남포벼루藍浦硯 생산지로 유명한 곳이다. 신 씨의 할아버지 신철휴 역시 그곳에서 태어나 아이들에게 글을 가르치는 선비였으나 자신이 사용할 벼루를 만들다 벼루 만드는 일을 가업으로 하게 됐다고 한다. 신 씨의 아버지 신경득 역시 부친의 기법과 기술을 전수받아 평생 벼루제작에 열과 성을 다 바쳤다. 신 씨 역시 이런 부친을 도우며 자연스럽게 벼루 만드는 일을 익혀갔는데 어느 날 부친으로부터 "일제강점기 때 일본인들이 충북 단양에서 붉은 색 질 좋은 벼룻돌 광석을 발견하고는 나를 포함한 충남 보령의 벼루 기술자 여러 명을 단양으로 징용 데려가 벼루 만드는 일을 시켰었다"라는 얘기를 듣게 됐다. 이에 신 씨는 형제들과 함께 단양으로 가서 자석紫石 광산을 찾아 헤매다가 일제강점기 종이와 새끼줄로 포장한 돌덩이를 지게로 운반했다는 가곡면 향산리 노인들의 증언을 토대로 향산리 일대 산속을 뒤지기 시작했다. 그러던 중 일제강점기 때 원석을 채취할 때 사용했던 것으로 보이는 작은 망치와 정을 발견하고는 주변을 탐색해 마침내 자석紫石 광맥을 찾아내고는 전국에서 유일하게 자석 광업권 등록까지 마쳤다. 그리고는 1972년에 현재의 작업장과 집과 전수관이 있는 단양군 영춘면 하리로 이사해 정착한 뒤 지금까지 자석벼루 만드는 외길을 걸어왔다.[23]

---

23 인터넷 자료 충청북도 문화재연구원

오늘날의 충북 단양군은 삼국시대와 고려 시대에는 적산赤山현 내지는 적성赤城현에 속했는데, 조선 시대에는 주로 단산丹山부로 칭해지다가 1895년에 현재의 단양丹陽이란 이름으로 개칭되었다. 그 후 1914년 4월 1일 부로는 단양군과 영춘군을 통폐합하여 단양군으로 부르게 되었다. 그런데 오늘날 한국의 자석벼루를 대표하는 단양벼루의 역사를 고찰함에 있어 우리가 주목해야 할 점은 문헌상으로 고찰해볼 때 조선 시대에는 단양연丹陽硯 내지 단산연丹山硯이 따로 없었다는 것이다. 조선 후기 벼루 소장가이자 연구가인 유득공이 언급한 조선의 유명 벼루 산지에도 남포 오석烏石, 종성 창석蒼石, 위원 자석紫石, 안동 마간석馬肝石, 성천옥成川玉, 풍천 청석靑石, 평창 적석赤石 등이 있었지만 단양 자석을 따로 명시하지 않았다. 그 외 동시대 인물 성해응과 서유구, 그리고 그 이후의 이규경의 『오주연문장전산고』 등의 저술에서도 자석벼루로 고령벼루에 대한 이야기는 있어도 오늘날 유명한 자석벼루인 단양벼루에 대한 언급은 전혀 없다. 물론 16세기에 나온 『신증동국여지승람』[24]의 〈충청도 · 단양군〉의 〈토산〉 조항에도 먹墨은 유명하다고 되어있으나 벼루에 대한 언급은 전혀 없다. 이런 여러 가지 정황과 신명식의 증언으로 보면 '단양연'은 19세기 후반 이후에 해당하는 일제강점기 전후인 근대에 생긴 이름이며, 옛날에는 평창연에 속했을 가능성이 높다. 필자의 주장은 일제강점기 이전에 단양에서 벼루가 생산되지 않은 것은 아니나[25] 그리 유명하지가 않았고, '단양연'이란 독립적인 이름을 취하지 못했다는 것이다. 이는 마치 앞 장에서도 언급한 바와 같이 선천, 성천, 곽산 등을 비롯한 유서 깊은 관서의 자석 산

---

24 『신증동국여지승람』은 조선 시대 1530(중종25)년에 왕명에 의하여 이행(李荇), 윤은보(尹殷輔) 등이 펴낸 인문 지리서로 전국을 도, 군별로 조목에 따라 서술하였으며, 지방 사회의 연혁, 성씨, 묘사(廟社), 풍속, 관부(官府), 토산, 인물 등 모든 면에 걸쳐 수록한 백과사전식의 서적이다.

25 현재 전해지는 조선 시대 고연 가운데에는 오늘날 단양연 특유의 석질이라고 할 수 있는 하얀색 알갱이 같은 잡질이 있는 벼루들이 종종 발견되는 것을 보면 단양연은 조선 시대부터 이미 제작되었음을 알 수가 있다. 이는 조선전기 심의의 「석허중부」에서 단양벼루를 언급한 점에서도 증명된다.

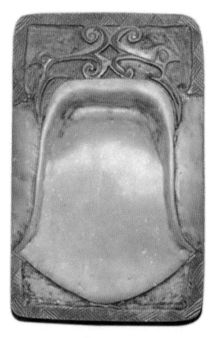

좌_조선 단양자석종연(13.5×21×3) 필자 소장
우_조선 단양자석여의지연如意池硯(9.1×15.4×1.8)

지들이 서서히 사라지면서 나중에 출발한 위원의 자석이 관서의 자석을 대표하는 대명사로 부상한 현상과도 유사하다고 하겠다. 말하자면 옛날 그 유명한 자석 산지인 강원도 평창의 자석연이 무슨 연유인지는 몰라도 점차 사라지고 인접한 지역인 단양이 그 자리를 대신하여 자석벼루의 대표 산지로 급부상한 것이다. 그도 그럴 것이 지도상에서 보듯 평창석 붉은 벼룻돌의 산지인 평창군 남쪽에 위치한 미탄면은 단양군의 벼루 산지인 북쪽의 가곡면·영춘면과 비록 영월군을 사이에 두고 있지만 대단히 근접해있어 이 지역의 돌들이 사실상 거의 같은 계통인 동종동계同種同系의 것임을 짐작할 수가 있다. 사실 영춘면과 미탄면, 그리고 영월寧越로 이어지는 이 지역은 자석의 산지로 모두 평창계 벼루의 산지였다고 볼 수 있는데, 이는 고려 시대부터 이미 시작되었음을 앞서 인용한 김구용이 정몽주에게 보낸 「포은 대감이 벼루를 요구해 시와 함께 보내다(圃隱相公求硯歌以贈之)」 시를 통해 짐작할 수가 있다.

이 시는 벼루에 대한 사랑이 각별한 포은 정몽주가 친구 김구용(1338-1384)에게 벼루를 부탁하니 김구용은 강원도 영월의 벼룻돌을 구해 벼루를 제작하여 선물로 주었다는 내용이다. 영월은 평창과 단양의 사이에 있는 지역으로 평창석의 광맥이 이어지는 곳으로 짐작되는데, 일찍이 고려 시대부터 이 지역에서 벼룻돌이 생산되었음을 시사하는 내용이다. 따라서 평창석의 역사는 아득히 고려 시대까지 거슬러 올라감을 추측할 수가 있으며, 평창석의 광맥은 평창에만 제한된 것이 아니라 평창에서 영월을 지나 단양의 가곡면 · 영춘면까지 넓게 이어졌음도 추정할 수가 있다. 따라서 현재 우리가 단양연의 역사를 고찰함에 있어 평창연에 관한 역사를 도외시하여 양자를 분리할 수가 없으며, 평창연의 역사가 바로 단양연의 역사이고 단양연이 바로 평창연의 일부라고 해도 거의 틀린 말은 아닐 것이다.

유득공이 평창의 벼룻돌을 자석이나 마간석으로 명명하지 않고 적석赤石으로 부름도 이 지역의 벼룻돌 색깔이 다른 지역의 자석보다 더 붉은 까닭일 것인데, 오늘날 생산되는 단양의 벼룻돌을 보면 그 색깔이 대체로 다른 지역의 자석에 비해 유난히 더 붉은 것을 보면 단양의 돌이 바로 옛날 평창석의 일부였을 가능성을 더욱 높여준다. 그러나 물론 오늘날 생산되는 단양 영춘면의 벼룻돌이 옛날 조선 시대의 평창석과 완전히 동일하다고는 볼 수가 없을 것이다. 일찍이 15세기에 해당하는 〈조선왕조실록 단종 3년 을해(1455) 윤 6월 2일〉의 기록에 의하면 "강원도 관찰사에게 중국 조정에 진헌할 자석연을 진상하게 하다"라는 기록이 있는데,[26] 당시 평창석의 석질은 무척이나 좋았던 모양이다. 이런 평창석에 대한 기록으로 성현成俔(1439-1504)의 「자석산 아

---

26 "승정원에서 교지를 받들어 강원도 관찰사에게 치서(馳書)하여 자석연(紫石硯)을 진상하게 하였으니, 이것은 대개 중국 조정에 진헌하려고 함이었다."-한국고전번역원 인터넷 자료

래를 지나며(過紫石山下)」라는 귀중한 시가 있다. 이는 앞 장에서 언급한 조선 초기 김종직이 선천의 자석연을 찬미한 시와 함께 조선 전기 우리나라 벼룻돌의 역사에 관한 자료를 제공하는 매우 진귀한 기록이다.

여기서 성현이 말하는 무릉도원 내성榛城 백 리 사이는 강원도 평창군平昌郡 동쪽 17리에 있는 미탄현味吞峴을 말한다. 왜냐하면 『신증동국여지승람新增東國興地勝覽 · 평창군平昌郡』에 의하면 평창군의 미탄현은 자연석紫硯石이 유명하다고 하였으며,[27] "평창군은 신라 때에 백오白烏로 고쳐서 내성군奈城郡의 영현領縣으로 하였다." 라고 하였으니 내성은 바로 평창의 옛 이름인 셈이다. 여기서 성현이 이곳의 자석연에 대해 극찬하고 있음은 당시 평창연이 이미 상당히 유명하였음을 말해주고 있으며, 임금님에게 진상하였다는 말도 하였다.

단양 또한 옛날 평창만큼 유명한 자석벼루의 산지는 아니었지만 그 이름에서도 그러하듯이 자석의 돌이 풍부하였음은 고려 시대 목은 이색李穡(1328-1396)이 단양을 여행하며 지은 다음의 시를 통해서도 알 수가 있다.

긴 얼음판 속에 높은 재를 오르고　長氷登峻嶺
기나긴 밤은 빈 대청에서 묵노니　永夜宿虛廳
익힌 밥엔 자갈 섞여 화가 났지만　飯熟嗔兼礫
찬 이불 위엔 별 보인 게 기뻤었지　衾寒喜見星
어린애는 세상 모르고 잠만 자고　小兒眠爛熳
파리한 말은 홀로 외로이 섰어라　瘦馬立伶俜
새벽엔 단양 길을 향해 가노라니　曉向丹陽路
자석의 병풍에 구름이 활짝 걷히었네　雲開紫石屛
깃발은 나무 끝에 번득이고　旌旗翻樹抄

27　"자연석(紫硯石): 미탄현(味吞峴)에서 나는데 그 품질이 가장 좋다."-『신증동국여지승람(新增東國興地勝覽)』· 평창군(平昌郡)』「토산(土産)」

술과 안주는 산정에 벌여 있는데 酒饌列山亭
자사의 교외까지 마중 나온 예는 刺史郊迎禮
평소의 물망과 잘 어울리었네 平生物望幷
인심이 모두 자사를 좋아하니 輿情共怡悅
우리 국운이 장차 안녕하리라 國步向安寧
늙은 나는 백발이 놀라운 나이로 老我驚衰白
오늘날 역사 기록을 맡았는지라 如今領汗靑
멀리 생각하니 일기 저술하자면 緬懷修日記
문장이 모자라 형용하기 어렵겠네 筆弱竟難形
　　　－이색李穡(1328－1396), 「신축년 겨울 단산丹山 가는 길에 있었던 일을 기억하다」

　　현재 전해지는 자석 고연 가운데 그 석질로 볼 때 단양벼루로 사료되는 벼루들의 수량이 비교적 많은 것을 보면 옛날 조선 시대에도 단양에서 자석벼루를 많이 제작하였음을 알 수가 있다. 단양연은 석질이 매우 단단하고 미끈미끈하며, 표면에 특유의 하얀 반점들이 흩어져있어 다른 자석벼루들과 비교적 쉽게 구별되는 것도 단양벼루를 감별하는 중요한 특징 중의 하나이다. 또 서유구의 『임원경제지』 「동국연품」에서 평창연이 매우 아름다우며 화초문이 있다고 하였듯이 단양연에도 화초문과 같은 특유의 얼룩과 같은 흰 반점들이 있다. 그리고 현재 전해지는 오래된 단양 자석 고연들을 보면, 벼루의 조각문양에 있어 다른 자석벼루들에 비해 그 조각이 매우 회화적이고 다양한 것이 특징이다. 위원연을 제외하면 현재까지 전해지는 자석 고연들의 문양이 대체로 남포벼루에 비해 그 조각들이 다양하지 못한 편이지만 유독 단양벼루는 비교적 다채로운 조각문양들을 많이 지니고 있다. 이 점 또한 단양연을 구별하는 특징 중의 하나로 볼 수 있을 것이다.
　　단양벼루는 특이하게도 중국의 단계연과 비슷한 석안石眼(즉 돌의 눈)이 간혹 발견되는데, 이는 단양연을 구별하는 중요한 특징이다. 어떤 단양연은 벼루 전체에 돌 눈이 아주 여러 군데에 걸쳐 박혀 있는데, 그 눈은 마치 중국의 단계연이나 금사강연金沙江

硯(苴刼硯이라고도 함) 등의 돌에 있는 눈과 유사하다. 이런 석안이 있는 단양연은 석질이 비교적 온윤하고 부드럽다.

한국의 자석벼루 가운데 단양벼루는 대체로 조선 후기 이후의 것들이 많이 보이는데, 아마도 단양벼루는 남포벼루와 함께 한국의 대표적인 실용연으로서 조선 후기와 일제강점기에 대량으로 많이 생산된 듯하다.

70-80년대의 단양벼루들은 문양이 매우 정교하고 소형이 많은데 주로 수출용으로 제작되어 세상에 많이 전해지고 있다. 그중에는 문자도가 있는 것을 비롯하여 조각형태도 다양하다. 이런 문양의 단양벼루에는 어김없이 앞이나 뒷면에 일석一石이나 심전心田 등의 단양벼루 장인의 호가 새겨져 있다.

단양벼루 가운데에는 특이하게도 커다란 석안이 종종 보이는데, 마치 부리부리한 눈으로 사람을 노려보는 듯하다. 이런 석안은 마치 연명과 함께 쓰는 이로 하여금 스스로 경계하게 하는 의미를 지닌다고 하겠다. 단양연 가운데에는 흰 반점이 거의 없고 석질이 아주 좋은 것들도 있는데, 아마도 평창연이 이런 석질이 아닐까 생각된다. 그러나 대부분의 단양석 벼루들은 표면에 흰 반점 알갱이들이 박혀 있다.

그러나 70-80년대 이후에 제작된 단양벼루들을 보면 화려한 조각의 웅장한 대형벼루들이 많이 제작되었지만 단양벼루 특유의 모습이 사라지고, 조각문양도 거의 용 문양 일색이라 남포벼루와 다른 개성이나 차이점이 느껴지지 않는다. 오늘날 한국 벼루들의 고질적인 특징이라고 할 수 있다. 그에 비해 조선 시대의 단양벼루는 정말 여러 가지 다양한 문양들이 생동적으로 잘 조각되어 있다. 앞에서도 소개하였듯이 옛날의 단양연은 남포연을 비롯한 한국 벼루에서 많이 사용된 용 문양을 비롯하여 산수문, 호랑이 문양, 매죽문, 쌍리연 등 한국 벼루의 보편적인 문양들이 거의 모두 새겨졌다고 할 수 있다.

다양한 문양의 근대 소형 단양자석연(길이 최고 15.5센티) 필자 소장

좌_근대 용문단양연(15×24×4.5) 필자 소장
우_덮개를 연 모양(부리부리한 석안이 있음)

근대 십장생문단양연(32×21×5), 필자 소장

7. 안동연安東硯

안동벼루[28]의 역사에 대해 말하자면, 『신증동국여지승람新增東國輿地勝覽』 제24권 「안동대도호부安東大都護府」의 토산 조에 있는 "자석紫石이 독천禿川에서 나오는데, 벼루를 만들 수 있다.[29]"라는 기록을 들 수 있다. 이 책이 편찬된 시기는 1530년이지만, 이것이 원래 1481년에 편찬된 『동국여지승람』을 수정한 교정본임을 고려한다면 15세기경부터 안동에는 독천 벼루가 생산되었음을 추측할 수가 있다.

또 문헌 속에 나타난 안동의 자석벼루는 조선 중기 한문사대가漢文四大家 중 한 사람으로 1584년(선조17)부터 1647년(인조25)까지 생존했던 인물인 택당澤堂 이식李植(1584-1647)이 지은 「안동 박사군이 보낸 큰 벼루에 감사하는 노래(謝安東朴使君寄大石硯歌)」에서 비롯된다. 이는 멀리 안동의 한 친구로부터 받은 마간석 대형벼루에 대해 감사하며 읊조린 시이며, 또 의성義城 출신의 문인 이민성李民宬(1570-1629)이 지은 시 가운데 「연공硯工 황영청黃永淸이 내가 얻은 연재硯材가 화산에서 가장 뛰어난 양간석이라고 칭하며 몇 점을 제작하여 손수 석품을 품하니 모두가 대단히 절묘하다고 하여 이를 부로 지어 줌(稱余所得硏材甲於花山之羊肝石, 遂製數面, 手品石品, 俱爲奇絶, 賦此以贈之)」이라는 제목의 시에서도 안동의 자색 벼루가 단계연에 뒤지지 않는다는 내용의 문장이 있다.[30] 여기서 말하는 화산은 안동의 옛 이름이며, 또 양간석 벼

---

28 본문의 내용은 최병규, 「안동의 벼루」, 『영남학』, 2009, 09 내용을 참고 바람.

29 한국고전번역원 인터넷 원문 자료, 『신증동국여지승람』 제24권 「안동대도호부」 토산.

30 "花潭紫硯石。不減端溪材。最珍羊肝色。採之比瓊瑰。雖然瑾瑕不相掩。類璺往往爲之哭。製時須防水竅坼。巧匠費機工安排。吳鄕靑硯雖晩出。團璧瑩滑無纖埃。良工見之嗟絶奇。捧玩動色煩摩挲。憶昨移家深谷裏。堂前一曲淸谿回。靑石漠漠氣陰森。俛入藤蔓窮沿洄。鏗然振策金石聲。山精白日奔輕雷。寒泉漱壑露根骨。翠璞錯莫封莓苔。老子鑑賞本偶諧。亦有好事相追陪。皆言此物稟止質。不煩斤削天然開。邂逅妙手豈偶爾。爲我試攻新體裁。龍尾鳳咮不必倣。橢窪賦形占洲隈。雙坳橫斜任淸淺。影蘸半月孤山梅。含雲貯霧移天池。佇看鵬翼隨風培。我不願携提供奉班。興聖殿頭草詔廻。又不願曳裾侯王門。梁園授簡追嚴枚。茅軒露頂灑淸風。氣酣思冥窮通來。呼我

루는 안동의 남후면의 암산유원지에서부터 시작하여 남후면의 고산서원高山書院 부근의 물가까지 이어지는 강바닥에서 나는 양의 간과 같은 붉은색의 벼룻돌로 마간석 벼루라고도 칭해진다. 그 가운데 앞 이식의 시를 소개하면 다음과 같다.

스무 살 적 떠돌면서 머문 화산성 二十流落花山城
당년에 이미 문단文壇의 맹우盟友 욕되게 끼었어라 當年已忝詞苑盟
그때 강물 속에서 최상품 마간석馬肝石 하나 골라 江心馬肝揀第一
이름난 장인匠人의 손을 빌려 만들었던 벼루 하나 製作亦費良工精
누대樓臺 위에서 붓 적시면 만좌滿座가 모두 놀랐나니 湖樓落筆驚四座
묵지에서 송알송알 교주가 샘솟듯 나왔어라 墨池迸出鮫珠顆
풍류를 즐길 때면 시녀들을 몇 번 보냈던가 風流幾遣侍兒呵
종자가 행여 떨어뜨릴까 애지중지하였었네 護惜寧敎從者墮
사람과 벼루 때 만나면 잘도 어울렸을 텐데 時來人器頗愜稱
늙어가며 몸과 이름 모두 낭패를 당하다가 老去身名足蹭蹬
지난해엔 회록(화재를 말함)으로 행방을 모르게 되었나니 去年回祿失所在
그 영물靈物 어쩌면 잿더미 속에나 묻혔는지 神物豈與灰埃倂
금년엔 병으로 신음하며 젊은 시절의 작품을 후회하다가도 今年多病悔少作
강랑의 비단 폭을 꿈속에 벌써 돌려준 몸[31] 夢還江郎錦一尺
본성 어지럽힐 장물은 이제 다시 없이[32] 更無長物擾眞機
가끔 옛 추억 떠올리며 가슴속 시름을 풀었노라 時憶舊遊寬愁膈
그런데 우리 사군 적막한 나를 동정하여 使君憐我太空凉
험한 산길 무릅쓰고 벼루를 가져다주었나니 持贈不憚關嶺長

石友響然臻。楮郞管子無嫌猜。胸中磊磈一吐出。助我者硯多乎哉。書生狂習老不除。病嗜土炭眞堪咍。淸乎淸乎何以酬。勸汝一酌金罍杯."-『敬亭先生集』, 권4.

31 나이가 들어 몸이 쇠해지면서 문예 실력도 점차 감퇴하는 느낌이 든다는 뜻의 겸사(謙辭)이다. 남조(南朝) 때의 문장가 강엄(江淹)이 만년(晚年)에 꿈속에서 장경양(張景陽)이라는 사람에게 비단 폭을 돌려준 뒤로부터 문장이 갑자기 퇴보하기 시작했다는 고사가 전한다. 『南史 卷59 江淹列傳』

32 소식(蘇軾)의 시에 "장물을 쌓아 두는 것은 천진한 본심을 해치는 일, 늙어 시골에 돌아갈 건 오직 이 한 몸뚱이뿐(平生長物擾天眞 老去歸田只此身)"이라는 표현이 있다. 『蘇東坡詩集 卷25 送竹 與謝秀才』

낙동강 물결 갓 씻은 듯 청광清光이 엉겨 있고　光凝乍剪洛江波
풍산[33]의 석벽石壁 깎아 낸 듯 단단하기 그지없네　骨鏗似斲鄞山崗
맑은 창가에 펴 놓으면 채색 운기雲氣 떠다니고　晴窓開展彩暈浮
숲속의 산 도깨비 대낮에 곡성哭聲이 들리는 듯　白日山精哭林藪
한 모금 물에 삼 전 낸 일 굳이 논할 것 없이[34]　未論勺水三錢費
천금의 비싼 값 요구해도 당장에 보상해 줘야 하리　直許高價千金取
그대는 일찌감치 금규(조정을 뜻함)에 발탁된 인재로서　君才早擢金閨彦
명광[35]에서 글 지으며 부러움 독차지하였는데　起草明光人所美
지금은 동향[36]의 장부에 얽혀 매여 있으니　只今點綴桐鄕簿
어찌 다시 백량연의 갱가[37]에 끼일 수 있으리오　那復賡歌柏梁宴
더구나 나는 지리멸렬 마치 깨진 기왓장　況我疎頑比瓦礫
그저 상자 속에다 보물만 주워 간수할 뿐　徒煩箱篋收琮璧
늙어서 쓸모없는 장군의 신세와 흡사하니　有如將軍老不用
병기가 많다 해도 계책이 없으니 어떡하랴　縱多兵械無機策
그대가 나에게 벼루 준 건 또 무슨 뜻이랄까　今君資我復何爲
강력한 맞수로 안 볼 것은 내 자신이 잘 아는 터　信知見我非勍敵
그저 금석에다 평소의 마음을 의탁해서　但當金石托心素
천 리 떨어진 그리운 정 드러내 보이려 함이렷다　表君千里長相憶

　　　　　－「안동安東의 박사군朴使君에게 사례하며 대석연가大石硯歌를 지어 부치다」,

　　　　　　　　　　　이식李植, 『택당집澤堂集』, 택당선생 속집 제2권

이처럼 안동의 벼루는 이식과 이민성이 생존할 당시인 17세기 전기경에 이미 매우

---

33 안동의 속현 풍산을 말한다.

34 항중산(項仲山)이라는 사람이 위수(渭水)에서 말에게 물을 먹이곤 하였는데, 그때마다 삼 전(三錢)의 돈을 던져 값을 치렀다는 고사가 전한다. 『太平御覽』 卷62 引「三輔決錄」

35 한(漢)나라 궁전인 명광전(明光殿)의 약칭으로, 대궐을 가리킨다.

36 한나라 주읍(朱邑)이 선정(善政)을 베풀었던 고을 이름으로, 여기서는 안동(安東)을 가리킨다.

37 대궐 연회에 참석해서 멋진 시를 짓는 것을 말한다. 한 무제(漢武帝)가 장안(長安)에 백량대(柏梁臺)를 세우고 신하들과 연회를 베풀 적에, 칠언시(七言詩)로 화답하는 노래[賡歌]를 잘 짓는 신하만 누대 위에 올라가도록 허락한 고사가 전한다. 『三輔黃圖』 卷5 臺榭.

유명하였음을 문헌을 통해 확인할 수가 있다. 우리나라 자석연 중 안동벼루의 위상이 대단하였음은 그것이 홍문관에서 대대로 전해지는 주문연으로 채택되었음에서도 확인될 수가 있다. 장유張維(1587-1638)의 『계곡집-만필漫筆』에는 〈주문연의 고사(主文硯故事)〉란 문장이 있는데, 바로 안동벼루가 당시 조선을 대표하는 홍문관의 옥당연으로 사용하게 되었던 내력을 다음과 같이 소개하고 있다.

대제학大提學에게는 주문연主文硯이라는 벼루가 주어졌는데, 교체될 때에는 마치 선가禪家의 의발衣鉢처럼 후임자에게 전해 주곤 하였다. 어숙권魚叔權(중종 때의 학자)의 『패관잡기稗官雜記』에 의하면, 옥당玉堂에 오래전부터 큰 돌벼루가 있었는데, 항상 장서각藏書閣에 보관해 두고 있다가, 대제학이 옥당에 들어와서 학사學士들의 과작課作을 점수 매길 때면 늘 그것을 꺼내다가 썼었다고 한다. 그러다가 남지정 곤南止亭袞이 대제학이 되자, 옥당에 소장되어 있는 것과 같은 큰 벼루 하나를 별도로 만들어 자기 집에다 두고는, 문형文衡(대제학의 별칭)을 그만둘 때 이용재 행李容齋荇에게 전해 주었는데, 그 뒤 몇몇 공公을 거치는 동안에도 그 벼루는 용재의 집에 그대로 머물러 있었다. 그 뒤 정호음鄭湖陰(호음은 鄭士龍의 호임)이 대제학이 되었을 때, 용재는 이미 죽은 뒤였으나 그 부인은 아직도 건재健在하였는데, 벼루를 호음에게 보내면서 "이것은 용재의 뜻이다."라고 하였다 한다. 그리고 그 뒤로부터는 이 벼루가 문단을 주관하는 자에게 으레 전해지게 되었다. 그러다가 임진년 병란兵亂을 겪고 나서 한음漢陰(李德馨의 호임) 이공李公이 그 벼루를 다시 구입하였고, 그 뒤로 이이첨李爾瞻에게까지 전해 내려왔는데, 이이첨이 패몰敗沒하면서 그 벼루도 없어지고 말았으므로, 사람들이 개탄하기를, "이 벼루가 1백여 년 동안이나 유전流傳되다가 추악한 이이첨의 손을 한 번 거치면서 마침내 보전되지 못하였으니, 이는 실로 사문斯文의 일대 액운厄運이라 하겠다." 하였다. 이에 현헌玄軒(申欽의 호임) 신공申公이 일단 문형文衡을 맡게 되자, 안동安東의 마간석馬肝石을 가져다가 예전 모양과 같은 벼루를 다시 만들었는데, 이렇게 해서 현헌을 거쳐 그 벼루가 북저北渚(김류金瑬의 호임) 김공金公에게 전해지게 되었다.

이 내용은 비단 장유의 『계곡만필』에만 보이는 것이 아니라 영·정조 때의 문인 이긍익李肯翊(1736-1806)의 『연려실기술燃藜室記述』에도 그 내용이 그대로 보이며,[38] 또 이유원李裕元 (1814-1888)의 『임하필기林下筆記』와 한 장석韓章錫(1832-1894)의 문장에서도 비슷한 내용이 전해지고 있다.[39] 이런 기록으로부터 우리는 안동의 벼루가 조선 중기의 문인이자 정치가로서 이정구李廷龜 · 장유張維 · 이식李植과 함께 '월상계택月象谿澤'으로 통칭되는 조선 중기 한문사대가漢文四大家의 한 사람인 신흠申欽(1566-1628)에 의해 홍문관의 옥당 벼루로 정식으로 채택되었음을 확인할 수가 있다. 이는 17세기 초반 무렵으로 당시 안동벼루가 조선을 대표하는 명연名硯 중 하나였음을 방증해주고 있는데, 안동벼루가 15세기경부터 이미 특산품으로 생산되었다는

38　○옥당에 옛날부터 큰 벼루가 있었는데 항상 장서각(藏書閣)에 간수하였다가 대제학이 옥당 과거 시험장에 들어가서 여러 학사들에게 글짓기를 시험할 때에 내어다가 사용할 뿐이었다. 남곤(南袞)이 문형이 되고서는, 별도로 큰 벼루 한 개를 옥당에 간수한 것과 같이 만들어서 자기의 집에 두었다가 문형을 사임한 뒤에는 이행(李荇)에게 전하였다. 그 뒤에 여러 사람이 대제학을 지냈으나 벼루는 그대로 이행의 집에 있었다. 정사룡(鄭士龍)이 대제학이 되었을 때에는 이행은 이미 죽었는데, 부인이 벼루를 사룡에게 보내면서, "이는 용재(容齋 이행의 호)의 뜻입니다." 하여 이로부터 으레 문형을 주관한 사람에게 전하여졌다. 임진년 병화 뒤에 이덕형이 그 벼루를 돈을 주고 구해서 이이첨(李爾瞻)에게까지 전하였는데, 이이첨이 죽임을 당하자 벼루 역시 잃어버렸다. 신흠(申欽)이 문형을 맡은 뒤에 안동(安東)의 마간석(馬肝石)을 쪼아 옛것과 같은 모양으로 만들어서 김류(金瑬) · 장유(張維)에게 차례로 전하였다. 고사(故事)에 문형이 갈릴 때마다 벼루를 전할 때에는 반드시 서로 주고받은 시축(詩軸)이 있었으니 드디어 문단(文壇)의 아름다운 풍습이 되었다.-『연려실기술(燃藜室記述)』별집 제7권, 대제학(大提學) 이긍익(李肯翊)

39　○주문연은 남곤(南袞)으로부터 이행(李荇)에게 전해진 뒤 서로 전해 내려오다가 이덕형(李德馨)에 이르러 임진왜란 때 잃어버렸다. 그런데 명(明)나라 군대가 이를 얻어서 가져다가 단지를 괴는 돌로 쓰는 것을 우리나라 사람이 보고서 도로 가져와 홍문관(弘文館)에 둠으로써 다시 전해지게 되어 이이첨(李爾瞻)에 이르렀다. 이이첨이 패(敗)하게 되자 다시 잃어버렸는데, 신흠(申欽)이 대제학으로 있을 적에 안동(安東)의 마간석(馬肝石)으로 다시 큰 벼루 하나를 만들어 '전심연(傳心硯)'이라고 하였다. 오늘날에 남아 전하는 것은 바로 그것이다.-『임하필기(林下筆記)』제22권 「주문연(主文硯)」 이유원(李裕元). 또 한장석(韓章錫, 1832-1894)의 「傳心硯銘」에서도 다음과 같은 이야기가 전한다. "文苑有古硯。典文者遞相傳授。號曰傳心硯。失於壬辰兵燹。世傳是硯南袞所造。其不傳也。文苑之幸也。近世所傳。卽五峰李公典文時。慕堂李文敬公所遺。安東馬肝石也。事載五峰文集。硯池刻鶴巖二字。豐陵趙相公追識也。外祖淵泉洪先生記其事如此。此硯又燬於壬吾軍興。並與傳硯詩帖而見佚。而藝苑先進。又盡凋零。文獻莫然無可問矣。余旣再叨文盟。不及見此硯。有大而方。無款刻者。不識其故實。而冒傳心之號。後來者何以徵諸。噫。… "-『미산집(眉山集)』권9

점을 고려하면 그리 빨리 출세한 것은 아니다.

또 이보다 조금 빠른 기록으로 이안눌李安訥(1571-1637)이 지은 『동악집東岳集』의 「단주록端州錄」에는 당시 홍문관에 있던 대학사연大學士硯 벼루가 임진왜란 때에 소실되어 임진년(1592)에 안동부사였던 홍리상洪履祥(1549-1615)이 안동의 벼루를 홍문관에 납입했다는 다음과 같은 기록도 보인다.

> 홍문관에는 옛날에 대학사연이 있었는데, 바로 나의 증조부 용재공이 둔 것이다. 임진년의 병화에 없어졌는데 오봉 이상공이 안동부사 홍리상에게서 받은 큰 돌벼루로 그것에 대체하였다. 그리하여 단주의 옥연적과 옥문진을 구해 그것과 함께 짝하게 했다. 또 근체시 한 수를 지어 삼가 바치며 알량한 마음을 펼치도다.[40]

그렇다면 안동의 벼루는 16세기 후반에 이미 그 위상을 드러내기 시작했음을 문헌을 통해 또 확인할 수가 있다. 그러나 이처럼 안동의 벼루는 16세기 후반부터 조선을 대표하는 벼루 중의 하나가 되었지만 그 후 조선 후기인 18세기 말경에 이르면 비방과 칭찬이 각각 반반을 형성하게 되는데, 안동벼루의 품질에 대한 비판은 우리나라 조선 후기의 유명 실학자이자 대표적인 벼루 연구가라고 할 수 있는 유득공柳得恭(1749-1807)을 비롯한 몇몇 이들로부터 비롯되었다고 해도 과언이 아니다. 조선 후기 안동연에 대한 옛사람들의 평가는 이설이 분분한데, 그것이 조선의 벼룻돌 가운데 가장 석질이 좋지 않다고 폄하한 기록이 있는 반면에 남포벼루에 이어 우리나라에서 두 번째로 좋은 벼루라고 높이 평가한 기록도 있다. 전자는 서유구徐有榘(1764-1845)의 『임원경제지』 속 「동국연품」[41]과 성해응成海應(1760-1839)의 『연경재전집研經齋全集』

---

40 "弘文館舊有大學士硯。乃我曾王父容齋公所置也。亡于壬辰兵燹。五峯李相公得安東洪府使 履祥 所惠大石硯。以續舊事。因求端州玉硯滴玉書鎭。以爲之件。仍占近體一首。謹錄寄呈。用伸鄙誠。"-『동악선생집(東岳先生集)』권6

41 "안동 마간석은 가장 못해 그 좋은 석질이라도 타 지역의 벼루에 못 미친다. (安東馬肝石最劣雖其佳材不及他産)" 라고 기록하고 있다. -서유구, 『임원경제지』, 민속원, 2005, 313쪽.

속 「연보硯譜」의 기록[42]이 그러하고, 후자는 이규경李圭景(1788-1856)의 『오주연문장전산고五洲衍文長箋散稿』의 「연재변증설硯材辨證說」[43]이 그러하다.

그러나 서유구와 성해응의 평가는 모두 우리나라에서 벼루를 전문적으로 연구한 최초의 학자라는 평을 얻고 있는 유득공柳得恭(1748-1807)의 견해를 따르고 있기에 객관적인 평가라고 보긴 어려운 점이 있다. 전술한 바와 같이 유득공은 자신이 소장한 10개의 벼루에 대해 연명을 남겼는데, 그 벼루는 각각 종성의 창석蒼石, 위원의 자석紫石, 북청의 청석부青石斧, 중국 단계석端溪石, 일본 징니澄泥, 남포의 오석烏石, 안동의 마간석馬肝石, 성천옥成川玉, 풍천의 청석青石, 평창의 적석赤石이었고, 그는 여기서 충청도 보령의 남포 벼룻돌이 최고이고, 안동의 마간석을 최하로 평가했다. 그도 그럴 것이 그가 평을 내린 10종의 벼루들을 보면 풍천의 청석은 그 벼룻돌이 어떠한지 잘 알려진 바가 없어 정확한 평을 내리긴 어려워도 그 나머지 벼룻돌들 즉 중국의 단계연을 비롯해 일본의 징니연, 위원의 자석, 종성과 북청의 창석, 남포의 오석, 평창의 적석 등은 당대 최고의 석질을 자랑하는 명연들이라 사실 모두가 안동의 벼루에 비해 석질이 더욱 매끈하고 단단하여 그 품질이 안동연을 능가하기 때문이다.

요컨대 우리나라 조선 시대 벼룻돌의 우열에 대해 가장 자세한 기록을 남긴 서유구徐有榘(1764-1845)의 『임원경제지』 속 「동국연품東國硯品」의 기록에 의하면 보령의 남포석을 최고로 극찬한 반면에 안동의 마간석은 그 석질이 가장 나빠 비록 그 좋은 것일지라도 다른 돌에 미치지 못한다고 하였지만 이는 서유구보다 앞선 인물로 우리나라에서 벼루를 전문적으로 연구한 최초의 학자로 평가되는 유득공의 견해를 맹목적

---

42 "安東馬肝石最劣雖其佳材不及他產"-『硏經齋全集』권12, 「硯譜」. 또 다산 정약용도 빛이 붉은 벼루를 마간석으로 통칭하며 질이 떨어진다고 하였다.-맹인재, 『한국의 민속공예』, 세종대왕기념사업회, 1989, 146쪽.

43 이규경은 「硯材辨證說」에서 우리나라의 벼루로 남포의 벼루가 최고이고 그다음은 바로 안동 구룡산의 물에 잠긴 마간석이라고 하였다. -"藍浦, 保寧, 烏硏石, 花草石。爲國之最佳者。亦有名於中國。而我人不知也。安東九龍山水沈馬肝石爲次。"-「人事篇, 器用類, 文具」

으로 따르고 있다. 그뿐 아니라 비슷한 시대인 성해응成海應(1760-1839)이 지은『연경재전집研經齋全集』에 실린 벼루에 관한 이야기도 유득공과 서유구의 견해와 마치 약속이라도 한 듯이 안동의 벼루에 대해 똑같은 폄하의 말을 남기고 있다. 그런데 유득공과 성해응은 긴밀한 교류 관계가 있어 유득공이 말년에 성해응에게『발해고』서문까지도 청하였던 사실이 있듯이[44] 성해응의 벼루관은 유득공의 견해를 맹목적으로 답습한 감이 없지 않아 안동의 벼루에 대한 성해응의 기술이 공정하고 객관적이었다고 믿을 수가 없다. 여기서 우리는 이규경李圭景(1788-1856)의『오주연문장전산고』의 이야기를 언급하지 않을 수 없다. 그는「연재변증설硯材辨證說」에서 우리나라의 벼루로 남포의 벼루가 최고이고, 그다음은 바로 안동 구룡산의 물에 잠긴 마간석이라고 하였다.[45] 사실 안동벼루를 폄하한 유득공도「기하실장단연가幾何室藏端硯歌」란 작품에서 당시 조선의 벼루로서 남포연과 안동연을 병행하여 거론한 점은 안동벼루가 조선 최고의 벼루인 남포연에 버금가는 점을 부인하지 못하고 있음을 잘 말해준다.[46] 이처럼 조선 후기 당시 남포연과 버금가는 안동연의 위치는 박지원朴趾源의『열하일기熱河日記』에서도 단편적으로 드러나고 있다.

> 종이와 붓이 이러한 데다가 안동安東의 마간석馬肝石 벼루에 해주海州의 후칠厚漆 먹을 갈아서 왕희지王羲之의《필진도서筆陣圖序》를 체첩體帖으로 본받으니, 이 아무리 삼절법三折法(세 번 붓을 꺾는 서법)을 쓰더라도 여윈 뼈대가 메마르다. 아이들의 습자에 쓰는 분판粉

---

44 이에 대해 박인호의「발해고에 나타난 유득공의 역사지리 인식」(한국사학사 학보, 2002년 9월) 참조.

45 이에 대해서는 최병규,「안동의 벼루」,『영남학』, 2009. 09. 442쪽 참고.

46 "안동의 마간석은 검붉은 흙빛이요 남포의 화초석은 벌레가 좀먹은 듯. 삼한의 둔한 장인 멍청하기 짝이 없어 온 나라가 온통 모두 풍자식(風字式) 벼루를 쓴다네. 근래 들어 명사에 석치란 이가 있어 가을꽃과 귀뚜라미 즐겨 새기었다네. 홍주 땅의 아전이 그 방법을 배워서 원래 생긴 돌 모양에 대략 꾸밈 더했다네. (安東馬肝赭土色。藍浦花艸蟲蛀蝕。韓之鈍工鈍如繫。遍國皆用風字式。邇來名士有石癡。喜刻秋花兼促織。洪州小吏得其法。因石天成畧加餙。)"

版이란 또 무엇들인지.[47]

그렇다면 조선 후기에도 안동연은 남포연과 더불어 당시 조선을 대표하는 벼루로서의 명성을 지니고 있었음은 부인할 수가 없다. 다만 안동연은 남포연에 비해서도 그 우열의 차이가 더 심해 좋은 것에서부터 나쁜 것들이 두루 섞여 있음을 알 수가 있다. 권도홍의 『문방청완』에도 다음과 같은 말이 있다.

> 특히 안동마간석에 대한 평가는 높낮이가 아주 심한 편이다. 추사 김정희金正喜(1786-1856)도 간찰에서 말하기를 "자네가 보낸 벼루는 요즘 돌아다니는 가짜 단계이네. 그러나 안동마간석보다 낫네."라고 폄하했는데, 추사와 동시대인 성해응은 안동마간석 소연小硯의 명문에 "그 모양이 고박하고 석질이 좋아 발묵한다."라고 새겨져 있다고 했다. 화가인 표암 강세황姜世晃(1712-1791)은 "우리나라 벼루로는 남포석 벼루가 제일이요 안동석이 그다음"이라고 했다.[48]

이런 상황을 종합해보면 안동자석 벼루는 그 가운데 좋은 것이 있는가 하면 나쁜 벼루들도 있어 그 우열이 매우 심한 것이 확실시된다.

안동의 벼루는 자줏빛을 띠고 있는 돌벼루인 자석연紫石硯으로 그 명칭은 안동安東 마간석馬肝石 벼루·고산석高山石 벼루·독천禿川 벼루 등의 이름으로 통용되는데, 안동 현지에서는 돌의 산지가 안동시 남후면의 암산이라 보통 '암산벼루'로 부른다. 그러나 작고한 김호연이 「해동연海東硯의 미美」라는 문장에서 지적한 대로[49] 안동 자석

---

47 『열하일기(熱河日記)』「관내정사(關內程史)」25일 신축(辛丑)

48 권도홍, 『文房淸玩』, 대원사, 2006, 68-69쪽.

49 "붉은 자석은 안동에서 의성까지 백 리 사이가 온통 붉은 돌산이며 그중에서 고산서원 부근 川底의 돌이 硯材에 알맞다. 이번 전시에는 출품되지 않았지만 김완섭 씨 소장 桃形硯에 고산 수석의 표시가 명기되어 있으며 현지에서는 고산돌로 통칭되고 있으므로 이런 석질의 돌을 통틀어서 高山石으로 지칭하기로 했다. 물론 자석의 산지는 북쪽으로는 단양에 이르고 남쪽은 언양까지 뻗쳤으나 그 사이에 다소의 변조는 있다 하더라도 벼루를 보고 자석의

좌_안동시 남후면 암산
우_암산 강바닥 벼룻돌

벼루는 안동 남쪽에서 의성에 이르는 꽤 넓은 지역의 벼룻돌을 모두 지칭하는 말인데, 아래 사진에서 보듯 아직도 안동 자석연의 산지는 건재하며 강바닥에는 마간석이 드러나 보인다. 그러나 평소에는 물이 깊어 강에 들어가기 힘들고 가뭄으로 물이 어느 정도 마르면 들어가 강바닥의 돌을 볼 수가 있다.

권도홍이 안동벼루라고 말한 안동자석십장생문연[50]을 보면 시각적으로도 석질이 매우 좋게 느껴지는데, 부드러워 마묵과 발묵이 모두 좋다고 말하고 있다. 비록 사진상이지만 돌빛이 매우 붉고 온윤함이 느껴진다. 이런 안동벼루는 석질이 매우 좋은 안동벼루라고 할 수 있다. 게다가 이 안동벼루에는 보기 드문 정교한 조각과 연액에 작은 석안까지 있어 마치 단양자석연 같은데, 과연 안동벼루라고 볼 수 있을까 의심스러울 정도다. 이런 석안은 단양연의 상징물이기 때문이다.

반면에 필자가 수집한 안동일월연 큰 벼루(앞 장의 사진 참고)는 석질이 뛰어나다

산지를 세분하기는 불가능한 노릇이다. 따라서 고산석으로 일괄하지 않을 수 없었다."–『古硯 百選』(월간문화재, 1973), 69-70쪽.

50 위의 책, 70쪽 사진 참조.

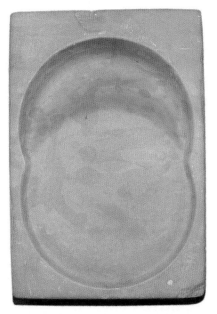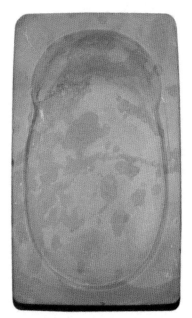

좌_조선 안동석 일월연 (13.2×9×2.6) 필자 소장
우_조선 안동석 장방형 일월연(13.3×7.8×1.8) 필자 소장

고 할 수 없다. 커다란 모습이 아마도 서당이나 서원에서 사용된 벼루로 보이는데, 석질은 약간 거칠고 메말라 안동 자석 수침석 벼루의 온윤하고 부드러운 질감과는 다소 차이가 있다. 벼루 표면에 보이는 핏자국 같은 얼룩은 안동벼루의 석질상의 특징으로 보인다. 필자가 소장한 대부분의 안동자석벼루도 이와 같은 석문을 갖고 있다.

역시 필자가 안동에서 채집한 작은 자석일월연들은 벼루의 색깔과 질감, 그리고 마발묵이 모두 뛰어나 안동벼루 중의 상품으로 판단된다. 그리고 이 자석벼루도 연당에 붉은 얼룩들이 군데군데 흩어져있음을 알 수 있다. 이런 얼룩들이 있는 벼루들은 대체로 돌결이 부드럽고 좋은데, 석질이 비교적 좋은 안동벼루의 특징 중의 하나로 생각된다. 연당을 자세히 들여다보면 아주 미세한 금빛의 모래 즉 금사金砂가 많이 박혀 있는데, 남포벼루에 나타난 금사문과 같이 금사문 안동연은 석질이 비교적 좋은 안동벼루의 특징이라 할 수 있다. 안동벼루는 아무 조각문양이 없는 평범한 형태의 벼루가 많지만, 오히려 단정하고 소박함이 느껴진다. 그리고 안동벼루는 석판이 크게 깨어지는 관계로 남포연과 같이 부피가 큰 벼루들도 많이 보이는데, 벼루 장인이 아닌 사용자가 손수 제작한 듯한 한 자가 넘는 대형 안동연들도 더러 보인다.

8. 상산연常山硯

상산연은 상산常山에서 생산되는 벼루를 지칭하는 말로 상산은 충청북도 진천군의 중앙에 위치한 산 이름이다. 따라서 상산은 원래 진주鎭州(옛날 진천 지역을 일컫던 말) 지역의 일부를 가리키는 말이었지만 예로부터 진천 지역의 별칭으로도 사용되었다. 진천의 향토문화를 소개하는 "디지털진천문화대전(http://jincheon.grandculture.net)"에서는 〈상산자석벼루〉 조항에서 진천의 명물인 벼루를 다음과 같이 소개하고 있다.

> 조선 중기 인평대군 시문집인 『송계집松溪集』에 수록된 숙종 시대의 문신 약천藥泉 남구만南九萬의 글로 미루어, 상산자석벼루는 16세기 이전부터 명성을 떨치면서 널리 사용되었던 듯하다. 1920년대에 발간된 『조선환여승람朝鮮寰輿勝覽』 진천군 토산 조와 『상산지常山誌』 토산 조에도 자석연紫石硯이 기록되어 있어[51] 1920년대에 상산벼루가 특산품으로 여겨졌음을 알 수 있다. 1960년대에는 진천군에 상산자석벼루를 만드는 기능인이 10여 명이 있었다고 하며, 현재 두타산頭陀山 자락에는 상산자석벼루와 관련이 있는 벼루재[일명 연촌硯村]라는 마을이 있다. 상산예원을 운영하는 최덕환은 1942년 상산자석 산지인 초평면 영구리에서 출생하여 30대 초반부터 2009년 현재까지 34년 동안 상산자석벼루 제작에 헌신하며 전통 기법의 맥을 이어 가고 있다.

---

51 "紫石硯草坪全而素是多紫石黃谷所在石品尤極細潤能殺墨忍毫適宜硯材世之常紫石硯山南樂泉曾著常紫石硯山歌"
　　-『常山誌·土産條』

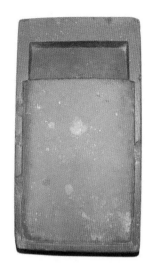

좌_경희대박물관 소장 상산자석연
중_조선 상산자석연(18×9.5×3.3) 필자 소장
우_조선 상산자석연(16.5×9×2.5) 필자 소장

그리고 당시 상산벼루를 생산하던 곳으로 "상산예원"을 소개하고 있는데, 그 설립취지와 운영현황에 대해 다음과 같이 소개하고 있다.

주 5일 근무제가 본격적으로 시행되면서 여가 시간이 늘어나고, 학교에서 현장 체험 학습을 확대함에 따라 농촌·농업 관광 및 생태 관광에 대한 관심이 날로 높아져 가고 있다. 상산예원에서는 이러한 교육적 요구를 반영한 농촌 관광과 농촌 체험 프로그램을 개발하고, 석공예 홍보와 직거래 판매 등을 활성화한다면 상산자석벼루의 수요도 늘어나 주민들의 소득 향상 및 고용 창출에도 기여할 것으로 기대된다. 진천군 초평면 신통리 163번지에 있는 상산예원은 1999년 농어촌 특산 단지로 지정되었으며, 주요 시설로는 작업장 2동, 전시장 1동, 기계실 1동, 기숙사 1동이 있으며, 전통 방식의 생산 도구[각종 밑대, 정, 망치], 전동 공구[핸드 절단기 및 그라인더], 중·대형 원석 절단기 각 1대, 중·대형 천공기 각 1대, 중형 원석 가공품 선반 및 밀링 각 1대 등을 갖추었다. 주문을 받아 생산하는 시스템이지만 국민 소득과 여가 시간이 늘어나면서 농촌 체험과 생태 관광을 겸하여 많은 사람들이 상산예원을 방문하는 기회가 늘어남에 따라 앞으로 상산자석벼루의 생산도 늘어날 것으로 기대

한다. ……

[출처] 한국학중앙연구원 - 향토문화전자대전

이처럼 상산자석연은 1999년에 이미 브랜드화에 들어가 활발한 생산을 시작하였지만 현재는 권혁수 장인만이 외로이 상산벼루를 지키고 있는 안타까운 실정이다.

상산벼루에 대한 최고最古의 기록은 위에서 언급한 바와 같이 남구만(1629-1711)의 『약천집藥泉集』 속의 「진천 두타산의 자석연이 작으나 매우 아름답다(鎭川頭陀山紫石硯小而甚佳)」라는 제목의 시詩에 나타난 다음의 문장이다.

명문이 있는 일제강점기 상산자석연(길이 약 16센티) 개인 소장

두타산 돌벼루는 작아 손가락 길이지만 陀山石硯小容指。

먹을 갈면 구름 같은 자주색 빛이 발하네. 潑墨如雲耀紫光。

옛날 기와로 만든 벼루나 요즘 도기로 만든 벼루들은 쓸데없이 크기만 하지만 古瓦新陶徒闊面。

이 작은 벼루는 다른 열 벼루와도 바꾸고 싶지 않네. 一狐終不易千羊。

듣기로 옛날 한석봉이 진천의 벼룻돌을 얻어 聞昔韓生得鎭石。

그것을 가지고 궁중으로 들어왔는데 一拳携入紫宸中。

임금이 감별하여 손수 제품을 하니 重瞳鑑別親題品。

그 값이 어느새 해동에서 제일간다네. 聲價居然冠海東。

위의 시를 통해 보면 17세기 인물 남구만은 물론 그 이전의 한석봉(1543-1605)도 진천의 벼룻돌을 사용하였다고 하니 과연 그 명성은 이미 16세기로 거슬러 올라감을 부정할 수가 없다. 이 시는 그 후 신위申緯(1769-1845)의 『경수당전고警修堂全藁』 속의 「재중영물齋中詠物」과 이유원李裕元(1814-1888)이 지은 『임하필기林下筆記』 속의 「화동옥삼편華東玉糝編」과 『가오고략嘉梧藁略』 속의 「옥경고승기玉磬觚賸記」에도 그대로 인용되어 나타난다. 특히 신위는 위 문집에서 진천자석에 대한 설명을 "작천석연雘川石硯"이란 조항 하에 두었는데, 작천은 당시 지금의 충북 청주와 청양을 가리키던 곳이었다.[52] 따라서 당시에는 충청북도 괴산군의 도안면과 진천군의 초평면에 걸쳐 있는 두타산을 중심으로 그 부근에 많은 벼루 산지가 있었던 것으로 생각된다. 이른바 "도안자석道安紫石"이란 벼루도 생각건대 그 지역이 바로 증평과 괴산에 속한 지역이니 벼루 애호가 권도홍도 지적하였듯이 진천의 상산자석이나 도안자석은 같은 산지의 벼루라고 볼 수 있다.

문제는 상산자석연이 그 돌의 색깔이 다른 산지의 자석연들과 구별이 쉽지 않아 구분해내기가 대단히 어렵다는 것이다. 특히 우리나라의 고연들은 거의 모두가 벼루 산

---

52 한국학중앙연구원 한국학 자료센터 고지명 용례 참조.

지를 벼루에다 기록하지 않았기 때문이다. 그러나 앞에서 본 바와 같이 상산자석연이 조선 시대 중기에 이미 이름이 있었음은 부정할 수 없는 사실이니 현재 어딘가에는 분명히 상산자석 고연이 많이 존재할 것으로 생각된다.

경희대 박물관에 "상산자석연"의 이름으로 등록된 벼루를 보면 검붉은 색채의 장방형연으로 전형적인 조선 시대의 소박한 실용연의 자태이다. 특징은 벼루의 연지 형태가 반듯하게 각을 내어 거의 직각으로 깎아 낸 단정한 모습을 보이는 점이다. 아마도 상산연의 조각 특징의 하나로 생각된다. 필자가 수집한 상산자석연은 모두 이런 특징을 지니고 있다. 그러나 모든 벼루가 그러하듯 상산자석연도 석질이 모두 조금씩 다르고 색깔도 차이가 나는데, 전세하는 상산 자석벼루들에 나타난 석질을 보면 대체로 돌의 표면에 뿌연 얼룩이 종종 보이는 것도 상산자석연의 특징 중의 하나로 보인다.

상산자석연은 조선 말기 일제 치하에서도 많이 생산되었다. 간결한 조각의 뚜껑이 있으면서 벼루의 측면을 매끈하게 가공하지 않고 자연스러움을 보이는 이런 형태는 전형적인 일본벼루의 형태로 우리나라에서는 일제 치하의 조선 말기 이후 벼루의 전형적인 형태이다.

그러나 현대가 되면 상산자석연은 조각의 문양이 다양해지고 주로 큰 벼루들이 많이 나타나게 된다. 조각이 대단히 입체적인 운룡문 상산자석연(앞 장 사진 참고)은 70-80년대에 많이 생산된 상산자석연의 가장 대표적인 벼루 형태라고 할 수 있다. 세상에 보이는 이런 형태의 상산자석 운룡문 벼루가 대단히 많은 점으로 보아 당시 대단히 유행한 듯하다. 이 상산자석연은 벼루 뚜껑 안쪽의 좌측 아래 '吉'이라고 새겨진 사인으로 보아 김인수 씨의 제자로 상산자석연 명장이라고 할 수 있는 유길훈의 작품임을 알 수가 있다. 상산자석연들은 뚜껑 안쪽이나 바닥에 대개 제작자의 이름이 새겨진 것이 특징이다.

9. 고령연高靈硯

우리나라 조선 시대 벼루 산지에 대한 기록이 전하는 『경도잡지京都雜志』, 『임원경
제지林園經濟志(별칭 林園十六志)』, 『규합총서閨閤叢書』, 『오주연문장전산고五洲衍文
長箋散稿』 등의 서적에서 모두 고령 벼루를 언급하고 있는 것을 보면 고령연은 안동연
이나 평창연(단양연 포함)과 함께 한반도의 자석연 가운데 가장 유명한 벼루에 속한다
고 할 수가 있다. 그런데도 위의 책자들에 산재하는 고령연 석질에 대한 기록은 너무
나 짧다. 더구나 고령연은 안동연을 비롯한 다른 벼룻돌처럼 역대 문인들이 예찬한 시
문들도 전혀 보이지 않아 마치 신라에 의해 파묻혀버린 옛날 대가야와도 같이 아쉬움
과 신비스러움을 간직한 벼루라고 할 수 있다. 그러나 고령연은 조선 시대 벼루 산지
를 소개하는 여러 책자들에서도 모두 언급을 한 것으로 보면 당시 상당한 명성을 지닌
벼루로 생각되며, 전세하는 고령연 고연들도 분명히 어딘가에 소장되어 있을 것으로
판단된다.

고령석은 흔히들 자석연으로 알려져 있으나 자석인지 청석인지 문헌상의 확실한 기
록은 없고 다만 석질에 대한 기록만 있다.[53] 그런데 다행히 7, 80년대에 우리나라 고령
지역의 운수면 대평리에서 캔 벼룻돌로 만든 "운수雲水 벼루"라는 것이 시판된 적이
있어 옛 고령연의 모습을 추측하게 해 준다. 인터넷 "디지털고령문화대전"의 "운수벼
루"에는 고령의 운수벼루에 대해 다음과 같이 소개하고 있다.

---

53 "高靈石微譅。但枯淡無光氣。"(성해응, 『研經齋全集』 卷之十二)

[정의]

경상북도 고령군 운수면 대평리에서 캔 원석原石으로 만든 벼루.

[연원 및 변천]

운수벼루는 자색, 녹색, 흑색 등 우아한 색깔과 견고성을 가진 원석을 사용한 것으로, 먹이 잘 갈리고 먹물이 마르지 않으며 글을 쓸 때 붓이 잘 나가고, 서예 작품을 오랫동안 보관해도 색이 변하지 않는 우수한 벼루이다. 고려 시대부터 사용되어 왔으며, 조선 시대에는 왕가에서 주로 애용하였다. 일제강점기 때부터 일본인들에 의해 대량 생산되어, 일본 상표로 일본, 만주, 중국 등지에 대량 수출되었으며, 국내에서는 구하기 어려웠다. 8·15해방으로 생산이 전면 중지되자 흔적도 없이 사라졌다가, 1973년부터 재생산하면서 국내 시판은 물론, 대만과 일본 등지로 수출하고 있다.

[현황]

운수면 대평리에서 생산되던 운수벼루는 20여 년 전 생산을 중단하였다. 운수면 대평리 뒷산 골짜기인 듬봉에서 붉은색을 띠고 있는 원석을 캐내어 벼루로 제작하여 판매하였다. 워낙 고가의 제품이라 점차 수요가 줄어들자 20여 년 전부터 생산을 중단하고 공장이 폐쇄되었다. 현재 운수면 대평리에 벼루 공장 터가 남아있다.

[출처] 한국학중앙연구원 – 향토문화전자대전

사진 속 운수연은 70년대 생산된 운수연으로 "운수연"이라고 한문으로 적힌 자개 벼루함 속에 들어 있는데, 연당을 제외하고 모든 면에 밀랍 처리를 하여 뿌연 색을 띠고 있다. 이 벼루는 연당 한 편에 먹과 붓을 두는 공간이 있어 한국의 50년대 이후 나타난 전형적인 실용연의 형태를 지니고 있다. 따라서 고연과 비교하면 벼루의 격도 떨어지고 도식적인 용 문양도 다소 용속하다. 현대 운수연 자석벼루에 새겨진 용 문양도 현대 남포벼루나 단양벼루에서 많이 제작한 판에 박힌 평범한 용 문양의 벼루가 많다. 현대 운수연은 거의 모두 뒷면에 운수연이라는 명문이 새겨져 있다.

고령 벼루는 겉으로 보기엔 단양자석 벼루와 매우 흡사해 보이지만 석질을 보면 차이가 난다. 단양벼루가 매우 단단하고 석질이 미끄러운 데 반해 고령벼루는 『동국연품』등의 책자에서도 지적하였듯이 비교적 꺼칠한 편이다.[54] 그리고 단양벼루에서 나타나는 흰 알갱이 반점이 보이지 않고 흰 연기 같은 실선과 함께 안동벼루에서 많이 보이는 붉은 얼룩 같은 것도 보인다.

현대 고령 운수연(31×21×4.5) 필자 소장

---

54 서유구의 『임원경제지(林園經濟志 별칭 林園十六志)』속의 「동국연품」을 비롯한 기술에서도 "고령석은 약간 까칠하고 메말라서 광기가 없다(高靈石微澁, 但枯淡無光氣)"라고 평가하고 있다.

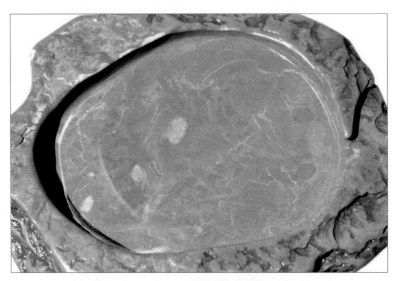

고령연의 석문, 출처 https://blog.naver.com/ban123/8010869251

10. 기타연

우리나라의 벼루는 위에서 소개한 비교적 유명한 산지의 청석과 자석, 그리고 녹석의 벼루 외에도 특이한 색깔의 석연들도 많은데 본 장에서는 이들에 대해 간략하게 소개하고자 한다. 한국의 돌벼루는 검정색(청색, 회청색)과 자주색, 그리고 녹색의 기본적인 색 외에도 위원석과 같이 자주색과 녹색이 섞여 있는 것과, 평안북도 선천석 가운데에는 백색과 자주색이 섞여 있는 것들도 있으며, 전라남도 해남에는 붉은 무늬돌과 백색 계통의 벼룻돌도 있고, 또 정선과 부산에는 칠보석과 마노석 벼룻돌도 있다.

그 가운데 옥석 벼루 계통의 아름다운 해남의 벼룻돌을 뺄 수가 없다. 전술한 바와 같이 《대동지지》 '해남'의 토산에는 백옥석白玉石과 화반석花斑石이 난다고 되어 있듯이 해남에는 예로부터 백석을 비롯한 여러 문양의 옥석돌이 많이 생산되어 벼루를 비롯해 수석, 인재, 인장함 등 여러 문방용품으로 많이 제작되었다.

이 밖에도 한국의 벼루에는 풍천의 청석, 경주의 회청석연을 비롯해 여러 지역의 녹석연들도 있지만 지면 관계로 자세한 언급은 생략하기로 한다.

해남의 백석연과 화반석연 및 해남 화반석 인장함. 필자 소장

4

맺음말

벼루의 가치에 대해서는 아무리 강조해도 지나칠 수가 없다. 문방사우의 핵심인 벼루는 과거 동아시아 문화의 전파와 발전에 지대한 영향을 끼친 중요한 매개자였으며, 동양의 문명은 벼루와 함께 발전했다고 해도 과언이 아니다. 인류문화의 중요한 기록의 도구로서의 가치뿐 아니라 벼루는 실로 문학, 서예, 회화, 전각, 공예미술 등을 아우르는 예술적 영역의 발전에도 큰 영향을 끼쳤다. 만약 벼루가 없었다면 수많은 위대한 문학가를 비롯해 서예가, 화가 등이 탄생하지 못하였을 것이다. 그러나 필기 문화의 변화로 인해 벼루는 이젠 한낱 과거의 골동품으로 전락해버렸고, 현대인들의 벼루에 대한 인식은 갈수록 멀어지고 있다.

다행히 중국의 경제가 크게 부상함에 따라 도자기나 서화와 같은 전통 미술품들에 비해 도외시되었던 벼루에 대한 호응과 선호도 현재 크게 높아져 있는 실정이다. 중국에서는 도자기, 옥기, 서화, 불상 등이 1980년대 개방과 함께 수집 열풍이 불었지만 벼루는 상대적으로 더딘 것이 사실이었다. 그러나 현재 중국인들의 벼루에 대한 관심은 다른 골동품들에 비해 결코 뒤지지 않는 수준으로 급부상하였다. 과거 문인들이 사용하던 문방구라는 특수성 때문에 벼루에 대한 뜨거운 투자 열기와 경매 열풍은 물론 벼루에 대한 수많은 연구 서적과 도록들이 출판되고 있으며, 벼루와 문방사우를 연구하고 상호 교류하는 협회 단체들도 속속 출현하고 있다.

이에 비해 우리의 상황은 다소 실망스럽다. 사실 우리나라에서도 한국전쟁 이후 힘든 생활을 겪다가 칠팔십 년대에 이르러 경제와 생활이 다소 안정되자 과거 정신문화의 상징이었던 벼루의 가치를 되돌아보던 시대도 있었다. 그러나 그 후 물질적인 고도 성장발전에만 박차를 가한 나머지 우리의 전통문화와 정신문화를 소홀히 하면서 벼루를 등한시하게 되었다.[1]

그 밖에도 공예연구서에서 벼루에 대한 논의가 부족한 것은 조선 말기 이후 석공예 기술의 쇠퇴와 함께 벼루제작 수준이 쇠퇴한 것과도 관계가 깊다. 전술한 바와 같이 일제강점기인 1930년대 일본민예협회日本民藝協會가 간행한 『월간공예』에서 당시 조선의 벼루에 대해 혹평한 글을 읽어보면 당시 조선 벼루의 수준을 잘 알 수 있다.[2] 화연이 성행하던 한국 벼루의 전성기인 조선 전기는 물론이고 후기만 해도 우리의 벼루는 일본은 물론 중국도 한 수 아래로 보았지만 조선의 멸망과 함께 우리의 벼루도 함께 쇠퇴해버린 것이다.[3] 이런 까닭으로 인해 벼루는 우리의 전통공예에서 더욱 도외

---

1 우리 벼루에 대한 홀시는 일제강점기부터 시작됐다. 일제강점기에 간행한 『朝鮮工藝展覽會圖錄』(中村憲一, 東京: 東洋經濟日報社, 1935)에는 조선의 수많은 역대 국보급 공예품들이 즐비하지만 벼루는 두 점의 실용 백자연 외 단 한 점도 수록되지 않았다. 그 까닭은 일본인들이 우리 유물에 대해 자신들의 기호에 따라 선택적으로 채택한 것도 있지만 또 다른 이유는 조각이 멋진 아름다운 古硯은 그 자체가 선비들의 애장품이자 가문의 보배였기에 깊이 숨겨두고 쉽게 세상에 드러내지 않았던 까닭이다. 선행 벼루 연구자들도 지적하였듯이 귀한 벼루는 그 어느 박물관, 사찰의 소장처보다 개인 소장이 많은 것이 큰 특징이다. 이런 이유로 인해 일제강점기 후에 출현한 우리의 민속공예나 전통공예 연구서들도 석공예를 논할 때 벼루에 대한 논의는 자료의 부족으로 인해 극히 제한적이었다. 그러나 사실 격이 높게 정교히 제작된 조선의 벼루는 애초부터 지체 높은 사대부들을 의식해 만들어진 기물이기에 일반 민속공예나 석공예들과는 다른 각도에서 상고해야 함이 마땅하다.
2 그러나 근대 일본인 도예가 가와이 간지로(河井寬次郞, 1890~1963)는 조선 벼루의 소박하고 순수한 미를 극찬하며 자신의 도자 벼루가 조선 벼루를 모태로 한 것임을 밝히기도 하였다. 이에 대해서는 한영대 지음, 박경희 옮김, 『조선미의 탐구자들』, 학고재, 1997, 189쪽 참고.
3 조선 후기 문인들이 지은 연행록에는 중국 유명 벼루의 품질이 당시 우리의 남포연만도 못하다는 말과 중국 문방사

시되고 공예연구가들도 벼루를 홀시하게 된 것이다. 그리고 여기에는 과거 붓과 벼루를 사용하던 노령인구가 점점 사라지면서 한자漢字 인구와 서예 인구도 함께 감소한 원인도 크다. 그러나 지금 현재 우리나라는 곳곳에서 인문학의 가치와 전통문화의 부흥과 함께 정신문화, 선비문화 등을 부르짖고 있다. 이런 상황에서 다시금 우리의 전통문화의 가치를 되돌아보고 유교 문화의 일원인 문방사우의 핵심이라고 할 수 있는 벼루에 대한 인식을 되새김은 대단히 의미 있는 일이라 하겠다.

본 저술을 통해 필자는 벼루의 인문학적 가치와 그간 수집하고 연구한 한국 벼루들을 나름대로 분류, 정리하였다. 이를 통해 그간 우리가 간과했던 벼루의 인문가치와 오늘날 물질문명의 대홍수 속에서 홀시된 귀중한 옛 전통문화를 되새겨보는 중요한 계기가 되길 바라는 마음이다. 타 저술과 구별되는 본 저술의 특징과 가치를 요약하면 다음과 같다.

첫째, 본 저술은 도록의 성격을 벗어나 벼루의 인문가치에 대해 처음으로 구체적으로 논의하였다. 현재 우리나라에서 출판된 벼루에 관한 저술들은 모두 도록 중심의 서적들이며, 간혹 책 말미에 부록으로 벼루에 대한 기본적인 역사와 원론들을 간략하게 소개한 책이 전부라고 해도 과언이 아니다. 그 외의 벼루 관련 저술도 우리나라를 대표하는 단양벼루와 남포벼루에 대한 소개와 벼루 장인들의 벼루제작과정을 전적으로 소개한 저서들이 전부이다. 그러나 본 저술은 도록이 아니라 벼루의 인문학적 특성에 관한 논의와 함께 벼루 관련 방대한 희귀 자료들을 망라한 벼루 백과전서라고 할 수 있다.

둘째, 한국의 벼루를 산지별로 구체적으로 세분하여 벼루의 특성과 형제들에 대해

우의 정교함이 조선만 못하다는 말이 있었다. 이를테면 1766년에 간행한 조선 후기의 문신 이의현(李宜顯)의 시문집 『도곡집(陶谷集)』, 『경자연행잡지(庚子燕行雜識)』 하(下)에는 당시 조선의 문방구가 중국을 능가하였음을 기록하고 있다.

논의하였다. 지금까지 출현한 우리나라 벼루 전문 저서들 가운데 오재균의 『고연』(삼화출판사, 1976), 권도홍의 『벼루』(대원사, 1989)와 손환일의 『한국의 벼루』(서화미디어, 2010) 등에서도 우리나라 벼루를 산지별로 소개하고 많은 벼루들을 싣기도 하였지만 구체적인 면에서는 부족한 점이 많다. 이를테면 오재균은 우리나라 벼루에 대한 논의가 너무 간략하고, 권도홍은 자석연紫石硯들을 대부분 고산석 벼루로 통칭하고 있을 뿐 아니라 예시하고 있는 산지별 벼루들도 매우 제한적이다. 그리고 손환일의 저서도 한국의 벼루를 많이 소개하고 있지만 벼루 산지에 대한 구체적인 분류가 없고, 이론적인 내용은 서적 뒷부분에 부록으로 조금 담고 있어 도록서의 성격이 짙다. 그러나 본 저술에서는 자석연들을 단양석, 평창석, 안동석, 상산석, 고령석 등으로 세분하고 있을 뿐 아니라 각 벼루들의 역사와 특징, 그리고 형태적 특성과 실물 등에 대해 보다 구체적으로 접근하고 있다.

셋째, 지금까지 그 누구도 소개하지 않은 우리나라 벼룻돌들을 산지별로 구체적으로 분류하여 그 실물들을 다양하게 소개하고 있다. 그 동안 한국 벼루는 남포연이나 위원화초연 등 대표적 산지의 유명 벼루들만을 중심으로 소개한 것이 사실이다. 지금까지 벼루를 다룬 책자들도 이런 유명 산지의 명연名硯들을 소개하였던 까닭에 그 외 기타 산지의 한국 벼루에 대해서는 홀시하였다. 본 저술은 그 동안 등한시되었던 우리나라 벼루들과 산지들을 다양하게 소개하고 있다. 이를테면 고령의 자석연이나 희천의 자석연 등이 그 대표적인 예라고 할 수 있다.

넷째, 지금까지 확인되고 고증되지 못한 벼루 산지를 나름대로 찾아내어 밝혀내고자 노력한 점이다. 본 저술에서는 우리나라 벼루 학계 내지는 벼루 연구자들이 아직 주의를 기울이지 못한 벼루의 종류와 산지에 대해 관심을 기울였다. 이를테면 단양벼루와 평창벼루와의 관계, 조선 시대 화연畵硯이라고 칭했던 위원석의 역사에 관한 고증, 그리고 지금까지 그 이름만 알았지 벼루의 실체를 몰랐던 희천석 벼루에 대한 대담한 추론 등이 그러하다. 본 저술에서는 단양석 벼루와 평창석 벼루가 사실은 동종 산지의 벼루라고 주장하고 있으며, 위원석 벼루의 진실, 그리고 그간 해동연으로 알려진 정체불명의 조선 벼루를 희천석으로 추정한 대담한 논의 등은 그 진위 가부를 떠나 우리나라의 벼루에 대한 연구가 앞으로 더욱 정진하고 풀어야 할 큰 숙제를 던진 것이기도 하다. 이런 대담한 가설은 향후 우리나라 벼루학의 기초와 발전에 기여할 것이다.

그러나 필자는 미술이나 공예, 그리고 고고학을 전문적으로 전공한 자가 아닌 중국 고전문학 연구자인 관계로 많은 부족한 점이 있을 것으로 생각되며, 이는 앞으로 이 방면의 전공 학자들을 비롯한 강호 제현들의 뜨거운 질책과 적극적인 수정을 바라는 바이다. 모쪼록 이 한 권의 저술이 인문정신의 부흥에 작은 보탬이 되고 한국 벼루연구에 조그마한 초석이 되길 바라는 마음이다.

2022. 11. 6 저자

/ 참고 문헌 /

강글온, 「고려 시대 대외무역에 관한 연구」, 창원대학교 석사학위 논문, 2009.

곽진, 『단곡집』.

권극중, 『청하집』.

권도홍, 『벼루』, 대원사, 1989.

권도홍, 『文房淸玩』, 대원사, 2006.

김삼대자 등, 『조선 시대 문방 제구』, 국립중앙박물관, 1992.

구자무, 『韓國文房諸友詩文譜 (上中下)』, 보경문화사, 1994.

김원룡, 『한국미의 탐구』, 열화당, 1978.

김성범, 「羅州伏岩里 유적출토 백제 목간과 기타 문자 관련 유물」, 『목간과 문자 3』, 2009.

김정호, 『대동지지』.

남구만, 『약천집』.

단양군, 『단양 영춘 자석벼루장』, 충청북도 문화재연구원, 2008.

도라지, 「삼국시대 벼루(硯) 연구」, 고려대학교 석사학위 논문, 2017.

맹인재, 『한국의 민속공예』, 세종대왕기념사업회, 1989.

박귀향, 「조선조 벼루의 의장적 분석연구」, 효성여자대학교 석사학위 논문, 1978.

박상, 『눌재선생집』.

박은, 『읍취헌유고』.

박익, 『송은집』.

배용길, 『금역당집』.

변계량, 『세종지리지』.

빙허각 이씨, 『규합총서』.

서거정, 『동문선』.

서유구, 『임원경제지』, 민속원, 2005.

서유구, 『임원경제지』.

성종대왕, 『열성어제』.

성해응, 『연경재전집』.

손원조, 「한국 벼루의 문화 예술적 성향에 대한 고찰」, 『우리 문화』, 2002, 3월호.

손환일, 『한국의 벼루』, 서화미디어, 2010.

송인, 『이암선생유고』.

신익성, 『낙전당집』.

신익상, 『성재유고』.

신위, 『경수당전고』.

안대회, 『조선의 프로페셔널』, 서울 휴머니스트, 2007.

이익, 『성호사설』.

월간문화재, 『古硯百選』, 1973.

염샛별, 「벼루의 형태분석 및 조형미에 대한 연구」, 성신여대 석사학위 논문, 1982.

오재균, 『고연』, 삼화출판사, 1976.

예용해, 김종태, 『벼루匠』, 문화재관리국, 1988.

유기옥, 「한시문에 수용된 벼루의 양상과 의미」, 『어문연구』 43, 2003, 12.

유득공, 『영재집』.

이곡, 『가정선생문집』.

이규보, 『농국이상국집』.

이규경, 『오주연문장전산고』.

이남규, 『수당집』.

이민성, 『경정집』.

이숭인, 『도은집』.

이승소, 『삼탄집』.

이식, 『택당집』.

이유원, 『임하필기』.

이유원, 『가오고략』.

이안눌, 『동악선생집』.

이응희, 『옥담시집』.

이의현, 『도곡집』.

이인상, 『능호집』.

이인행, 『신야선생문집』.

이행, 윤은보 등, 『신증동국여지승람』.

이임순, 「조선 시대 벼루에 나타난 문양의 조형적 분석」, 숙명여자대학교 석사학위 논문, 1976.

이은영, 「한국 벼루 문양에 대한 고찰」, 인천대학교 석사학위 논문, 1995.

이나나, 「한국 벼루 문양의 상징성과 예술성에 관한 연구」, 인천대학교 석사학위 논문, 2007.

이희선, 「利川 雪峰山城出土 咸通銘 벼루 硏究」, 『문화사학 18』, 2002.

이찬희 등, 『보령 남포벼루제작』, 민속원, 2011.

이우환, 『이조의 민화-구조로서의 회화』, 열화당, 1995.

장유, 『계곡집』.

정경운, 『고대일록』.

정구, 『한강집』.

정몽주, 『포은집』.

정원용, 『경산집』.

정영호 등, 『벼루 600선』, 단국대학교 석주선기념박물관, 2009.

조근, 『손암집』.

최성자, 『선색형 – 한국의 미』, 지식산업사, 1994.

최병규, 「안동의 벼루」, 『영남학』, 2009. 09.

최병규, 「조선 종성석 벼루에 대한 고찰」, 『동북아시아 문화학회 제41차 추계연합 국제학술대회 발표 자료집』, 2020. 10.

최병규, 「고문헌을 통해 본 우리나라 자석연의 역사에 대한 고찰」, 『대동문화연구』 제112집, 2020.

최흥벽, 『두와집』.

추원교, 『우리의 공예문화』, 예경, 2003.

한치윤, 『해동역사』.

황현, 『매천집』.

홍선표, 『한국 미술사』, 예술원, 1984.

홍선표, 『한국사』 17, 국사편찬위원회, 1994.

하남 역사박물관, 『고려 조선의 벼루』, 2007.

한영대 지음, 박경희 옮김, 『조선미의 탐구자들』, 학고재, 1997.

柳宗悅 외, 심우성 역, 『朝鮮工藝槪觀』, 동문선, 1997.

한국학중앙연구원 한국학 자료센터 고지명 용례.

한국학중앙연구원 - 향토문화전자대전(http://www.grandculture.net).

한국고전번역원 DB(db.itkc.or.kr).

디지털고령문화대전(http://goryeong.grandculture.net > goryeong).

충북일보 & inews365.com, 2020.09.22. 17:59:37 최종수정 2020.09.22. 17:59:37.

『論語』.

『晉書』.

『舊五代史』.

米芾, 『硯史』.

徐兢, 『宣和奉使高麗圖經』.

蘇東坡, 『蘇東坡詩集』.

褚遂良, 『欽定西淸硯譜』.

陳齡, 『端石擬』.

劉勰, 『文心雕龍』.

吳蘭修, 『端溪硯史』.

吳戰壘, 『鑑識古硯』, 福州: 福建美術出版社, 2002.

姜漢椿 註譯, 新譯 『唐摭言』, 臺灣: 三民書局, 2005.

楊白水, 『硯』, 北京: 中國華僑出版社, 2007.

歐淸煜·陳日榮, 『中華硯學通鑑』, 抗州: 浙江大學出版社, 2010.

『文心雕龍注』, 臺灣: 開明書店印行, 1958.

『十三經注疏』, 臺灣: 藝文印書館.

王靑路, 『古硯品錄』, 北京: 人民美術出版社, 2006.

杜文和, 『守望硯田』, 太原: 書海出版社, 2004.

許登雲, 『古硯收藏與鑑賞』, 抗州: 浙江大學出版社, 2005.

吳敢, 『實用文玩收藏指南』, 濟南: 山東美術出版社, 2006.

靜妙軒主人, 『靜妙軒藏硯』, 上海: 上海書局, 2005.

郭傳火, 『古硯收藏與鑑賞』, 上海: 上海大學出版社, 2008.

邱鑑波, 『硯明正身』, 上海: 上海大學出版社, 2008.

程明銘, 『歙硯叢談』, 合肥: 黃山書社, 1991.

傅翔, 『古硯』, 福州: 福建美術出版社, 2010.

俞飛鵬, 『硯林煮酒』, 北京: 北京工藝美術出版社, 2012.

中村憲一, 『朝鮮工藝展覽會圖錄』, 東京: 東洋經濟日報社, 1935.

저자 약력

어릴 때부터 한문, 서예, 唐詩, 중국에 대한 관심으로 한국외국어대학교 중국어과에 진학해 중국에 대한 공부를 시작하였다. 졸업 후 臺灣國立師範大 중문연구소에서 석박사 유학 시절, 당시 중국 문인서예의 大家인 汪中 교수의 중국고전시가 수업을 들으면서 서예를 본격적으로 연습하였고, 아울러 印章, 篆刻 등에도 관심을 갖게 되었다. 1994년 귀국 후 1995년부터 안동대학교 중어중문학과 교수로 재직 중이다.

주요 저역서:
『홍루몽 情文化 연구』(2019, 한국문화사), 『다시 쓰는 중국 풍류문학사』(2018, 한국학술정보), 『주제별로 만나는 중국문화 14강』(2013, 한국문화사), 『삼국연의와 欺瞞』(2013, 우리책), 『夢溪筆談(上下)』(2002, 범우사) 등 20여 편의 단독 저역서가 있다.

벼루의 인문 가치와
한국 벼루의 수집과 연구

초판인쇄 2022년 12월 30일
초판발행 2022년 12월 30일

지은이 최병규
펴낸이 채종준
펴낸곳 한국학술정보(주)
주 소 경기도 파주시 회동길 230(문발동)
전 화 031-908-3181(대표)
팩 스 031-908-3189
홈페이지 http://ebook.kstudy.com
E-mail 출판사업부 publish@kstudy.com
등 록 제일산-115호(2000. 6. 19)

ISBN   979-11-6983-025-6 93900